Die Assoziation zwischen der Europäischen Gemeinschaft und ihren Mitgliedstaaten sowie Tunesien, Marokko und Algerien

Deutsches und Europäisches Wirtschaftsrecht

Herausgegeben von Jürgen F. Baur

Band 17

PETER LANG
Frankfurt am Main · Berlin · Bern · Bruxelles · New York · Oxford · Wien

Anne Jakob

Die Assoziation zwischen der Europäischen Gemeinschaft und ihren Mitgliedstaaten sowie Tunesien, Marokko und Algerien

Eine Überprüfung der Europa-Mittelmeer-Abkommen anhand Gemeinschafts- und internationalem Wirtschaftsrecht

PETER LANG
Europäischer Verlag der Wissenschaften

Bibliografische Information Der Deutschen Bibliothek
Die Deutsche Bibliothek verzeichnet diese Publikation in der Deutschen Nationalbibliografie; detaillierte bibliografische Daten sind im Internet über <http://dnb.ddb.de> abrufbar.

Zugl.: Düsseldorf, Univ., Diss., 2005

D 61
ISSN 1617-352X
ISBN 3-631-54829-X

www.peterlang.de

Für Ilse †

VORWORT

Die vorliegende Arbeit habe ich zur Referendarzeit begonnen und im Rahmen meiner Tätigkeit als Rechtsanwältin bei der Kanzlei Jones Day, Frankfurt am Main, zu Ende geführt. Die Idee für das Thema dieser Arbeit kam mir während diverser Privat- und Weiterbildungsaufenthalte in Algerien und Tunesien.
Das Manuskript gibt den Stand des Schrifttums bis einschließlich Mai 2004 wieder.

Mein Dank gilt in erster Linie meiner verehrten Doktormutter, Frau Prof. Dr. Dr. Juliane Kokott, S.J.D., LL.M., Generalanwältin beim EuGH, die mich durch ihre Art motivierte, stets ein offenes Ohr für inhaltliche und organisatorische Fragen hatte und wertvolle Hinweise gab. Dankbar bin ich für die Unterstützung meiner Familie, von Dr. jur. Christiane Padé und vielen anderen Freunden, die mich immer wieder ermuntert haben, das Projekt zu beenden. Nicht zuletzt möchte ich mich bei meinen Kollegen und Mitarbeitern bei Jones Day, insbesondere Renate Eiselt und dem Bibliothekar Michael Schaefer und allen namentlich Ungenannten für die hervorragende Unterstützung und Motivation bedanken. Ohne sie wäre die Fertigstellung dieser Arbeit nicht möglich gewesen.

Frankfurt im November 2004

INHALTSVERZEICHNIS

ABKÜRZUNGSVERZEICHNIS

ABl.	Amtsblatt
Abs.	Absatz
ADAF	Arbeitskreis der Deutschen Afrika-Forschungs- und Dokumentationsstellen
a. E.	am Ende
a. F.	alter Fassung
AETR	Europäisches Übereinkommen über die Arbeit des im internationalen Straßenverkehr beschäftigten Fahrpersonals
AFTA/CAP/AKP	African Free Trade Area / afrikanische, karibische und pazifische Staaten
APRODEV	Association of World Council of Churches related Development Organizations in Europe
Art.	Artikel
Aufl.	Auflage
AVR	Archiv des Völkerrechts
AWO	Außenwirtschaftsdienst Österreichs
Bd. / Bde.	Band / Bände
BGBl.	Bundesgesetzblatt
BIP	Bruttoinlandsprodukt
ca.	circa
CEPR	Centre for Economic Research
CEE / EWG	Communité Européenne Economique / Europäische Wirtschaftsgemeinschaft
CMLRev.	Common Market Law Review
CRTA	Committee on Regional Trade Agreements, Komitee für regionale Handelsabkommen
CUFSTA	The Canada-United States Free Trade Agreement
ders. / dies.	derselbe / dieselbe
d.h.	das heißt

dt.	deutsch/e
EFTA	European Free Trade Area
EG / EC	Europäische Gemeinschaft / European Community
EGKS	Vertrag zur Gründung der Europäischen Gemeinschaft für Kohle und Stahl
EGV	Vertrag zur Gründung der Europäischen Gemeinschaft
EIB	Europäische Investitionsbank
EKD	Evangelische Kirche Deutschlands
EMRK	Europäische Konvention für Menschenrechte
ERAD	Economic Research and Analysis Division der WTO
etc.	et cetera, und so weiter
EU	Europäische Union
EuGH	Gerichtshof der Europäischen Gemeinschaften
EuR	Europarecht
EUR	Euro
EUV	Vertrag zur Gründung der Europäischen Union
EuZW	Europäische Zeitschrift für Wirtschaftsrecht
et al.	et alii, und andere
EWG/CEE	Europäische Wirtschaftsgemeinschaft/Communité Economique Europénne
ex.	vormals
EZB	Europäische Zentralbank
FAZ	Frankfurter Allgemeine Zeitung
Femise	Forum Méditerranéen des Instituts Economiques Indépendants
FLN	Front Libération Nationale, Nationale Befreiungsfront (Algerien)
f./ff.	folgende Seite(n)
Fn.	Fußnote

GASP	Gemeinsame Außen- und Sicherheitspolitik
GATS	General Agreement on Trade and Services
GATT	General Agreement on Tariffs and Trade, Allgemeines Zoll- und Handelsabkommen
Hrsg.	Herausgeber
HSFK	Hessische Stiftung für Friedensforschung
ibid.	ibidem, ebenda
HWWA	Hamburgisches Weltwirtschafts-Archiv
i.d.F.	in der Fassung
ifo	Institut für Wirtschaftsforschung
IMF	International Monetary Fond, Internationaler Währungsfonds
i.V.m.	in Verbindung mit
JA	Juristische Arbeitsblätter
JZ	Juristenzeitung
Lw.	Landwirtschaft
MEDA	Finanzierungspgrogramm des europäischen Ausschusses zur Implementierung der Euro-Mittelmeer-Partnerschaft
MERCOSUR	Mercado Común del Cono Sur, Vertrag über die Schaffung einer Freihandelszone und Zollunion zwischen Argentinien, Brasilien, Paraguay und Uruguay vom 26.03.1991 (Vertrag von Asunción)
Mio.	Million(en)
NAFTA	North American Free Trade Area
m.w.N.	mit weiteren Nachweisen
n. F.	neuer Fassung
Nr.	Nummer
OECC	Organization for Economic Cooperation, Organisation für Europäische Zusammenarbeit

OECD	Organization for Economic Cooperation and Development, Organisation for Wirtschaftliche Zusammenarbeit und Entwicklung
ONA	Omnium Nord Africain
OPEC	Organisation erdölfördernder Länder
RISA	Revue Internationale des Sciences Administratives
RIW	Recht der Internationalen Wirtschaft
Rs.	Rechtssache
RTA	Regional Trade Agreement
Rz.	Randziffer
S.	Seite
Slg.	Amtliche Sammlung der Entscheidungen des EuGH
Staflex	System der Stabilisierung der Export-Erlöse
TRIPS	Agreement on Trade-Related Aspects of Intellectual Property Rights
UMA	Union du Maghreb Arabe, Arabische Union der Maghrebstaaten
UN	United Nations, Vereinte Nationen
UNCTAD	Handels- und Entwicklungskonferenz der Vereinten Nationen
Urt.	Urteil
US $	Dollar der Vereinigten Staaten von Amerika
v.	vom
vgl.	vergleiche
Vol.	Volume
WTO	World Trade Organization, Welthandelsorganisation
WVK	Wiener Vertragsrechtskonvention
ZaöRV	Zeitschrift für ausländisches öffentliches Recht und Völkerrecht
ZEuS	Zeitschrift für Europarechtliche Studien

EINLEITUNG

A. *Thematische Eingrenzung / Ziel der Arbeit*

Die von der Europäischen Union viel gepriesene „Neue Mittelmeerpolitik" im Rahmen des 1995 begonnenen *Barcelona*-Prozesses sollte die alte mehr oder weniger strategielose Einzelbehandlung der nicht-europäischen Mittelmeeranrainer ablösen. Die EU richtet dabei ihr Augenmerk auf die Mittelmeerstaaten als Gesamtheit, auch wenn die Zusammenarbeit weiterhin auf bilateraler Ebene erfolgt. Mit den zwölf Mittelmeeranrainerstaaten wurden und werden so genannte Assoziationsabkommen ausgehandelt und abgeschlossen. Die Abkommen werden zumindest auf europäischer Seite als Erfolg gewertet. Sie helfen, so heißt es, die Wirtschaften der zu assoziierenden Staaten an das Weltniveau anzupassen und gewähren darüber hinaus ausreichend finanzielle Mittel zur Abfederung der Übergangskosten.

Auch mit den drei dem Maghreb zugehörigen Staaten Algerien, Marokko und Tunesien haben die EG und ihre Mitgliedstaaten solche Assoziationsabkommen, auch Europa-Mittelmeer-Abkommen genannt, geschlossen. Die Abkommen mit Marokko und Tunesien sind bereits in Kraft getreten. Das Abkommen mit Algerien wurde paraphiert.

Die vorliegende Arbeit untersucht, ob sich die von der EG geschlossenen Abkommen mit dem EG-Recht sowie dem GATT konform sind. Sollte dies nicht der Fall sein, ist zu prüfen, ob es Lösungswege gibt und wie diese aussehen könnten. Darüber hinaus ist zu klären, ob die einschlägigen GATT-Bestimmungen den heutigen wirtschaftswissen-schaftlichen Erkenntnissen und ökonomischen Erfordernissen, insbesondere bezüglich regionaler Integration entsprechen. Sollte dies verneint werden müssen, wäre es notwendig, auch hierfür Lösungswege zu suchen und vorzuschlagen.

Untersuchungsgegenstand dieser Arbeit sind daher im Wesentlichen die Regelungen der neuen Assoziationsabkommen mit den Maghrebstaaten. Besonderes Augenmerk wird hierbei auf die Bestimmungen über den Handel mit landwirtschaftlichen Produkten gelegt. Im Gegensatz zu bisher durchgeführten Untersuchungen wird die besondere Rolle der Landwirtschaft im Welthandel dargestellt und der Frage nachgegangen, ob und welcher Zusammenhang zwischen den Regelungen in den Abkommen und der Rolle der Landwirtschaft im Welthandel besteht.

Der Untersuchungsgegenstand dieser Arbeit wird dargestellt vor dem Hintergrund der wirtschaftlichen Entwicklung der drei Maghrebstaaten sowie der Beziehungen zwischen der EG und diesen Ländern. Die Beziehungen zwischen den Maghrebstaaten und der EG hatten und haben entscheidenden Einfluss auf die aktuelle Situation. Daher wird dem politischen und wirtschaftlichen Rahmen in dieser Arbeit mehr Raum als üblich eingeräumt. Ohne die entsprechenden Darstellungen ist jedoch ein Verständnis der Entwicklung der Beziehungen bis zu den heutigen Abkommen sowie deren Analyse nicht möglich.

B. *Gang der Untersuchung / Beschreibung der Arbeit*

Im ersten Teil der Arbeit werden die Assoziationsabkommen zwischen der EG und ihren Mitgliedstaaten einerseits sowie den Maghrebstaaten Algerien, Marokko und Tunesien andererseits vorgestellt. Dabei gibt das erste Kapitel einen Überblick über die Vertragspartner der Assoziationsabkommen, über deren wirtschaftliche Struktur und Situation sowie Besonderheiten, die im Rahmen dieser Arbeit erwähnenswert sind. Das zweite Kapitel schildert und analysiert die Entwicklung der Europäischen Mittelmeerpolitik in Bezug auf die Maghrebstaaten bis zum Abschluss der neuen Assoziationsabkommen. Kapitel 3 stellt die Regelungen der neuen Assoziationsabkommen der EG und ihren Mitgliedstaaten einerseits sowie Tunesien und Marokko andererseits vor. Hierbei wird insbesondere auf die Handelsregelungen bezüglich industrieller und landwirtschaftlicher Güter eingegangen. Aber auch die finanziellen und institutionellen Regelungen sowie die Bestimmungen zur Beachtung der Demokratie und Menschenrechte werden kurz vorgestellt. Auf das Abkommen mit Algerien wird mangels des endgültigen Wortlauts nicht näher eingegangen.

Teil 2 der Arbeit untersucht die Konformität der Assoziationsabkommen mit dem Recht der Europäischen Gemeinschaft. In Kapitel 4 wird zunächst die Konformität der Abkommen mit den allgemeinen Vorgaben des EGV und anschließend die Einhaltung der Kompetenzen der EG bezüglich der einzelnen, in den Abkommen geregelten Sachbereiche geprüft. Der Vollständigkeit halber wird kurz auf die Besonderheit der gemischten Abkommen und das Vertragsschlussverfahren eingegangen.

Teil 3 der Arbeit beschäftigt sich eingehend mit den Assoziationsabkommen und deren Vereinbarkeit mit den Vorgaben des GATT. In Kapitel 5 wird nach einer kurzen Darstellung der Grundsätze des GATT auf Artikel

XXIV GATT eingegangen, der eine Ausnahme im Rahmen des GATT darstellt und auf die Assoziationsabkommen Anwendung findet. Die neuen Abkommen zwischen der EG und ihren Mitgliedstaaten einerseits sowie Algerien, Marokko und Tunesien andererseits werden anschließend auf ihre Vereinbarkeit mit Art. XXIV GATT untersucht. In Kapitel 6 wird geprüft, ob der wirtschaftliche Entwicklungsstatus der Maghrebstaaten dazu führt, dass eine Abweichung von den Grundsätzen des GATT bzw. von den Anforderungen an Freihandelszonen zum einen aufgrund Teil IV das GATT, zum anderen aufgrund einer Kombination von Art. XXIV und Teil IV GATT in Frage kommt.

Teil 4 dieser Arbeit beleuchtet die Assoziationsabkommen vor dem Hintergrund der besonderen Rolle der Landwirtschaft. Dabei wird in Kapitel 7 untersucht, ob diese besondere Rolle der Landwirtschaft sowohl im Rahmen des GATT als auch im Rahmen der Agrarpolitik der EG eine Abweichung von den Anforderungen des GATT an Freihandelszonen rechtfertigt.

In Teil 5, Kapitel 8, wird das Ergebnis der Prüfungen dargestellt und dazu Stellung bezogen. Kapitel 9 versucht, Lösungswege aufzuzeigen, die zum einen helfen könnten, die Assoziationsabkommen mit den Vorgaben des GATT vereinbar zu gestalten, zum anderen aber auch die Anforderungen des GATT an regionale Wirtschaftsintegrationen den heutigen wirtschaftlichen Bedingungen und Kenntnissen anzupassen.

Teil 1 - Die Assoziationsabkommen mit den Maghrebstaaten

- Kapitel 1 -
Die Vertragspartner

Die Assoziationsabkommen mit den Maghrebstaaten, auch Europa-Mittelmeer-Abkommen genannt, sind bilaterale Abkommen zwischen der Europäischen Gemeinschaft und ihren Mitgliedstaaten auf der einen und jeweils der Algerischen Volksrepublik Algerien, dem Königreich Marokko und der Tunesischen Volksrepublik[1] auf der anderen Seite. Zur Verdeutlichung der vor allem wirtschaftlichen Strukturunterschiede zwischen den Vertragspartnern der Abkommen sollen die Vertragspartner im Folgenden kurz vorgestellt werden.

A. *Die Europäische Gemeinschaft*

Die Europäische Gemeinschaft geht auf die Verträge von Rom zur Gründung einer Europäischen Atomgemeinschaft (EURATOM) sowie zur Gründung der Europäischen Wirtschaftsgemeinschaft (EWG) aus dem Jahr 1957 zurück. Ziel der Gründungsstaaten war die Beseitigung von Handelshemmnissen und die Bildung eines "gemeinsamen Marktes". 1992 führte der Vertrag von Maastricht zu neuen Formen der Zusammenarbeit zwischen den Regierungen der inzwischen 12 Mitgliedstaaten der EWG. Durch die Einbeziehung der Verteidigungspolitik, der Zusammenarbeit im Bereich "Justiz und Inneres" und die Außenpolitik in die intergouvernementale Zusammenarbeit begründete der Vertrag von Maastricht die Europäische Union (EU). Im Zuge der Begründung der EU kam es zu einer Revision der bestehenden Gemeinschaftsverträge und zur Umbenennung der EWG in Europäische Gemeinschaft (EG). Die EG ist neben der EURATOM und der EGKS eine der drei Säulen der EU.

Die EU zählt heute 25 Mitgliedstaaten und rund 455 Millionen EU-Bürger[2]. Das durchschnittliche Brutto-Inlands-Produkt (BIP) lag in der EU im Jahr 2002[3] bei rund 2.315 Milliarden Euro[4]. Daran macht der Anteil der Landwirtschaft nur einen Teil von rund 4 % aus. Die Wirtschaft der EU zeichnet sich durch eine hohe Diversifikation aus. Die EU betreibt regen Handel und ist einer der bedeutendsten Wirtschafts- und Handelspartner in der Welt.

---

1 Im folgenden Algerien, Marokko und Tunesien genannt.
2 http://europa.eu.int/comm/eurostat (12.05.2004).
3 Vor ihrer Erweiterung am 1. Mai 2004.
4 http://europa.eu.int/comm/eurostat (31.03.2004), das entspricht ca. US $ 2,43 Milliarden.

B. *Die Maghrebstaaten: Algerien, Marokko und Tunesien*

Die Vertragspartner der EG Algerien, Marokko und Tunesien sind die Kernländer des Maghreb im Norden des afrikanischen Kontinents. Sie grenzen an das südliche Mittelmeer.

In Algerien leben zurzeit schätzungsweise 32 Mio., in Marokko rund 30 Mio. und in Tunesien ca. 9,5 Mio. Menschen. Das Pro-Kopf-Einkommen betrug im Jahr 2002 in Algerien US $ 1.720[5], in Marokko US $ 1.190[6] und in Tunesien US $ 2.000[7]. Das BIP betrug in Algerien im Jahr 2002 US $ 55,7 Mio.[8], in Marokko US $ 37,7 Mio.[9] und in Tunesien US $ 21,2 Mio.[10]

Die Wirtschaft der Maghrebstaaten basiert überwiegend auf dem Export von Primärprodukten sowie semi-verarbeiteten Agrar- und Bergbauprodukten.[11] Sie ist gekennzeichnet durch hohe Inflation, eine unflexible Fiskalpolitik, ungenügende Tauschratenflexibilität und geringe ausländische Direktinvestitionen.[12] Auffällig ist die hohe Abhängigkeit der Länder vom Handel mit der EG.[13] Direkte Einkommenssteuer ist die Hauptein-

---

5 http://devdata.worldbank.org/external/CPPProfile.aps?/SelectedCountry=DZA&CCODE=... (31.03.2004).

6 http://devdata.worldbank.org/external/CPPProfile.aps?/SelectedCountry=MAR&CCODE=... (31.03.2004).

7 http://devdata.worldbank.org/external/CPPProfile.aps?/SelectedCountry=TUN&CCODE=... (31.03.2004).

8 Siehe Fn. 5.

9 Siehe Fn. 6.

10 Siehe Fn. 7.

11 *Schlotter*: Freihandel + Demokratisierung = Entwicklung?, S. 5.

12 *Nsouli et al.*: The European Union's New Mediterranean Strategy, Finance & Development 6/96, S. 6; *Sid Ahmed*: Le Maghreb: Rencontre avec le troisiéme millénaire: L'impératif de Barcelone, Annuaire de L'Afrique du Nord 96, 1 (4); *Hakura*: The Euro-Mediterranean Policy: Implications of the Barcelona Declaration, CMLRev. 97, 337 (356); *Benaklyef*: Socio-Economic Disparities in the Mediterranean, in *Gillespie*: The Euro-Mediterranean Partnership, S. 102.

13 *Bayar*: Fiscal challenges of the Euro-Mediterranean Agreements, S. 52; *Bayar et al.*: An intertemporal, multi-regional equilibrium analysis of agricultural trade liberalization in the South Mediterranean NIC's, Turkey, and the European Union, S. 2; *Aouadi*: La zone de libre-échange Tuniso-Européenne est les contraintes de l'insertion en libre-échangisme international, Revue Tunisienne d'Economie 98, 56 (71); *House of Lords*: 11th report, S. 24; *Tovias*: The economic impact of the European Free Trade Area on Mediterranean non-member countries, in *Gillespie*: The Euro-Mediterranean Partnership, S. 115; *AWO*: Länderbericht Marokko, S. 5; *GATT*: Trade Policy Review Tunisia 1994, S. 1; *Kistenfeger*: Maghreb-Union und Golfrat; S. 80.

nahmequelle der Regierungen aller drei Länder.[14] Große Einnahmen werden auch durch die Erhebung von Zöllen oder zollgleichen Abgaben erreicht.[15]

Etwa 5 % aller Weltölvorkommen, 3,5 % aller Weltgasvorkommen, mehr als 75 % der weltweit bekannten Phosphatvorkommen und andere Bodenschätze, wie etwa Zink, Kupfer, Kobalt und Mangan lagern im Maghreb.[16] Anhaltende Versuche der Maghrebstaaten, eigene Industriegüter herzustellen, scheitern an materiellen Problemen und am Mangel an Fachleuten. Ein weiteres Problem ist die Vermarktung einheimischer Produkte im In- und Ausland. Sie können wegen ihrer relativ hohen Kosten und schlechterer Qualität nicht mit denselben Produkten der EG oder des Weltmarktes konkurrieren.[17]

Die drei Maghrebstaaten haben im Vergleich zu anderen arabischen Staaten gute natürliche Bedingungen für eine intensive landwirtschaftliche Produktion. Viele verschiedene landwirtschaftliche Produkte werden in dieser Region erzeugt, so etwa Früchte, Gemüse, Blumen, Olivenöl, Tabak usw. Obwohl es ein reiches, unerschöpfliches und ständiges Angebot dieser Produkte gibt, ist die maghrebinische Landwirtschaft eine der mangelhaftesten der Welt.[18] Die meisten Landwirte sind schlecht organisiert und oft nicht in der Lage, sämtliche Aspekte ihres Geschäftes ordentlich zu planen und zu leiten. Überalterung der mehrheitlich unterqualifizierten Arbeitskräfte und eine chronische technische Unterausstattung führen zu einem Rückgang der Mechanisierung. Ein weiteres großes Problem ist der Wassermangel. Dennoch spielt der landwirtschaftliche Sektor in den Wirtschaften der Maghrebstaaten eine große strukturelle

---

14 *Kistenfeger*: Maghreb-Union und Golfrat, S. 74; *Aouadi*: La zone de libre-échange Tuniso-Européenne est les contraintes de l'insertion en libre-échangisme international, Revue Tunisienne d'Economie 98, (56) 71.

15 In Tunesien und Marokko betrug die Protektion im Durchschnitt 35 bis 40 % (EG: 4 %) vor Abschluss der Abkommen. Vgl. *House of Lords*: 11th report, S. 25; *Fontagné/Péridy*: The EU and the Maghreb, S. 40 f.; *Tovias*: The impact of the European Free Trade Area on Mediterranean non-member countries, in *Gillespie*: The Euro-Mediterranean Partnership, S. 116.

16 *Weidnitzer*: Die Union du Maghreb Arabe, S. 47.

17 *Kebaili*: Die Mittelmeerpolitik der EG und der Nord-Süd-Konflikt am Beispiel der Beziehungen Algeriens zur EG, S. 78; *WTO*: Trade Policy Review Morocco 1996, www.wto.org/english/tratop_e/tpr_e/tp23_e.htm (25.11.2003); *Tovias*: The impact of the European Free Trade Area on non-member countries, in *Gillespie*: The Euro-Mediterranean Partnership, S. 119.

18 *Bakli*: L'Union Maghreb Arabe, S. 248.

Rolle.[19] Insbesondere beschäftigt die Landwirtschaft einen Großteil der arbeitsfähigen Bevölkerung.[20]

Nach wie vor beanspruchen die Regierungen eine zentrale Funktion in der wirtschaftlichen Kontrolle.[21] Algerien, Marokko und Tunesien sind stark verschuldet, Reformen zur Umstrukturierung und Anpassung der nationalen Wirtschaften an Weltmarktbedingungen kommen nur langsam voran.

C. *Zusammenfassung*

Mit der EG und ihren Mitgliedstaaten auf der einen und den Staaten Algerien, Marokko und Tunesien auf der anderen Seite stehen sich bei den neuen Assoziationsabkommen wirtschaftlich und kulturell sehr unterschiedlich entwickelte Vertragspartner gegenüber. Während die Industrie in der EG einen Großteil zum BIP beiträgt, spielt sie in den Maghrebstaaten noch keine große Rolle. Hier dominieren Bodenschätze oder primäre und semi-verarbeitete Produkte. Die ökonomische Situation in den Maghrebstaaten ist gekennzeichnet durch eine hohe Verschuldung sowie die Abhängigkeit der Staaten von Importen aus Industrieländern. Im Gegensatz zur EG entsprechen die nationalen Wirtschaften der Maghrebstaaten nicht den Weltmarktbedingungen.

---

19 *Bayar et al.*: An intertemporal, multi-regional equilibrium analysis of agricultural trade liberalization in the South Mediterranean NIC's, Turkey, and the European Union, S. 2; *Sid Ahmed*: Le Maghreb: Rencontre avec le troisième millénaire: L'impératif de Barcelone, Annuaire de L'Afrique du Nord 96, 1 (4); *Dridi*: Tunesien, in *Nohlen/Nuscheler*: Handbuch der Dritten Welt, Bd. 6, S. 282; *Wolff*: Marokko, in *Nohlen/Nuscheler*: Handbuch der Dritten Welt, Bd. 6, S. 248; *Galduf*: Spanish-Moroccan Partnership, in *Gillespie*: The Euro-Mediterranean Partnership, S. 54; *WTO*: Trade Policy Review Morocco 1996, www.wto.org/english/tratop_e/tpr_e/tp23_e.htm (25.11.2003).

20 www.algeriainfo.com/economie.htm (22.10.2001), *Englert*: Algeriens Wirtschaft - Wieder Licht am Ende des langen Tunnels?, Afrika-Post 9-10/97, S. VIII.

21 *Kistenfeger*: Maghreb-Union und Golfrat, S. 74; *Aouadi*: La zone de libre-échange Tunio-Européenne et les contraintes de l'insertion en libre-échangisme international, Revue Tunisienne d'Economie 98, 56 (71).

- Kapitel 2 -
Die Entwicklung der Beziehungen zwischen den Vertragspartnern bis zum Abschluss der Assoziationsabkommen

Die Assoziationsabkommen zwischen der EG und den Maghrebstaaten in ihrer heutigen Form sind nicht die ersten Abkommen zwischen den Vertragspartnern, sondern das Ergebnis eines langen Entwicklungsprozesses und politischer Initiativen sowie äußerer Einflussfaktoren. Bereits der Vertrag zur Gründung der EWG enthielt eine Erklärung der damaligen sechs Gründungsmitglieder betreffend die Assoziation der Staaten der damaligen Franc-Zone. Die EWG erklärte in Punkt III Nr. 3 der Schlussakte des Vertrages von Rom die Absicht, mit den unabhängigen Ländern der Franc-Zone Verhandlungen zum Abschluss einer wirtschaftlichen Assoziation führen zu wollen.[22]

A. *Die Vorgänger der Assoziationsabkommen*

I. Die Handelsabkommen von 1969

Die ersten Anfragen Tunesiens und Marokkos zum Abschluss eines Handelsabkommens wurden im Oktober bzw. Dezember 1963 an die EWG gerichtet. Die Länder forderten für ihren Handel dieselben Privilegien, die der innergemeinschaftliche Handel genoss. Marokko und Tunesien verlangten außerdem Unterstützung bei der Behebung nationaler Probleme mit der Arbeitslosigkeit sowie den Zugang ihrer nationalangehörigen Arbeitskräfte zum Gemeinschaftsmarkt.[23]

Der weit reichende Katalog von Anforderungen Marokkos und Tunesiens war der Grund dafür, dass erst 6 Jahre später, also 1969 bilaterale, auf den Handel beschränkte Teil-Assoziationsabkommen unterzeichnet wurden.[24] Die EWG gewährte Marokko und Tunesien Zollfreiheit für fast alle Industriewaren. Was die Agrarprodukte anbetraf, so wurden nur wenige Zugeständnisse gemacht. Der Zugang frischer Früchte aus Marokko und Tunesien in die EWG blieb aufgrund der europäischen Agrarpolitik beschränkt.[25]

---

22 Art. 227 des EWG-Vertrages.

23 *Schumacher:* Die Maghreb-Politik der EU, S. 24.

24 *Hakura*: The Euro-Mediterranean policy: The implications of the Barcelona Declaration, CMLRev. 97, 337 (338 f.); *Nsouli et al.*: The European Union's New Mediterranean Strategy, Finance & Development 9/96, 18; *Salah*: Les relations économiques Maghreb-CEE: Suggestion pour une nouvelle politique, Revue du Marché Commun 92, 300.

25 *Schumacher*: Die Maghreb-Politik der EU, S. 25; *Fontagné/Péridy*: The EU and the Maghreb, S. 75.

Algerien, damals gemäß der französischen Verfassung noch Teil des französischen Hoheitsgebietes, fiel unter den Anwendungsbereich des Art. 227 Abs. 2 EWG-Vertrag[26]. Demnach war das Land nur teilweise an die EWG-Rechtsordnung gebunden. Auf Algerien fanden hauptsächlich die Regeln betreffend den freien Waren- und Dienstleistungsverkehr, die Landwirtschaft –ausgenommen Art. 40 Abs. 4 EWGV-, den Wettbewerb, die Art. 108, 109 und 226 EWGV sowie die institutionellen Bestimmungen Anwendung.[27] Nach der Unabhängigkeit Algeriens 1962 sicherten die Verträge von *Evian*[28] Algerien für zehn Jahre die Behandlung als EWG-Inland und damit freien Marktzugang nach Frankreich und in die übrige EWG.[29] Für das Verhältnis zur EWG und die sich aus der Zugehörigkeit Frankreichs zur EWG ergebenden Probleme boten die Verträge von *Evian* jedoch keine Lösung.[30] In der Praxis entwickelte sich die EWG schnell zu einem der wichtigsten Handelspartner Algeriens, weshalb Algerien den Wunsch äußerte, dass seine Sonderbehandlung weiterhin beibehalten werde.[31] Nachdem Algerien das Angebot der EWG abgelehnt hatte, einen mit Marokko und Tunesien vergleichbaren Vertrag abzuschließen, regelten die EWG-Mitgliedsstaaten ihren bilateralen Handel mit Algerien separat und auf unterschiedlichste Weise. Letztendlich entschied die Europäische Kommission Anfang des Jahres 1968, auch auf Algerien den einheitlichen Zolltarif anzuwenden, der für Drittstaaten galt. Bis zum Abschluss des Kooperationsabkommens von 1976[32] wurde diese provisorische Lösung beibehalten.

II. Die Kooperationsabkommen von 1976

Die Forderung der Entwicklungsländer nach einer neuen Weltwirtschaftsordnung nach der Ölkrise 1973 führte auch zu Verhandlungen der EG mit Tunesien, Marokko und Algerien über den Abschluss neuer Kooperationsabkommen. Ausgangspunkt auf Seiten der EG war eine globale Mittelmeerpolitik mit dem Ziel, den bilateralen Handelsaustausch, die generelle Kooperation und die Wirtschaftsbeziehungen mit allen Mittel-

---

26 Im folgenden EWGV.

27 Siehe Artikel 227 Abs. 3 Satz 1 EWG-Vertrag.

28 Abgedruckt in *Ministère d'état chargé des affaires algériennes*: Les accords d'Evian: textes et commentaires, Recueils et monographies. La Documentation francaise Nr. 40.

29 *Ruf*: Ökonomie und Politik - Wie ein Regime den Zusammenbruch des Staates überlebt, http://www.algeria-watch.de/artikel/inaruf.htm (04.04.2003).

30 *Kebaili*: Die Mittelmeerpolitik der EG und der Nord-Süd-Konflikt am Beispiel der Beziehungen Algeriens zur EG, S. 127; *Jünemann*: Europas Mittelmeerpolitik im globalen und regionalen Wandel: Interessen und Zielkonflikte, in *Zippel*: Die Mittelmeerpolitik der EU, S. 38.

31 *Schumacher*: Die Maghreb-Politik der EU, S. 34.

32 Siehe dazu den folgenden Abschnitt II.

meerländern zu intensivieren und diese Länder bei ihrer Entwicklung zu unterstützen.[33]

Im April 1976 wurden mit Tunesien, Algerien und Marokko bilaterale Kooperationsabkommen unterzeichnet. Diese unterschieden sich von den alten Abkommen mit Marokko und Tunesien von 1969 in drei wesentlichen Punkten. Erstens waren sie nicht gegenseitig. Zweitens weiteten sie die Handelspräferenzen auf 80 % des maghrebinischen Landwirtschaftsexports aus. Hierin waren Wein, Früchte und Gemüse eingeschlossen. Drittens beinhalteten die Kooperationsabkommen Regelungen bezüglich wirtschaftlicher, technischer und finanzieller Zusammenarbeit, in denen sich die EG zur Finanzierung von Produktion, Infrastruktur, technischer Zusammenarbeit und Ausbildungsprojekten verpflichtete.[34]

Bezüglich der Rohmaterialien gab es weder Zölle noch quantitative Beschränkungen. Für Industriegüter sahen die Abkommen, von einigen Ausnahmen abgesehen, die völlige Abschaffung aller Importzölle auf Waren aus den drei Maghrebstaaten vor.[35]

Eine ernsthafte Ausnahme hiervon war der Textilsektor. Die Präferenzen, die den Maghrebstaaten für ihre landwirtschaftlichen Exporte –Fischerei eingeschlossen- eingeräumt wurden, basierten auf einer Kürzung des einheitlichen Zolltarifs.

Jedoch gab es noch immer bedeutende Ausnahmen im Hinblick auf Erzeugnisse, für die die Maghrebstaaten eine hohe Produktionskapazität sowie Wettbewerbs- und Preisvorteile im Vergleich zu europäischen Produzenten hatten. Dies betraf Produkte wie zum Beispiel Früchte, Tomatenkonzentrat, Wein, Olivenöl und Sardinenkonserven. Für Marokko und

---

33 *Vogel*: Die Abkommen der EWG mit den Maghreb- und Maschrekländern, Europa-Archiv 77, 53 f.; *Europäische Kommission*: Globalansatz für die Mittelmeerpolitik der EG, Europa-Archiv 72, D 509; *Salah*: Les relations économiques Maghreb-CEE, Revue du Marché Commun 92, 300 (301); *Smith/Latheenmaki*: Europeanization of the mediterranean region: the EU's relations with the Maghreb, in *Cafruny/Peters*: The Union and the World - The Political Economy of a Common European Foreign Policy, S. 161.

34 *Fontagné/Péridy*: The EU and the Maghreb, S. 20; *Vogel*: Die Abkommen der EWG mit den Maghreb- und Maschrekländern, Europa-Archiv 77, 53 f.; *Europäische Kommission*: Globalansatz für die Mittelmeerpolitik der EG, Europa-Archiv 72, D 509 (511); *GATT*: Agreement between EC and Algeria, S. 81; *Lister*: The EU and the South - Relations with Developing Countries, S. 85.

35 Siehe auch Artikel 9 des Abkommens mit Algerien; *EG*: MEMO/98/33 v. 09.06.1989.

Tunesien hatte das sogar einen signifikanten Anstieg der Beschränkungen im Vergleich zu den Abkommen von 1969 zur Folge.[36]

Die Kooperationsabkommen sahen erstmalig ein eigenes Gremium, einen Kooperationsrat, vor, der sich aus dem EG-Rat, der Kommission und der Regierung des jeweiligen Maghrebstaates zusammensetzte. Der Kooperationsrat war ermächtigt, Entscheidungen zu treffen, Resolutionen, Vorschläge und Meinungen zu formulieren. Zur Assistenz des Rates waren Kooperationskomitees vorgesehen.

Die Kooperationsabkommen mit den Maghrebstaaten wurden durch die verschiedenen ab 1976 unterzeichneten Finanzprotokolle ergänzt. Finanzielle Unterstützung wurde durch Budgetbeihilfen und Kredite der Europäischen Investmentbank gewährt.[37] Im Hinblick auf das Handelsdefizit oder das Ausmaß der Auslandsschulden dieser Länder war die EG-Finanzhilfe jedoch nicht von entscheidender Bedeutung bei der Lösung der Probleme in den Maghrebstaaten.[38]

Die Kooperationsabkommen gaben den Maghrebstaaten nur ungenügend Anreize, ihren Handel schrittweise zu liberalisieren. Die in der EG produzierten Industriegüter konnten sich trotz der Zölle in Marokko, Algerien und Tunesien leicht durchsetzen. Das lag vor allem daran, dass sich die EG-Importe nicht amerikanischer oder asiatischer Konkurrenz stellen mussten, und wettbewerbsfähige inländische Produkte nicht vorhanden waren.[39] Grundsätzlich können die Handelsbeziehungen EG - Maghreb, wie sie sich unter den Kooperationsabkommen entwickelt haben, wie folgt charakterisiert werden: (1) starke Asymmetrie im Hinblick auf den Marktzugang; (2) Übergewicht des Nord-Süd-Handels, dies zeigte sich in der starken Abhängigkeit der Maghrebstaaten vom EG-Markt, verglichen mit nur sehr eingeschränktem intraregionalem Handel; (3) ungenügende

---

36 *Agence Europe prométhée*: Les relations CEE-Maghreb: l'épreuve de l'élargissement, S. 60; *Europäische Kommission*: Globalansatz für die Mittelmeerpolitik der EG, Europa-Archiv 72, D 509 (516); *Müller*: Die Handelsregelungen in den Abkommen der EG mit den Mittelmeerländern, in *Hengsbach*: Die Assoziierung afrikanischer Staaten an die Europäischen Gemeinschaften: eine Politik raumwirtschaftlicher Integration?, S. 124 f.; *Joffé*: The European Union and the Maghreb, in *Gillespie*: Mediterranean Politics, Bd. 1, S. 39; *Lister*: The European Union and the South - Relations with Developing Countries, S. 85; *Fontangé/Péridy*: The EU and the Maghreb, S. 14.

37 *Smith/Lahteenmaki*: Europeanization of the Mediterranean Region: the EU's relation with the Maghreb, in *Cafruny/Peters*: The Union and the World – the political Economy of a Common European Foreign policy, S. 161; *Vogel*: Die Abkommen der EWG mit den Maghreb- und Maschrekländern, Europa-Archiv 77, 53 (58).

38 *Garcia/Villaverde*: Europe and the Maghreb: Towards a Common Space, in *Ludlov*: Europe and the Mediterranean, S. 135.

39 *Schlotter*: Freihandel + Demokratisierung = Entwicklung?, S. 5.

Exportdiversifikation auf Seiten der Maghrebstaaten; und (4) einem anhaltenden Handelsüberschuss auf Seiten der EG.[40]

B. *Neuere Entwicklungen*

I. Das Ende des Kalten Krieges

Nach dem Ende des Kalten Krieges verloren die nordafrikanischen Staaten ihre ursprüngliche politische und strategische Rolle, die sie zu Zeiten des Konfliktes der Supermächte bekleidet hatten. Der Kalte Krieg war bis dahin der maßgebliche Faktor aller Entwicklungen in dieser Region. Das globale Nullsummenspiel garantierte den Maghrebstaaten eine politisch motivierte Entwicklungshilfe und erlaubte ihnen überdies, die Großmächte gegebenenfalls gegeneinander auszuspielen.[41] Mit dem Rückzug der Supermächte zerbrach dieses externe Stabilitätsgeflecht. Im Falle Marokkos, Tunesiens und vor allem Algeriens wurde dies begleitet von einer wirtschaftlichen Krise, die zur Verschärfung sozialer Konflikte und, als Konsequenz, zur vermehrten Auswanderung in Richtung Europa führte.[42] Das Potential für soziale und politische Unruhen stieg. Zudem gewann in der Zeit nach 1989 Osteuropa immer mehr an Attraktivität für die EG. Das frustrierte die Mittelmeerregierungen, die sich bei der Eile der Wiederannäherung der EG an die ehemals sozialistischen Staaten übergangen fühlten.[43]

II. Die Erweiterung der EG

Das Europa der „Sechs“ wurde durch die Aufnahme Griechenlands 1981 sowie Portugals und Spaniens 1986 erweitert. Diese Erweiterung weckte

---

40 *Europäische Kommission*: European Economy – The European Union as a world trade partner, S. 40; *Schlotter*: Freihandel + Demokratisierung = Entwicklung?, S. 5; *Lister*: The European Union and the South - Relations with Developing Countries, S. 70, 85.

41 *Jünemann*: Europas Mittelmeerpolitik im regionalen und globalen Wandel: Interessen und Zielkonflikte, in *Zippel*: Die Mittelmeerpolitik der EU, S. 35; *Schumacher*: Die Maghreb-Politik der EU, S. 79.

42 *Jünemann*: Europe's interrelations with North Africa – the new framework of the Euro-Mediterranean partnership, in *Europäische Kommission*: The European Union in a changing world, S. 366; *Hakura*: The Euro-Mediterranean Policy: Implications of the Barcelona Declaration, CMLRev. 97, 337 (343); *House of Lords*: 11th report, S. 12, 21; *Henson*: The EU and the Mediterranean, Dt. Zeitschrift für Politik und Wirtschaft des Orients 94, 531 (533); *Mattes*: Umwelt-, Migrations- und Drogenprobleme, Internationale Politik 2/96, S. 5; *Aliboni*: Südmediterrane Herausforderungen, Internationale Politik 2/96, S. 9.

43 *Schlotter*: Freihandel + Demokratisierung = Entwicklung?, S. 7; *Harraga*: Les dimensions de l'espace commercial et financier du Maghreb après les accords de Maastricht, RISA 95, 701; *Henson*: The EU and the Mediterranean, Dt. Zeitschrift für Politik und Wirtschaft des Orients 94, 531 (536 f.); *Tovias*: The EU's Mediterranean Policies under Pressure, in *Gillespie*: Mediterranean Politics, Bd. 2, S. 13, 18.

im Maghreb die Besorgnis über den Verlust des traditionell bevorzugten Zugangs zum europäischen Markt. Für spanische Industrieerzeugnisse mussten bis 1984 zum Beispiel 40 % als allgemeiner Einfuhrtarif bezahlt werden, während Produkte aus dem Maghreb zollfrei eingeführt werden konnten. Der Beitritt Griechenlands, Spaniens und Portugals bedeutete ein Umschwenken dieser Tarifbevorzugung. Darüber hinaus waren die Maghreb-Exportstrukturen denen der neuen EG-Mitgliedstaaten sehr ähnlich, was sie nicht nur neuer Konkurrenz bei Früchten und Gemüse, sondern auch bei anderen Exportartikeln aussetzte.[44] Zusätzlich wurde die EG durch die Erweiterung nahezu zum Selbstversorger mit allen Agrarprodukten[45], was zu einem weiteren Verlust an Marktanteilen für die Maghrebstaaten führte.[46] Das Ziel der EG, die neu aufgenommenen südeuropäischen Mitgliedsstaaten möglichst rasch an das ökonomische Durchschnittsniveau der Gemeinschaft anzugleichen, ließ konkurrierende Interessen der Maghrebstaaten zurücktreten. Selbst nach Angleichung der Zollsätze 1987/1988 hatten die südeuropäischen EG-Mitgliedsstaaten durch kürzere Transportwege noch immer einen Marktvorteil, der im Ergebnis zu einem weiteren Rückgang der maghrebinischen Exporte gegenüber der EG führte.[47]

C. *Der Golfkrieg*

Nicht zuletzt zeigte 1991 der Golfkrieg, dass es eine Vielzahl noch existierender Konflikte innerhalb der gesamten Arabischen Welt hinsichtlich Öl und Wasser als strategische Ressourcen gibt, die auch für die EG von größter Wichtigkeit sind.

I. **Inkrafttreten des einheitlichen europäischen Marktes**

Ein weiteres wichtiges Ereignis beeinflusste die Beziehungen zwischen der Europäischen Gemeinschaft und den Maghrebstaaten: die Errichtung des einheitlichen europäischen Marktes zum 1. Januar 1993. Theoretisch

---

44 *Fontagé/Péridy*: The EU and the Maghreb, S. 36 f.; *Schlotter*: Freihandel + Demokratisierung = Entwicklung?, S. 6; *McMahon*: The Development Co-operation Policy of the EC, S. 104.

45 *Joffé*: The European Union and the Maghreb, in *Gillespie*: Mediterranean Politics, Bd. 1, S. 39.

46 *Smith/Lahteenmaki*: Europeanization of the Mediterranean region: the EU's relation with the Maghreb, in *Cafruny/Peters*: The Union and the world – the political Economy of a Common European Foreign policy, S. 162.

47 *Jünemann*: Europas Mittelmeerpolitik im regionalen und globalen Wandel: Interessen und Zielkonflikte, in *Zippel*: Die Mittelmeerpolitik der EU, S. 41; *Tovias*: The EU's Mediterranean Policies under Pressure, in *Gillespie*: Mediterranean Politics, Bd. 2, S. 19; *Salah*: Les relations économiques Maghreb-CEE, Revue du Marché Commun 92, 300 (301).

hätte das die Beziehungen zum Maghreb nicht berühren sollen. Tatsächlich jedoch begründete der einheitliche europäische Markt eine ganze Reihe nicht-tarifärer Handelshemmnisse gegen nichtmitgliedstaatliche Exportländer. Von entscheidender Bedeutung für algerische, marokkanische und tunesische Erzeuger war vor allem die Forderung, dass Importe in die Gemeinschaft in Zukunft dem europäischen industriellen Standard würden genügen müssen.[48] Auch dieses Ereignis warf daher die Frage nach einer Erneuerung der europäischen Politik in Hinblick auf die Maghrebstaaten auf, insbesondere hinsichtlich der Handelsangelegenheiten.

D. *Die Neue Mittelmeerpolitik der EG*

Aufgrund der genannten Entwicklungen entschied sich die EG zu einer Überarbeitung ihrer Politik bezüglich aller südlichen Mittelmeerstaaten, die Maghrebstaaten eingeschlossen. Im Dezember 1990 stimmte der Rat für eine *Neue Mittelmeerpolitik*, was den Anbruch einer neuen Partnerschaft signalisierte.[49]

Die europäischen Tagungen in *Cannes* und *Barcelona* 1995 legten den Grundstein zur Europa-Mittelmeer-Partnerschaft. Auf der Konferenz von *Barcelona* im November 1995 verhandelten die 15 EG-Mitgliedstaaten und die zwölf südlichen Mittelmeerstaaten Grundsätze für die zukünftigen Beziehungen auf Basis der Gleichwertigkeit aller beteiligten Staaten.[50] Dabei konzentrierten sie sich auf drei miteinander in Wechselbeziehung stehende Bereiche: politische und sicherheitsrechtliche Partnerschaft, wirtschaftliche und finanzielle Partnerschaft und Partnerschaft im sozialen und menschlichen Bereich. Schwerpunkt der Zusammenarbeit soll die Bildung einer Freihandelszone sowohl zwischen der EG und den einzelnen Maghrebstaaten als auch zwischen den nicht europäischen Mittelmeeranrainerstaaten untereinander sein. Die Partner haben sich das Jahr 2010 als Ziel für die Verwirklichung der geplanten bilateralen Freihandelszonen gesetzt, die den größten Teil des Handels abdecken und au-

---

48 *Joffé*: The European Union and the Maghreb, in *Gillespie*: Mediterranean Politics, Bd. 1, S. 39 f.; *Tovias*: The EU's Mediterranean Policies under Pressure, in *Gillespie*: Mediterranean Politics, Bd. 2, S. 20; zu weiteren Auswirkungen des EG-Binnenmarktes vgl. auch *Langguth*: Außenpolitische Chancen der Europäischen Integration, Europa-Archiv 92, 222 (227).

49 *Jünemann*: Europas Mittelmeerpolitik im regionalen und globalen Wandel: Interessen und Zielkonflikte, in *Zippel*: Die Mittelmeerpolitik der EU, S. 35; *Weltbank*: EU-Mediterranean Policy, www1.worldbank.org/wbiep/tradel_map.html (09.01.2002); *Hakura*: The Euro-Mediterranean Policy: The implications of the Barcelona Declaration, CMLRev. 97, 337 (339, 346); *Gillespie*: The Euro-Mediterranean Partnership, Bd. 1, S. 1.

50 *Schneider/Zomer*: APRODEV Information document on the European Union and the Mediterranean (Meda), www.oneworld.org/aprodev/meda.htm (13.12.1999).

ßerdem dazu beitragen soll, dass die südlichen Mittelmeerstaaten ihren Handel untereinander schrittweise liberalisieren.[51]

E. *Zusammenfassung*

Bereits kurz nach der Gründung der Europäischen Gemeinschaft forderten Tunesien und Marokko den Abschluss von Handelsabkommen mit der EG in der Hoffnung, die Privilegien des innergemeinschaftlichen Handels zu erhalten. 1969 schlossen die EG und Marokko sowie Tunesien jeweils bilaterale Teil-Assoziationsabkommen, die fast allen tunesischen und marokkanischen Industrieprodukten freien Zugang zum europäischen Markt ermöglichten. Das galt nicht für Agrarprodukte aus diesen Ländern. Algerien bekleidete zum damaligen Zeitpunkt als Teil des französischen Hoheitsgebietes noch eine Sonderrolle. Dies änderte sich mit dem Abschluss neuer Kooperationsabkommen im Jahre 1976. Die EG schloss diese bilateralen Abkommen im Rahmen ihrer globalen Mittelmeerpolitik mit allen drei Maghrebstaaten. Auch diese Abkommen waren nicht gegenseitig, das heißt, sie erlaubten zwar den maghrebinischen Industriegütern zollfreien Zugang zum europäischen Markt, europäische Waren konnten jedoch nicht zollfrei auf den algerischen, marokkanischen oder tunesischen Markt eingeführt werden. Ernsthafte Ausnahme von dem zollfreien Zugang maghrebinischer Güter gab es weiterhin hinsichtlich des Textil- sowie Landwirtschaftssektors. Für solche Erzeugnisse, für die die Maghrebstaaten eine hohe Produktionskapazität sowie Wettbewerbs- und Preisvorteile im Vergleich zu europäischen Produzenten hatte, gestatte die EG keine Zollfreiheit. Die Kooperationsabkommen enthielten weiterhin Regelungen bezüglich der technischen und finanziellen Zusammenarbeit und sahen weiterhin einen Kooperationsrat und Kooperationskomitees vor. Dennoch boten die Kooperationsabkommen den Maghrebstaaten nur ungenügend Anreize zur Liberalisierung ihrer Handelspolitik und hielten die Asymmetrie des Marktzugangs, die ungenügende Exportdiversifikation der Maghrebstaaten und den Handelsüberschuss der EG aufrecht.

Das Ende des Kalten Krieges, die Erweiterung der EG um die nördlichen Mittelmeeranrainerstaaten, aber auch soziale und wirtschaftliche Probleme in den Maghrebstaaten führten zu einer Neuausrichtung der europäischen Politik im Mittelmeerraum. Die zukünftigen Beziehungen sollen nunmehr auf der Gleichwertigkeit aller beteiligten Staaten basieren. Hierbei spielen vor allem die drei Bereiche politische und sicherheitsrechtliche Partnerschaft, wirtschaftliche und finanzielle Partnerschaft sowie

51 Siehe Barcelona Declaration, www.europarl.eu.int/meetdocs/committees/afet/20010208/DECFINen.pdf (25.11.2003).

Partnerschaft im sozialen und menschlichen Bereich eine grundlegende Rolle. Vor diesem Hintergrund sollen zwischen der EG und ihren Mitgliedstaaten einerseits sowie Marokko, Tunesien und Algerien andererseits jeweils bilaterale Freihandelszonen geschaffen werden, die auch dazu führen sollen, dass der Handel der südlichen Mittelmeerstaaten untereinander schrittweise liberalisiert wird.

- Kapitel 3 -
Die Bestimmungen in den neuen Assoziationsabkommen

Folgerichtig unterzeichneten die EG und ihre Mitgliedsstaaten am 17. Juli 1995 (Tunesien) und am 26. Februar 1996 (Marokko) neue bilaterale[52] Assoziationsabkommen. Das Abkommen mit Tunesien trat am 1. März 1998 in Kraft, das mit Marokko zwei Jahre später.[53] Verhandlungen mit Algerien verzögerten sich vor allem aufgrund der politischen Situation im Land Anfang der 90er Jahre.[54] Das Abkommen mit Algerien wurde im Dezember 2001 paraphiert. In Kraft treten wird es erst nach der Ratifikation durch die Mitgliedsstaaten der Europäischen Gemeinschaft und durch das Europäische Parlament sowie durch das Algerische Parlament.[55] Nach Schätzungen des algerischen Präsidenten *Bouteflika* wird dies nicht vor 2005 sein.[56]

Die neuen Assoziationsabkommen sind bilateral. Sie sehen jeweils die Bildung einer Freihandelszone zwischen den Vertragspartnern innerhalb eines Zeitraumes von zwölf Jahren vor. Die Abkommen folgen demselben Schema und sind nahezu identisch. Ihre Artikel unterscheiden sich ihrem Wortlaut und Inhalt nach nicht wesentlich voneinander. Die wichtigsten Unterschiede finden sich in den Anhängen der Abkommen, in denen die Liberalisierung verschiedenen Produktkategorien konkretisiert wird.

Die neuen Assoziationsabkommen sind zeitlich unbegrenzt und beinhalten mehr Regelungen als die 1976 unterzeichneten Abkommen[57]. Sie sind jeweils in acht Titel eingeteilt, enthalten 14 Anhänge und fünf Protokolle. Die einzelnen Titel beinhalten Regelungen zum politischen Dialog zwischen den Parteien (Titel I), über den freien Warenverkehr (Titel II), das Niederlassungsrecht und den

---

52 Was häufig kritisiert wird, vgl. *Henson*: The EU and the Mediterranean, Dt. Zeitschrift für Politik und Wirtschaft des Orients 94, 531 (533).

53 Die Abkommen sind abgedruckt im ABl. EG L 097 vom 30.03.1997 S. 2 ff. (Tunesien) und ABl. EG L 070 vom 18.03.2000 S. 2 ff. (Marokko) sowie im Anhang dieser Arbeit. Im folgenden werden die Begriffe Europa-Mittelmeer-Abkommen und Assoziationsabkommen synonym verwendet.

54 Dead End in Algeria/EU Partnership negotiations, North African Journal v. 07.03.1998, www.north-africa.com/archives/0_030798.htm (13.03.99); Building a Mediterranean Economy: An Unequal Proposition, North African Journal v. 07.08.1998, www.north-africa.com/archives/docs/080898F.htm (13.03.99); *House of Lords*: 11th report, S. 19; Algerien und EU kommen sich näher, FAZ v. 02.02.2000; Pressions politiques, enjuex économiques, Le Matin v. 15.03.1998.

55 *Europäische Kommission*: Negotiations on EU-Algeria Association Agreement concluded, Pressemitteilung IP/01/1867 v. 19.12.2001, http://europa.eu.int/comm/external_relations/algeria/intro/ ip01_1867.htm (25.11.2003).

56 *Djamel Boutta*: Une adhésion à l'emporte-pièce? Liberté v. 05.02.2002. Vorher wird auch der Wortlaut des Abkommens nicht veröffentlicht werden.

57 Zu deren Inhalt siehe oben Teil 1 Kapitel 2 A. II.

Dienstleistungsverkehr (Titel III), Zahlungen, Kapitalverkehr, Wettbewerb und sonstige wirtschaftliche Bestimmungen (Titel IV), die wirtschaftliche Zusammenarbeit (Titel V), die Zusammenarbeit im sozialen und kulturellen Bereich (Titel VI), die finanzielle Zusammenarbeit (Titel VII) sowie über die Organe, allgemeine und Schlussbestimmungen (Titel VIII).

Eine vollständige Darstellung der Abkommen im Rahmen dieses Kapitels ist allerdings nicht notwendig. Für diese Arbeit sind in erster Linie die *Handels*regelungen relevant. Dagegen wird auf eine *nähere* Darstellung der für diese Untersuchung nicht relevanten Detailregelungen auf den Gebieten der wirtschaftlichen, finanziellen und technischen Kooperation verzichtet.

A. *Die wesentlichen Handelsbestimmungen*

Die Vorschriften über den Aufbau einer wirtschaftlichen und finanziellen Partnerschaft bilden den Hauptanteil der Abkommen. Ziel der Partner ist der Aufbau einer Freihandelszone in Übereinstimmung mit den Vorgaben des Internationalen Zoll- und Handelsabkommens (GATT) / der Welthandelsorganisation (WTO)[58] innerhalb einer zwölfjährigen Übergangsperiode.[59] Wichtigstes Anliegen sind die gegenseitigen Zollsenkungen sowie die Umwandlung nicht-tarifärer Maßnahmen in Zölle.

I. Bestimmungen bezüglich Industriegüter

Erstmalig führen die Abkommen *gegenseitige* Handelserleichterungen bezüglich der meisten Industriegüter ein. Im Gegensatz zu früheren Kooperationsvereinbarungen gibt es keine Vorzugsbehandlung für algerische, marokkanische oder tunesische Produkte mehr. Vielmehr müssen die Assoziationspartner der EG dieselben Vorzüge einräumen. Deshalb sind die Vorschriften über Industriegüter für die EG wesentlich attraktiver als für die Maghrebstaaten, deren Industriegüter bereits größtenteils zollfreien Zugang zum europäischen Markt genießen[60]. Die bedeutendsten Ausnahmen gelten weiterhin für einige Textilien. Deren Export von Marokko und Tunesien sind immer noch durch freiwilligen Zwang (Selbstbeschränkungsabkommen[61]) restriktiert.[62]

---

58 Siehe dazu unten Teil 3 dieser Arbeit.

59 Titel II Artikel 6 des Assoziationsabkommens mit Tunesien.

60 Siehe oben Teil 1 Kapitel 2 A. II.

61 Siehe dazu unten den Exkurs in Teil 3 Kapitel 5 B. III. 2. dieser Arbeit.

62 Anhang 1 des Abkommens mit Tunesien und Art. 12 Abs. 1 des Abkommens mit Marokko.

Hinsichtlich des Imports von Waren aus der EG wurden bzw. werden mengenmäßige Beschränkungen und Gebühren für einen Großteil aller Güter -vor für allem Ausrüstungsgegenstände- mit Inkrafttreten der Abkommen abgeschafft. Für alle anderen Produktkategorien besteht ein individueller Zeitplan innerhalb der Übergangsperiode von zwölf Jahren, wobei Gebühren proportional zu der Menge von nicht liberalisierten, landwirtschaftlichen Importen bestehen bleiben können (das landwirtschaftliche Element).[63] Zusätzlich werden einheitliche technische Normen und Standards eingeführt.[64]

1. Tunesien

Das Assoziationsabkommen mit Tunesien sieht vor, die tunesischen Tarife in vier Stufen abzuschaffen. Tarife auf 12 % der Importe aus der EG, größtenteils auf Industrieprodukte, die mit den heimischen nicht konkurrieren, wurden 1998 sofort mit Inkrafttreten des Abkommens abgeschafft.[65] Innerhalb von fünf Jahren nach Inkrafttreten des Abkommens, also bis 2003, musste Tunesien weitere 28 % der Importe aus der EG liberalisieren.[66] Dies betraf hauptsächlich Rohstoffe und andere Energielieferanten.[67] Der Zoll auf weitere 30 % der Importe aus der EG, einschließlich Produkte, die mit dem heimischen Markt konkurrieren, muss innerhalb der Übergangsperiode von zwölf Jahren jährlich um ein Zwölftel seines ursprünglichen Standes reduziert werden.[68] Für Produkte der vierten Kategorie (25 % aller Importe) muss nach einem Aufschub von vier

63 Das bedeutet, dass bei Produkten, die sowohl ein industrielles als auch ein landwirtschaftliches Element aufweisen, der Zoll auf das industrielle Element abgeschafft, der Zoll bzw. die Abgaben auf das landwirtschaftliche Element aber beibehalten werden. Artikel 10 des Abkommens mit Tunesien; siehe auch *Jbili/Enders*: The Association Agreement between Tunisia and the European Union, Finance & Development 9/96, 18 (20); *Hakura*: The Euro-Mediterranean Policy: The Implications of the Barcelona Declaration, CMLRev. 97, 337 (342); *McMahon*: The Development Co-operation Policy of the EC, S. 123.

64 *Aouadi*: La zone de libre-échange Tuniso-Europénne et les Contraintes de L'insertion au Libre-Echangisme Mondial, Revue Tunisienne d'Economie 98, 56 (77).

65 Die Waren sind in den Anhängen 3 bis 6 der Tunesien-Abkommens aufgelistet, vgl. Art. 11 des Abkommens; *Bayar*: Fiscal Challenges of the Euro-Mediterranean Agreements, S. 45; *Aouadi*: La zone de libre-échange Tuniso-Européenne et les Contraintes de L'insertion au Libre-Echangisme Mondial, Revue Tunisienne d'Economie 98, 56 (57).

66 Diese Waren werden in Anhang 3 des Abkommens mit Tunesien aufgeführt. In Marokko erfolgt die Liberalisierung jeweils 2 Jahre später.

67 *Ghrobel*: Les enjeux de la zone de libre échange Tuniso-Européenne, in *Hennebelle*: Marier le Maghreb à l'Union européenne?, S. 109.

68 Diese Waren werden in den Anhängen 4 und 5 des Tunesien-Abkommens aufgeführt; *Tovias*: The impact of the European Free Trade Area on Mediterranean Non-member countries, in *Gillespie*: The Euro-Mediterranean Partnership, S. 117.

Jahren (ab 2002) der Tarif bis zum Ende der Übergangszeit um 8 % pro Jahr gesenkt werden. Für Textilien und Bekleidung bleiben die Quoten bestehen.[69]

Ca. 1 % der tunesischen Importe aus der EG unterliegen keinen Liberalisierungsmaßnahmen. Der Schutz dieser Güter wird auch während und nach der Übergangsperiode aufrechterhalten. Es handelt sich hierbei um Produkte, die mit dem Kunsthandwerk sowie mit den von behinderten Menschen hergestellten Textilien konkurrieren, einschließlich der Produkte, die sich auch auf einer entsprechenden GATT-Liste befinden (Gold, Schmuck, Arzneimittel, Waffen etc.).[70]

2. Marokko

Seit Inkrafttreten des Assoziationsabkommens zwischen der EG und ihren Mitgliedstaaten sowie Marokko im Jahr 2000 wendet der nordafrikanische Staat keine mengenmäßigen Beschränkungen oder Maßnahmen gleicher Wirkung mehr auf Industriegüter aus der EG an. Die Abschaffung der Zölle erfolgt je nach Sensibilität der Produkte nach einem unterschiedlichen System. Sechs Listen, die dem Abkommen als Anhang beigefügt sind, legen die verschiedenen Produktkategorien fest.

Bei der ersten Kategorie handelt es sich um Industrieprodukte, für die es in Marokko keine konkurrierende Produktion gibt. Das sind hauptsächlich Ausrüstungsgüter.[71] Für diese bestand ohnehin nur ein geringer Zollsatz in Höhe von durchschnittlich 2,5 %. Dieser wurde mit Inkrafttreten des Abkommens sofort beseitigt.[72] Eine Abschaffung der Zölle innerhalb von vier Jahren in jährlichen Raten von 25 % ab Inkrafttreten des Abkommens war für Rohstoffe, Ersatzteile und Produkte vorgesehen, die lokal nicht hergestellt werden.[73]

---

69 *Fontangé/Péridy*: The EU and the Maghreb, S. 41; *Aouadi*: La zone de libre-échange Tuniso-Européenne et les Contraintes de L'insertion au Libre-Echangisme Mondial, Revue Tunisienne d'Economie 98, 56.

70 Art. XX GATT; *Ghrobel*: Les enjeux de la zone de libre échange Tuniso-Européenne, in *Hennebelle*: Marier le Maghreb à l'Union européenne ?, S. 109; *Tovias*: The impact of the European Free Trade Area on Mediterranean Non-member countries, in *Gillespie*: The Euro-Mediterranean Partnership, S. 117.

71 Liste 1 im Anhang des Abkommens mit Marokko.

72 Art. 11 Abs. 1 des Abkommens mit Marokko; *Bayar*: Fiscal Challenges of the Euro-Mediterranean Agreements, S. 73; Marokko öffnet seine Märkte auch für deutsche Unternehmen, FAZ v. 27.03.2000.

73 Art. 11 Abs. 2 und Anhang 2 des Abkommens mit Marokko; Marokko öffnet seine Märkte auch für deutsche Unternehmen, FAZ v. 27.03.2000.

Eine längere Übergangsfrist ist für die Abschaffung von Zöllen auf solche Industriegüter vorgesehen, die auch in Marokko hergestellt werden und damit einer europäischen Konkurrenz ausgesetzt sind. Für sie gilt eine Liberalisierung von jährlich 10 % ab drei Jahre nach Inkrafttreten des Abkommens (2003) bis zum Ende der Übergangsperiode.[74] Spezielle Kategorien sind vorerst von der Anwendung der Liberalisierungsmaßnahmen ausgeschlossen. Dies betrifft Kraftfahrzeuge sowie industriell verarbeitete landwirtschaftliche Produkte.[75] Über Regelungen diese Waren betreffend musste der Assoziationsrat erstmalig drei Jahre nach Inkrafttreten des Abkommens beraten.[76]

Abweichend von dem Abkommen mit Tunesien ist in Artikel 12 des Abkommens mit Marokko geregelt, dass Marokko verpflichtet war, die auf die in Anhang 5 des Abkommens aufgeführten EG-Importwaren angewandten Präferenzen bis 2003 abzuschaffen. Es handelt sich hierbei um Textilwaren und Bekleidung. Für diese waren auch die Einfuhrreferenzpreise schrittweise abzubauen.[77]

Insgesamt betrifft die Abschaffung der Zölle durchschnittlich 60 % der marokkanischen Importe aus der EG.[78]

3. Algerien

Wie auch für die anderen Maghrebstaaten gilt für Algerien, dass industrielle Produkte freien Zugang zum europäischen Markt genießen, was allerdings bereits unter dem Abkommen von 1976 der Fall war[79]. Im Gegenzug wird Algerien seine Handelsbeschränkungen für europäische Importe verringern. Mangels genauen Wortlautes des Assoziationsabkommens zwischen der EG und ihren Mitgliedstaaten einerseits und Algerien andererseits[80] kann an dieser Stelle noch keine genaue Aussage getroffen werden. Es ist aber davon auszugehen, dass sich die Liberalisierung des

74 Art. 11 Abs. 3 und Anhang 3 des Abkommens mit Marokko; Marokko öffnet seine Märkte auch für deutsche Unternehmen, FAZ v. 27.03.2000.

75 Anhang 6 Liste 1 und 2 des Abkommens mit Marokko.

76 Art. 12 Abs. 2 des Abkommens mit Marokko.

77 Art. 12 Abs. 1 Satz 2 des Abkommens mit Marokko.

78 *Bayar*: Fiscal Challenges of the Euro-Mediterranean Agreements, S. 74.

79 Siehe dazu oben Teil 1 Kapitel 2 A. II.

80 Der exakte Wortlaut des Abkommens wurde bisher noch nicht veröffentlicht, vor dessen Ratifikation ist dies auch nicht zu erwarten.

Handels mit Industriegütern ähnlich der in den anderen beiden Maghrebstaaten vollziehen wird.[81]

II. Bestimmungen bezüglich landwirtschaftlicher Produkte

Für den Landwirtschaftssektor sind keine umfassenden Handel-serleichterungen vorgesehen. Das landwirtschaftliche Element wird als Schutzmaßnahme beibehalten und unterliegt damit dem aktuellen Zollsatz sowohl auf der europäischen als auch auf der maghrebinischen Seite.[82]

Art. 16 der Assoziationsabkommen mit Tunesien und Marokko besagen jeweils, dass Maßnahmen zur Liberalisierung in Hinblick auf landwirtschaftliche Produkte von beiden Seiten, d. h. sowohl von der EG als auch von den Maghrebstaaten, ergriffen werden müssen. Ziel ist eine stärkere Liberalisierung des Handels mit landwirtschaftlichen und Fischereierzeugnissen.

1. Tunesien

Der Handel mit landwirtschaftlichen Produkten ist in den Protokollen 1 bis 3 des tunesischen Abkommens geregelt. Protokoll 1 befasst sich mit dem Export landwirtschaftlicher Produkte von Tunesien in die Gemeinschaft. Im Anhang des Protokolls sind die Quoten für bestimmte Produkte festgelegt. Es ist nur eine geringe Erweiterung der bisher geltenden Einfuhrkalender einschließlich einiger Tarifreduktionen bezüglich Öl, Wein, Feldfrüchte, Kartoffeln, Salat, Tomatenkonzentrat, Aprikosenmark und Schnittblumen vorgesehen.

Erreicht werden soll die Abschaffung von Zollgebühren auf tunesische landwirtschaftliche Exporte mit oder ohne Tarifquoten oder Einfuhrkalender sowie die Verringerung von Zöllen innerhalb etablierter Bezugsmengen. Diese Bezugsmengen können im Rahmen der jährlichen Anpassung des Handelsflusses in Tarifquoten umgewandelt werden. Die jährliche Anpassung kann aber auch als Rechtfertigung für das Auferlegen von Bezugsmengen oder Tarifquoten auf solche Güter dienen, die von der Abschaffung der Zölle profitieren sollen. Der Zugang auf den europäischen Markt für einige der Produkte, die Gegenstand solcher Tarifquoten oder Bezugsmengen waren, konnte im Zeitraum von 1997 bis 2000 um

---

81 *Europäische Kommission*: Negotiations on EU-Algeria Association Agreement concluded, Presseerklärung IP/01/1867 v. 19.12.01.

82 Art. 10 Abs. 1 der Abkommen mit Tunesien und Marokko; *Handoussa/Reiffers*: On the Evolution of the Structure of Trade and Investments Between the European Union and its Mediterranean Partners, S. 23 f. Das gilt insbesondere für sogenannte "sensitive products / produits sensibles".

3 % pro Jahr erweitert werden. Dazu gehörten Schnittblumen, neue Kartoffeln, Mandeln, Aprikosen, Tomatenkonzentrat und frische Orangen.[83] Im Jahr 2000 haben die Gemeinschaft und Tunesien eine Liste von gegenseitigen Konzessionen vereinbart. Dies brachte allerdings keine bemerkenswerten Veränderungen. Nur die Quoten für Olivenöl werden beibehalten und zunächst bis 2005 leicht erhöht.[84] Im Gegenzug machte Tunesien der EG Zugeständnisse hauptsächlich bei Weizen, Reis und Ölsamen. Die EG profitiert so von einem weiteren bevorzugten Zugang ihrer landwirtschaftlichen Grundexportprodukte, für die sie ohnehin schon ein privilegierter Lieferant ist.[85]

Das Zweite Protokoll bestimmt eine totale Liberalisierung von Fischereiprodukten ohne mengenmäßige Beschränkungen, davon ausgenommen sind allerdings bestimmte Sardinenarten.[86]

Im Dritten Protokoll werden die Quoten für die von der EG nach Tunesien importierten landwirtschaftlichen Produkte festgelegt, auf die Tunesien Zölle anwendet. Von diesen Quoten betroffen sind in erster Linie Getreide, Kartoffeln, Zucker, Öl, Milchpulver, Rindfleisch, Eier und Geflügel.[87]

Die so genannten sensiblen Produkte sind von der Liberalisierung ausgenommen. Dazu zählen beispielsweise frische oder getrocknete Tomaten, Gurken, Artischocken, Orangen, Klementinen, Zitronen u.a. Zitrusfrüchte, Wein, Äpfel, Birnen, Aprikosen, Pfirsiche und Nektarinen, Pflaumen, Traubensaft, Fruchtsaft und -konzentrate.[88]

---

83 Art. 2 Abs. 1 und Anhang II zur EG-Richtlinie 1764/92/EG; *McMahon*: The Development Co-operation Policy of the European Community, S. 123.

84 Schreiben der Tunesischen Republik v. 22.12.2000, ABl. EG L 336/95 v. 30.12.2000; Protokoll Nr. 1 Anhang 1 A; Schreiben der EG, ABl. EG L336/97 v. 30.12.2000.

85 *Handoussa/Reiffers*: On the evolution of the structure of trade and investment between the European Union and its Mediterranean partners, S. 27; *Tovias*: The impact of the European Free Trade Area on Mediterranean Non-member Countries, in *Gillespie*: The Euro-Mediterranean Partnership, S. 117; *Jbili/Enders*: The Association Agreement between Tunisia and the European Union, Finance & Development 9/96, 18 (20).

86 *Ghrobel*: Les enjeux de la zone de libre échange Tuniso-Européenne, in *Hennebelle*: Marier le Maghreb à l'Union européenne?, S. 109; *Aouadi*: La zone de libre-échange Tuniso-Européenne et les Contraintes de L'insertion au Libre-Echangisme Mondial, Revue Tunisienne d'Economie 98, 56 (57).

87 *Ghrobel*: Les enjeux de la zone de libre échange Tuniso-Européenne, in *Hennebelle*: Marier le Maghreb à l'Union européenne?, S. 109; *Aouadi*: La zone de libre-échange Tuniso-Européenne et les Contraintes de L'insertion au Libre-Echangisme Mondial, Revue Tunisienne d'Economie 98, 56 (57).

88 Siehe hierzu *Lorca/Vicéns*: L'impact de la libéralisation commerciale Euro-Mediterranéenne dans les échanges agricoles.

2. Marokko

Marokkos wesentliche Motivation bei den Verhandlungen mit der EG über das Assoziationsabkommen war die Hoffnung, einen besseren EG-Marktzugang für seine landwirtschaftlichen und Fischereiprodukte zu bekommen.[89] Ein Abbau der tarifären Handelshemmnisse in Bezug auf den Handel mit landwirtschaftlichen Produkten ist aber auch in dem neuen Assoziationsabkommen zwischen der EG und Marokko nicht konkret vorgesehen. Diesbezügliche Verhandlungen waren sogar erst ab dem Jahr 2001 vereinbart.[90]

Für die ersten fünf Jahre ab Inkrafttreten erhält das Assoziationsabkommen die bereits im Rahmen der vorangegangenen Verträge zwischen Marokko und der EG ausgehandelten Bestimmungen aufrecht, von einigen wenigen Änderungen abgesehen. Diese Änderungen betrafen eine Anhebung der bestehenden Zollkontingente in den Jahren 1997 bis 2000 in Höhe von 3 % für Erdfrüchte, Tomaten, Kartoffeln, Orangensaft und Blumen sowie die Erhöhung der Kontingente für konserviertes oder tiefgefrorenes Gemüse.[91] Wie auch mit Tunesien, werden mit Marokko Änderungen von Importkalendern und Quoten in Abständen neu verhandelt. Die letzten Verhandlungen haben dazu geführt, dass seit dem 1. Januar 2004 bis 2007 bzw. 2008 neue Quoten gelten, der Wertzoll auf bestimmte Erzeugnisse gesenkt wird und die für bestimmte Erzeugnisse geltenden Zollkontingente zwischen 2004 und 2007 jährlich in vier gleich großen Tranchen um 3 % erhöht werden.[92] Davon nicht betroffen sind beispielsweise Tomaten, für die monatliche Grundkontingente aufrecht erhalten werden, die einem Einfuhrpreis unterliegen, und für die Marokko zugesagt hat, dass die Ausschöpfung des teilweise eingeräumten zusätzlichen Kontingents pro Monat 30 % nicht überschreitet.[93] Ein weiterer Schwerpunkt der Verhandlungen liegt auf dem Sektor der Fischereiin-

89 *Ghesquiere*: Impact of the European Union Association Agreements on Mediterranean Countries, S. 10.

90 Art. 15 des Abkommens mit Marokko; *Bayar*: Fiscal challenges of the Euro-Mediterranean Agreements, S. 75, 79.

91 *Bayar*: Fiscal challenges of the Euro-Mediterranean Agreements, S. 75; *Hakura*: The Euro-Mediterranean Policy: The Implications of the Barcelona Declaration, CMLRev. 97, 337 (357).

92 Siehe Protokoll Nr. 1 zur Regelung der Einfuhr landwirtschaftlicher Erzeugnisse mit Ursprung in Marokko in die Gemeinschaft, Art. 1, ABl. EG L 345 v. 31.12.2003, S. 117 ff.

93 Siehe Protokoll Nr. 1 zur Regelung der Einfuhr landwirtschaftlicher Erzeugnisse mit Ursprung in Marokko in die Gemeinschaft, Art. 2, ABl. EG L 345 v. 31.12.2003, S. 117 ff.

dustrie, auf dem es seit Jahren zu Streitigkeiten zwischen den Partnern kommt.[94]

Die speziellen Steuern und Abgaben, die die EG auf bestimmte Produkte erhebt, wurden bisher nicht reduziert. Marokko erklärte sich damit einverstanden, seine Exporte in die EG weiterhin im Rahmen der vorgegebenen mengenmäßigen Quoten durchzuführen. Auch die Protektion des marokkanischen Landwirtschaftssektors wird nicht merklich verringert. Im Prinzip werden die bestehenden Einfuhrmengen aufrechterhalten und darauf angewandte Zölle lediglich verringert, um so die Einhaltung dieser Einfuhrmengen zu garantieren. Insbesondere Getreide-, Fleisch-, Milchprodukte sowie der Zuckersektor, die von Zollsenkungen am meisten betroffen wären, bleiben vom Assoziationsabkommen unberührt.[95]

3. Algerien

Im Abkommen mit Algerien hat sich die EG für eine sofortige Liberalisierung ab dessen Inkrafttreten für eine ganze Reihe landwirtschaftlicher Produkte ohne mengenmäßige Beschränkungen oder Verpflichtungen entschieden. Ausgenommen ist auch hier wieder eine Liste mit so genannten „sensiblen" Produkten, auf die Tarifquoten eingeführt werden. Im Gegenzug wird Algerien entscheidende Zollsenkungen für europäische landwirtschaftliche Importe vornehmen. Gegenseitige Zollsenkungen sind auch vorgesehen für verarbeitete landwirtschaftliche und Fischereiprodukte.[96] Konkretere Angaben können mangels des exakten Wortlautes des Abkommens mit Algerien an dieser Stelle allerdings noch nicht gemacht werden.[97] Hintergrund dieser Liberalisierung, die weiter reicht als in den Abkommen mit Marokko und Tunesien, ist, dass Algerien in erster Linie Energielieferant ist, die landwirtschaftlichen Exporte Algeriens in die EG aber seit jeher von untergeordneter Bedeutung sind.

B. *Institutionelle Bestimmungen*

Die neuen Assoziationsabkommen zwischen der EG und ihren Mitgliedstaaten sowie Algerien, Marokko und Tunesien enthalten neben den materiellen auch institutionelle Regelungen. Art. 78 der Abkommen mit den

94 Vgl. "Fischereistreit mit Marokko spitzt sich zu", FAZ v. 27.03.2001.

95 Siehe Protokoll Nr. 3 zur Regelung der Einfuhr landwirtschaftlicher Erzeugnisse mit Ursprung in der Gemeinschaft nach Marokko, ABl. EG L 345 v. 31.12.2003, S. 117 ff.; *Geshquiere*: Impact of the European Union Association Agreements on Mediterranean Countries, S. 11.

96 *Europäsche Kommission*: Negotiations on EU-Algeria Association Agreement concluded, Presseerklärung IP/01/1867.

97 Das zu ratifizierende Abkommen ist noch nicht veröffentlicht worden.

Maghrebstaaten sehen jeweils die Errichtung eines Assoziationsrates vor. Dieser ist mit Vertretern aus Rat und Kommission sowie Regierungsmitgliedern der Vertragspartner besetzt. Er trifft mindestens einmal jährlich zusammen. Seine Entscheidungen, die alle Fragen zur Erreichung des Zieles des Abkommens betreffen können, müssen einstimmig getroffen werden.

Der Assoziationsrat hat weit reichende Befugnisse. Er beschließt alle zweckdienlichen Maßnahmen für die Zusammenarbeit und Kontakte zwischen den Vertragspartnern. Außerdem ist er im Streitfall für Anwendung und Auslegung der Abkommen zuständig.[98] Sehen Handelsregelungen bestimmte Quoten vor, verhandelt der Assoziationsrat deren Höhe. Die Beschlüsse des Assoziationsrates sind für die Vertragspartner bindend.[99]

Neben dem Assoziationsrat ist ein Assoziationsausschuss vorgesehen, der auf Beamtenebene zusammentritt und die Aufgabe hat, die Abkommen zu verwalten. Zu diesem Zweck, und in Bereichen, die ihm durch den Assoziationsrat übertragen wurden, kann der Ausschuss Beschlüsse fassen.[100] Auch diese sind für die Vertragspartner bindend.[101]

C. *Weitere Bestimmungen in den Assoziationsabkommen*

I. Niederlassungsfreiheit, Freiheit des Zahlungsverkehrs und des Wettbewerbs

Die Vorschriften unter Titel III und IV der Abkommen sollen die wirtschaftliche Partnerschaft zwischen der Europäischen Gemeinschaft und den Maghrebstaaten fördern, indem Kooperation in Bereichen wie dem Niederlassungsrecht und dem Recht auf Dienstleistungs-, Zahlungsverkehrs- und Wettbewerbsfreiheit vorangetrieben werden.

Im Bereich des Niederlassungs- und Dienstleistungsrechts bekräftigen beide Partner ihre Verpflichtungen unter dem in der WTO ausgehandelten Allgemeinen Handels- und Dienstleistungsabkommen (GATS).[102] Die Freihandelszone soll auch eine fortschreitende Liberalisierung des Handels mit Dienstleistungen erreichen. Daher müssen entsprechende begleitende Maßnahmen auf einer Reihe von Nebengebieten ergriffen werden:

---

98 Art. 85 und 86 der Abkommen mit Marokko und Tunesien.

99 Art. 79 und 80 der Abkommen mit Marokko und Tunesien.

100 Art. 81 bis 83 der Abkommen mit Marokko und Tunesien.

101 Siehe Art. 83 der Abkommen mit Marokko und Tunesien.

102 Titel III Artikel 31 des Assoziationsabkommens mit Tunesien; zur WTO allgemein siehe unten Teil 3 Kapitel 5 A.

Regulierungen betreffend den Ursprung von Waren, den Schutz geistiger Eigentumsrechte und den Wettbewerb. Andere Maßnahmen zum Erreichen dieses Ziels sind umfassendere wirtschaftliche Kooperation und gemeinsame Aktionen.[103] In Bezug auf den Schutz von geistigen, gewerblichen und industriellen Eigentumsrechten verlangen die Abkommen von den Vertragspartnern, bestimmten internationalen Übereinkommen über den Schutz dieser Rechte beizutreten.[104]

Für den Bereich des Wettbewerbs wiederholen die Art. 36 und 37 der Assoziationsabkommen mit Tunesien und Marokko im Wesentlichen die Vorschriften des EG-Vertrags[105] über den Wettbewerb, nämlich Art. 85 EGV über wettbewerbsfeindliches Verhalten, Art. 86 EGV über die Ausnutzung von Monopolstellungen, Art. 92 und 93 EGV über staatliche Hilfen und Art. 37 EGV über staatliche Monopole mit gewerblichem Hintergrund. Die Vereinbarungen in den neuen Assoziationsabkommen gehen weit über die bestehenden Rahmenbedingungen für Kooperationen hinaus. Sie fordern eine umfassende Harmonisierung der regulierenden Vorschriften mit dem Ziel des Abbaus aller Praktiken, die den Handel zwischen den Partnern verzerren, wie Monopolstellungen, staatliche Beihilfen oder Privilegien für Publikumsgesellschaften.

II. Weitere Gebiete der Zusammenarbeit

Im wirtschaftlichen, sozialen und den kulturellen Bereich streben die EG und ihre Mitgliedstaaten eine engere Zusammenarbeit mit den Maghrebstaaten an. Im Mittelpunkt stehen dabei der Schutz der Umwelt, regionale Zusammenarbeit, Bildung, Investitionsförderung und Rechtsangleichung. Von Bedeutung in diesem Zusammenhang sind die Bestimmungen über die Zusammenarbeit im Bereich der Normung und Konformitätsprüfung.[106]

Auch in Bereichen der Drogenbekämpfung und der Geldwäsche wollen die Vertragspartner enger zusammenarbeiten.[107] Dies soll durch regelmäßigen Dialog, Informationsaustausch und Kommunikation, durch Beratung, Gutachten und Ausbildungsmaßnahmen sowie technische und ad-

---

103 *McMahon*: The development co-operation policy of the EC, S. 112 f.

104 Das ist in Artikel 39 der Assoziationsabkommen vorgesehen, vgl. auch die Gemeinsame Erklärung zu Artikel 39, der einen Überblick über die Tragweite der Formulierung "geistige, industrielle und gewerbliche Eigentumsrechte" gibt.

105 Im folgenden EGV.

106 Titel V Art. 51 des Assoziationsabkommens mit Tunesien.

107 Titel V Art. 61 und 62 des Assoziationsabkommens mit Tunesien.

ministrative Hilfe verbunden mit finanzieller Unterstützung verwirklicht werden.[108]

Aufgenommen wurde auch ein Kapitel über den so genannten "politischen Dialog".[109] Die in diesem Kapitel niedergelegten Bestimmungen bezwecken vor allem, die Partner auch hier durch einen permanenten Dialog, der sich vor allem in den Assoziationsräten vollzieht, an eine politische Kooperation heran zu führen. Dieser politische Dialog ist zwar von großem politischem Symbolwert für die beteiligten Vertragspartner, enthält aber keine substantiellen Verpflichtungen.[110]

III. Bestimmungen zur Förderung der Demokratie und Menschenrechte

Anders verhält sich dies hingegen mit den Menschenrechtsklauseln, die nunmehr ebenso in die Assoziationsabkommen aufgenommen wurden. Die eigentliche Innovation in den neuen Assoziationsabkommen gegenüber den alten Abkommen ist deren Zielsetzung zur Förderung von Rechtstaatlichkeit und Demokratie unter Einbeziehung der „Zivilgesellschaften" in Nordafrika sowie die Einfügung von Menschenrechtsklauseln. Hier geht es um die Anbindung der Partner an den Menschenrechtsstandard als Voraussetzung der Partnerschaft.[111]

Bei der Durchführung der bis dahin bestehenden Abkommen sowie der Finanzprotokolle mit den Maghrebstaaten spielten Menschenrechts- und Demokratieerwägungen kaum eine Rolle. Ungeachtet permanenter Menschenrechtsverletzungen der algerischen, marokkanischen und tunesischen Regimes wurden finanzielle Hilfen durch die EG gewährt.[112]

Mit dem Inkrafttreten des Vertrages von *Maastricht* am 1. November 1993 wurde der Einsatz der neu gegründeten EU für die Menschenrechte in Drittstaaten zum erklärten Ziel. Art. 11 Abs. 1 Nr. 5 EUV (ex-Art. J.1 Abs. 2 Ziffer 5 EUV) bestimmt, dass die gemeinsame Außen- und Sicherheitspolitik der EG die Entwicklung und Stärkung von Demokratie und Rechtstaatlichkeit sowie die Achtung der Menschenrechte und

108 Vgl. Titel V Art. 44 des Assoziationsabkommens mit Tunesien.

109 Titel I der Abkommen mit Marokko und Tunesien.

110 *Gilsdorf*: Die Außenkompetenzen der EG im Wandel, EuR 96, 145 (164).

111 *Hakura*: The Euro-Mediterranean Policy: The implications of the Barcelona Declaration, CMLRev. 97, 337 (343); *Gilsdorf*: Die Außenkompetenzen der EG im Wandel, EuR 96, 145, Fn. 61; L'Algérie négocie sa place, Le Matin v. 15.03.1998.

112 *Hoffmeister*: Menschenrechts- und Demokratieklauseln in den vertraglichen Außenbeziehungen der Europäischen Gemeinschaft, S. 104 ff.; weitere Beispiele bei *Jürgensen*: Demokratie und Menschenrechte in der arabischen Welt, S. 131 f.

Grundfreiheiten zum Ziel hat.[113] Der Zusammenhang zwischen Menschenrechten, Demokratie und Entwicklung wurde zu einer wesentlichen Grundlage der EG-Entwicklungspolitik gegenüber Drittstaaten gemacht.[114] Die Begriffe Menschenrechte, Demokratie und Entwicklung sind in der internationalen Entwicklungspolitik der EG zu einer feststehenden Wendung geworden, deren Elemente in einem untrennbaren Verhältnis zueinander stehen.[115]

In den Verfassungen der drei Maghrebstaaten gibt es Verpflichtungen zur Beachtung der Menschenrechte und Grundfreiheiten wie auch der Deklaration der Menschenrechte[116]. In der Praxis werden diese Grundsätze jedoch kaum umgesetzt.[117] Das gilt insbesondere für die Gleichberechtigung der Frau und die Religionsfreiheit.[118]

In den neuen Assoziationsabkommen zwischen der EG sowie Marokko und Tunesien fand dieses Ziel seinen Niederschlag in der Präambel sowie in Art. 2 der Abkommen.[119] In der Präambel anerkennen die Vertragspartner die Bedeutung der Achtung der Menschenrechte sowie die Wahrung

---

113 *Hilpold*: Konditionalität in den Beziehungen zwischen der EU und den AKP-Staaten, ZEuS 2002, 239 (248); *Pippan*: Demokratie durch Völkerrecht? Zu den Menschenrechts- und Demokratieklauseln in den Verträgen der Europäischen Gemeinschaft mit Drittstaaten am Beispiel des Lomé-Abkommens, in: *Benedek*: Development and developing international and European law: Essays in honor of Kondrad Ginther on the occasion of his 65th birthday, S. 473.

114 *Hoffmeister*: Menschenrechts- und Demokratieklauseln in den vertraglichen Außenbeziehungen der Europäischen Gemeinschaft, S. 132; siehe auch *Hakura*: The Euro-Mediterranean Policy: The implications of the Barcelona Declaration, CMLRev. 97, 337 (343); *Jürgensen*: Demokratie und Menschenrechte in der arabischen Welt, S. 19; *Langguth*: Außenpolitische Chancen der Europäischen Integration, Europa-Archiv 92, 222 (223); die Mittel hierfür zählt auf *Zieger* in *Blumenwitz/Zieger*: Menschenrechte und wirtschaftliche Gegenleistung, S. 31 ff.

115 *Hilpold*: Konditionalität in den Beziehungen zwischen der EU und den AKP-Staaten, ZEuS 2002, 239,(250).

116 *Benazzi*: Le développement constitutionnel au Maghreb, Recht in Afrika 89, 136 (149); *Wolff*: Marokko, in *Nohlen/Nuscheler*: Handbuch der Dritten Welt, Bd. 6, S. 254, 258.

117 Vgl. die aktuellen Menschenrechtsberichte der US-amerikanischen Botschaften in Algerien, Tunesien und Marokko sowie die Berichte von algeria-watch. *Benazzi*: Le développement constitutionnel au Maghreb, Recht in Afrika 89, 136 (150 f.); *Wolff*: Marokko, in *Nohlen/Nuscheler*: Handbuch der Dritten Welt, Bd. 6, S. 254; *Tunsi*: Tunesisches Wunder auf tönernen Füßen, www.uni-kassel.de/fb10/ Frieden/Regionen/Tunesien/tunsi.htm (25.11.2003); *Müller*: Islam und Menschenrechte, S. 256 f.; Das Königs-Dilemma, FAZ v. 18.03.2000.

118 Zu berücksichtigen sind hierbei allerdings auch die unterschiedliche Definition und das unterschiedliche Verständnis des Begriffs "Menschenrechte"; *Jürgensen*: Demokratie und Menschenrechte in der arabischen Welt, S. 25, 131; *Müller*: Islam und Menschenrechte, S. 141.

119 Für Algerien wird dies von algeria-watch bezweifelt: www.algeria-watch.de/artikel/ assoziationsvertrag_nein.htm (25.11.2003).

der Grundsätze der Charta der Vereinten Nationen als Grundlage der Assoziation.[120] Art. 2 des Abkommens mit Marokko lautet:

> *„Die Achtung der demokratischen Grundsätze der Menschenrechte, wie sie in der Allgemeinen Erklärung der Menschenrechte niedergelegt sind, leitet die Innen- und Außenpolitik der Gemeinschaft und Marokkos und ist ein wesentliches Element dieses Abkommens.".*[121]

Mit der Festlegung der Achtung der demokratischen Grundsätze der Menschenrechte als wesentlichen Bestandteil der Abkommen wird es der EG erstmals auch möglich, bei Nichtbeachtung von Demokratie und Menschenrechten in den Partnerstaaten die notwendigen Konsequenzen zu ziehen, die sich zum Beispiel aus Art. 90 Abs. 2 der Abkommen mit Marokko und Tunesien oder Art. 60 der Wiener Vertragsrechtskonvention ergeben.[122] Im ersteren Fall haben den Sanktionen Konsultationen im Assoziationsrat voranzugehen, wie es jeweils Art. 90 Abs. 2 der Abkommen mit Marokko und Tunesien festlegen. Die Verletzung von demokratischen Prinzipien und Menschenrechten ist nach internationalem Recht ein Grund für die Suspendierung des Vertrages.[123] Auch wenn dies nach den neuen Assoziationsabkommen die letzte Maßnahme sein darf, so ermöglicht diese Klausel jedoch erstmals, mit den Partnern offiziell in einen Dialog über die Achtung von Demokratie und Menschenrechte einzutreten.

---

120 Vgl. Präambel der Abkommen mit Tunesien und Marokko; *Hakura*: The Euro-Mediterranean Policy: The implications of the Barcelona Declaration, CMLRev. 97, 337 (364).

121 In Artikel 2 des Abkommens mit Tunesien wird noch nicht explizit auf die Allgemeine Erklärung der Menschenrechte Bezug genommen, siehe das Abkommen im Anhang.

122 *Hakura*: The Euro-Mediterranean Policy: The implications of the Barcelona Declaration, CMLRev. 97, 337 (364); *Rhein*: Mit Geduld und Ausdauer zum Erfolg, Internationale Politik 2/96, S. 18; *Smith/Latheenmaki*: Europeanization of the Mediterranean region: The EU's relations with the Maghreb, in *Cafruny/Peters*: The Union and the World - The political Economy of a European Foreign Policy, S. 156; *Hilpold*: Konditionalität in den Beziehungen zwischen der EU und den AKP-Staaten, ZEuS 2002, 239, 248; *Pippan*: Demokratie durch Völkerrecht? Zu den Menschenrechts- und Demokratieklauseln in den Verträgen der Europäischen Gemeinschaft mit Drittstaaten am Beispiel des Lomé-Abkommens, in: *Benedek*: Development and developing international and European law: Essays in honor of Kondrad Ginther on the occasion of his 65th birthday, S. 475.

123 Artikel 60 WVK; *Langguth*: Außenpolitische Chancen der Europäischen Integration, Europa-Archiv 92, 222 (230); *Pippan*: Demokratie durch Völkerrecht? Zu den Menschenrechts- und Demokratieklauseln in den Verträgen der Europäischen Gemeinschaft mit Drittstaaten am Beispiel des Lomé-Abkommens, in: *Benedek*: Development and developing international and European law: Essays in honor of Kondrad Ginther on the occasion of his 65th birthday, S. 475.

Die Menschenrechtsklausel war bisher allerdings noch nie Grund für die Suspendierung eines Vertrags oder für die Rücknahme von Handelspräferenzen durch die EG.[124] Die EG hat seit Inkrafttreten der Abkommen mit den Maghrebstaaten allerdings bereits den einen oder anderen, wenn auch eher diplomatischen denn juristischen, Schritt unternommen, um Menschenrechtsverletzungen in den Partnerstaaten aufzuzeigen.[125] Ein deutliches Beispiel für solche diplomatischen Bemühungen der EG um Demokratie und Menschenrechte ist Algerien. Algerien lehnte im Januar 1998 die Unterstützung der EU bezüglich der Untersuchung von Menschenrechtsverletzungen und das Angebot humanitärer Hilfe ab. Dennoch unterstützte die EG die algerische Regierung im Kampf gegen den Terrorismus weiterhin. Dadurch wurde der Abschluss des Assoziationsabkommens mit Algerien erreicht, welches nunmehr auch die Menschenrechtsklausel enthält.[126]

IV. Finanzielle Bestimmungen

Konkrete Mittelfestsetzungen für die finanzielle Zusammenarbeit mit den Maghrebstaaten sehen die neuen Assoziationsabkommen nicht vor. Vielmehr sind in Titel VII Art. 75 bis 77 der Abkommen nur der Rahmen und die Zielsetzung der finanziellen Zusammenarbeit geregelt. Die Bereitstellung der Gelder erfolgt über die von der EG 1996 ausgearbeiteten *MEDA*-Verordnung[127] im Rahmen des *MEDA*-Programms nicht mehr für Einzelvorhaben, sondern nach nur grob umrissenen Kriterien.

Nach der *MEDA*-Verordnung führt die EG Maßnahmen zur Unterstützung solcher mittelmeerstaatlichen Nichtmitglieder ein, die versuchen, ih-

---

124 *Brandtner/Rosas*: Trade Preferences and Human Rights, in *Alston et al.*: The EU and Human Rights, S. 699, 703 ff. Die Autoren weisen allerdings zu Recht auf das Problem hin, wonach gegenseitige Verträge im Hinblick auf Handelspräferenzen WTO-Verpflichtungen beinhalten, die nur nach Autorisierung durch den *Dispute Settlement Body* oder nur aufgrund von im GATT vorgesehenen Ausnahmen ausgesetzt werden können.

125 *Hoffmeister*: Les clauses des droits de l'homme et leurs implications pour les relations euro-maghrébines, REMALD 2003; *Smith/Latheenmaki*: Europeanization of the Mediterranean region: The EU's relations with the Maghreb, in *Cafruny/Peters*: The Union and the World - The political Economy of a European Foreign Policy, S. 155.

126 *Simma/Aschenbrenner/Schulze*: Human rights Considerations in the Development Cooperation Activities of the EC, in: *Alston et al.*: The EU and Human Rights, S. 571 (578, 581).

127 Verordnung EC/1988/96.

re wirtschaftlichen und gesellschaftlichen Strukturen zu reformieren.[128] Die Verteilung der *MEDA*-Fonds wird an bestimmte Voraussetzungen geknüpft wie etwa wirtschaftliche Liberalisierung, sinnvolle Verwendung vorangegangener Unterstützung, fortschrittliche Demokratisierung und die vollständige Anerkennung der Menschenrechte.[129] Bisher wurden diese finanziellen Mittel, rund EUR 3,4 Milliarden, größtenteils für Umweltschutz, Infrastruktur, Bildung, Gesundheitswesen, Kleinstprojekte, kulturelle Entwicklung und demographische Themen verwendet.[130] Rund 82 % der Mittel aus *MEDA 2000* flossen in die bilaterale Zusammenarbeit mit allen Mittelmeerpartnern. Der größte Teil davon bestand aus direkten Zuschüssen für den Staatshaushalt.[131] Das Budget betrug für die Jahre 1995 – 1999 EUR 4,6 Milliarden, was eine Verdreifachung der Mittel im Verhältnis zu früheren bilateralen Vereinbarungen bedeutete.[132] Die Verpflichtungsermächtigungen für die drei Maghrebstaaten beliefen sich auf insgesamt EUR 246 Mio.[133]

Die neue, vom Europäischen Rat überarbeitete *MEDA*-Verordnung (*MEDA II*)[134] sieht eine strategische Programmplanung, einen verstärkten Dialog mit den Partnerländern und vereinfachte Verfahren für eine schnellere Bereitstellung der Hilfe vor. In diesem Zusammenhang hat sich die Kommission eine weit reichende Reform ihrer Verwaltung der Außenhilfe vorgenommen. Dies führte zur Schaffung des Amts für Zusam-

128 Ziel ist es, bestimmte Wirtschaftszweige umzustrukturieren oder aber Unternehmen bei der Anpassung an die veränderten Marktstrukturen zu unterstützen. Im Vordergrund steht die finanzielle Unterstützung und Absicherung des Umbaus der Wirtschaften der Maghrebstaaten. *Rhein*: Mit Geduld und Ausdauer zum Erfolg, International Politik 2/96, S. 17.

129 *Jünemann*: Europe's interrelations with North Africa – the new framework of the Euro-Mediterranean partnership, in Europäische Kommission: The European Union in a changing world, S. 373; Sid Ahmed: Le Maghreb, rencontre avec le troisième millénaire: L'impératif de Barcelone, Annuaire de L'Afrique du Nord 96, 1 (2); *Langguth*: Außenpolitische Chancen der Europäischen Integration, Europa-Archiv 92, 222 (230).

130 *Bonk*: Die Entwicklungszusammenarbeit der Europäischen Union, http://zoom.mediaweb.at/zoom_199/bonk.html (25.11.2003); *Fischler*: Der Barcelona Prozess – ein Fall für die Landwirtschaft?, Rede auf der Mittelmeerkonferenz über die Landwirtschaft am 14.06.2001 in Strassburg.

131 *Europäische Kommission*: Jahresbericht über die Durchführung des Meda-Programms 2000, S. 5; siehe auch http://europa.eu.int/comm/external_relations/euromed/meda.htm (06.07.2004).

132 *Schneider/Zomer*: APRODEV Information Document on the European Union and the Mediterranean (Meda), www.oneworld.org/aprodev/meda.htm (13.03.1999); *Rhein*: Mit Geduld und Ausdauer zum Erfolg, Internationale Politik 2/96, S.17.

133 *Europäische Kommission*: Jahresbericht über die Durchführung des Meda-Programms 2000, S. 4.

134 Verordnung EC/2698/2000 vom November 2000.

menarbeit *EuropeAid*.[135] Für den Zeitraum von 2000 bis 2006 stehen im Rahmen von *MEDA II* insgesamt EUR 5,35 Milliarden zur Verfügung. Zusätzlich hält die Europäische Zentralbank EUR 6,4 Milliarden an Darlehen zur Auszahlung im Zeitraum von 2000 bis 2007 bereit.[136]

Für Marokko und Tunesien stehen die Hilfsprogramme zur Unterstützung des Reformprozesses im Land durch die EG bereits größtenteils fest und werden durchgeführt. Auch für Algerien wird es finanzielle Hilfe im Rahmen der strukturellen Anpassung geben. Details dieser Unterstützung wurden im Laufe des Jahres 2002 festgelegt.[137]

D. *Zusammenfassung*

Mit den neu abgeschlossenen Assoziationsabkommen wird eine stärkere Integration des Maghreb in die europäische und die Weltwirtschaft angestrebt.[138] Die neue Politik gegenüber Algerien, Marokko und Tunesien soll die Grundlage für einen freien, auf Gegenseitigkeit beruhenden Handel unter Beachtung der demokratischen Grundsätze der Menschenrechte schaffen. Für die meisten industriellen Waren ist ein sofortiger zollfreier Zugang zu den gegenseitigen Märkten vorgesehen. Insbesondere auf Importe aus der EG wurden mengenmäßige Beschränkungen und Gebühren für einen Großteil der industriellen Güter abgeschafft. Für bestimmte Produktkategorien, die in den Anhängen zu den Assoziationsabkommen aufgelistet sind, ist im Rahmen eines festgelegten individuellen Zeitplans über zwölf Jahre eine vollständige Abschaffung der Zölle und Handelsbeschränkungen zu erreichen.

Keine vollständige Liberalisierung wird es im Textil- und Agrarbereich geben. Im Handel mit Textilien werden für Marokko und Tunesien die freiwilligen Selbstbeschränkungsabkommen aufrechterhalten. Für den Handel mit Agrarprodukten ist keine planmäßige Abschaffung der Zölle und anderer Handelsrestriktionen vorgesehen. Vielmehr gibt es insbeson-

---

135 *Ibid.*, S. 4; http://europa.eu.int/comm/external_relations/euromed/meda.htm (06.07.2004).

136 *Fischler*: Der Barcelona Prozess – ein Fall für die Landwirtschaft?, Rede auf der Mittelmeerkonferenz über die Landwirtschaft am 14.06.2001 in Straßburg; *Europäische Kommission*: Jahresbericht über die Durchführung des Meda-Programms 2000, S. 3; *Auswärtiges Amt*: EU-Mittelmeerpolitik, www.auswaertiges-amt.de/www/de/eu_politik/gasp/eu_aussenbez/mittelmeer.html (18.12.2001); http://europa.eu.int/comm/external_relations/euromed/meda.htm (06.07.2004).

137 *Europäische Kommission*: Negotiations on EU-Algeria Association Agreement concluded, Presseerklärung IP/01/1867, http://europa.eu.int/comm/external_relations/algeria/intro/ip01_1867.htm (25.11.2003).

138 *House of Lords*: 11th report, S. 11; *Nsouli et al.*: The European Union's New Mediterranean Strategy, Finance & Development 9/96, 18.

dere für sensible landwirtschaftliche Produkte Exportkalender, Mengenquoten, Bezugspreise oder Sicherheitsbestimmungen seitens der EG. Grundlage für eine weitere Liberalisierung sollen Verhandlungen zwischen den Vertragspartnern sein, die in Form von Briefwechseln stattfinden und in Bestandteil der Abkommen werden. Solche Verhandlungen sind aber, wie im Falle des Fischereiabkommens mit Marokko erwiesen, nicht immer von Erfolg gekrönt.[139]

Vorgesehen ist die Einrichtung von paritätisch besetzten Institutionen zur Überwachung und Durchführung der Abkommen. Die Assoziations-abkommen enthalten zudem Bestimmungen über die Niederlassungs-freiheit, die Freiheit des Zahlungsverkehrs und des Wettbewerbs sowie zur Förderung der Demokratie und Menschenrechte. Finanziell soll die Umstrukturierung der Wirtschaft in den drei Maghrebstaaten durch Mittel der EG und der EZB im Rahmen des *MEDA*-Programms flankiert werden, die projektgebunden sind.

Bei allen Bemühungen um die Vertiefung der Beziehungen zu den Mittelmeerstaaten, darunter die drei Kernländer des Maghreb, ist jedoch nicht zu übersehen, dass die Entwicklungen nach wie vor von nationalen Interessen insbesondere der südlichen EG-Mitgliedstaaten dominiert werden.[140]

---

139 "Fischereistreit mit Marokko spitzt sich zu", FAZ v. 27.03.2001.

140 *Jünemann*: Europas Mittelmeerpolitik im regionalen und globalen Wandel: Interessen und Zielkonflikte, in *Zippel*: Die Mittelmeerpolitik der EU, S. 32; "Fischereistreit mit Marokko spitzt sich zu", FAZ v. 27.03.2001.

Teil 2 - Die Assoziationsabkommen und das Recht der EG

- Kapitel 4 -
Konformität der Assoziationsabkommen mit dem Recht der EG

Die Assoziationsabkommen zwischen der EG und ihren Mitgliedstaaten sowie den Maghrebstaaten sind Verträge auf dem Gebiet des Völkerrechts. Im folgenden Teil wird untersucht, in welchem Umfang die EG diese Abkommen mit den Maghrebstaaten abschließen konnte, was institutionell und sachlich darin geregelt sein darf, inwieweit eine Mitwirkung der einzelnen Mitgliedstaaten bei Abschluss der Abkommen zulässig oder erforderlich war bzw. ist, ob also die Abkommen den Vorgaben des EG-Rechts entsprechen.

A. *Konformität bezüglich der Kompetenz zum Abschluss der Abkommen*

I. Vertragsschlussfähigkeit und Völkerrechtssubjektivität der EG

Verträge mit Dritten kann die Europäische Gemeinschaft nur schließen, wenn sie gegenüber diesen Drittstaaten Völkerrechtssubjektivität besitzt und vertragsschlussfähig ist. Internationale Organisationen sind nach heute nahezu unbestrittener Meinung völkerrechtsfähig, wenn sie durch ihre Mitgliedstaaten ausdrücklich oder stillschweigend mit Völkerrechtssubjektivität ausgestattet worden sind.[141] Seit Vollzug ihrer Gründung ist die EG Völkerrechtssubjekt.[142] Sie wurde von ihren Mitgliedstaaten durch Art. 281 EGV mit Völkerrechtsfähigkeit ausgestattet.

Algerien, Marokko und Tunesien haben die Europäische Gemeinschaft bereits durch den Abschluss der Handels- bzw. Kooperationsabkommen von 1969 und 1976 als Völkerrechtssubjekt anerkannt. Eine Anerkennung der Europäischen Gemeinschaften erfolgte zudem durch die Aufnahme diplomatischer Beziehungen aller drei Staaten mit der EWG.

Der Umfang der Rechtsfähigkeit der EG ist allerdings nicht allumfassend, sondern ergibt sich aus den ihr übertragenen Funktionen und Aufgaben. Das heißt, sie beschränkt sich auf die zur Erfüllung der durch den EGV

---

141 *Krück* in *Schwarze*: EU-Kommentar, Art. 281 Rz. 1, *Simma/Vedder* in *Grabitz/Hilf*: Das Recht der Europäischen Union, Art. 281 Rz. 1; *Stein*: Der gemischte Vertrag im Recht der Außenbeziehungen der EG, S. 62.

142 *EuGH*: Rs. 6/64 (*Costa/E.N.E.L.*), Urt. v. 15.07.1964, Slg. 1964, 1253 (1269).

auf die EG übertragenen Kompetenzen.[143] Der EGV enthält nur wenige grundsätzliche Vorschriften zu den Vertragsschlusskompetenzen der Gemeinschaft. Ohne weiteres ist aus dem Vertrag ersichtlich, dass die Gemeinschaft im Rahmen ihrer Verbandskompetenz (Art. 5 Abs. 1 EGV) völkerrechtliche Verträge mit Dritten abschließen kann. Dies folgt aus den Artikeln 281 EGV, 300 EGV und 133 EGV.

II. Allgemeine Vorgaben zum Abschluss von Assoziationsabkommen

Die Mitgliedstaaten haben der Gemeinschaft im Rahmen der Gründungsverträge nur einen Teil ihrer Hoheitsrechte im Außenwirtschaftsbereich übertragen. Die Gemeinschaftskompetenzen sind in den Verträgen allerdings nur vage definiert, und die weit gefassten generellen Vertragsziele ermöglichen deren breite Interpretation.[144]

Die Verträge von Rom über die Gründung der Europäischen Gemeinschaften sehen mehrere Instrumente vor, mittels derer die Gemeinschaften ihre Außenbeziehungen regeln können. Die wichtigsten davon wurden in der Praxis der EG bisher wie folgt genutzt: Art. 107 bis Art. 131 EGV für Handelsabkommen -mit ausdrücklichem Verweis auf das Internationale Zoll- und Handelsabkommen-, Art. 133 EGV betreffend die gemeinsame Handelspolitik[145], Art. 300 EGV für den Abschluss von Handels- und Wirtschaftskooperationsabkommen[146]; und Art. 310 EGV für den Abschluss von Assoziationsabkommen, die in breitem Umfang wirtschaftliche und finanzielle Regelungen enthielten.

Die Gemeinschaftspolitik im Hinblick auf den Maghreb fand ihre Grundlage bereits in den Verträgen von Rom, in der *Deklaration bezüglich der Assoziation der unabhängigen Staaten der Franc-Zone mit der Europäi-*

---

143 *Röttinger* in *Lenz*: EGV, Art. 281 Rz. 2; *Krück* in *Schwarze*: EU-Kommentar, Art. 281 Rz. 2; *Simma/Vedder* in *Grabitz/Hilf*: Das Recht der Europäischen Union, Art. 281 Rz. 9; *EuGH*: Rs. 6/64 (*Costa/ E.N.E.L.*), Urt. v. 15.07.1964, Slg. 1964, 1253 (1269); *Monar*: Die interne Dimension der Mittelmeerpolitik der Europäischen Union: Institutionelle und verfahrensmäßige Probleme, in *Zippel*: Die Mittelmeerpolitik der EU, S. 71; *Arnold*: Der Abschluss gemischter Verträge durch die EG, AVR 1980/82, 419 (432 f.); *Duric*: Die Freihandelsabkommen EG-EFTA: die rechtliche Problematik, S. 29; *Sack*: Die Europäische Union in den Internationalen Organisationen, ZEuS 2001, 267 (271).

144 *Monar*: Die interne Dimension der Mittelmeerpolitik der Europäischen Union: Institutionelle und verfahrensmäßige Probleme, in *Zippel*: Die Mittelmeerpolitik der EU, S. 71.

145 Beispiel hierfür ist das Allgemeine Präferenzsystem, das den Entwicklungsländern einseitige Präferenzen einräumt; vgl. *Kuschel*: Das neue Lomé-Abkommen zwischen der EG und den AKP-Ländern, EA 90, 333; *Langguth*: Außenpolitische Chancen der Europäischen Integration, EA 92, 222.

146 Etwa für solche Abkommen zwischen der EG und Drittstaaten, denen eine privilegierte Behandlung zukommen sollte.

schen Wirtschaftsunion und manifestierte sich erstmals mit der Signatur der Teil-Assoziationsabkommen mit Marokko und Tunesien 1969.[147] Die Deklaration war allerdings nicht die *Rechts*grundlage für den Abschluss von Abkommen mit den Maghrebstaaten. Alle Handlungen der Gemeinschaft in bezug auf die Maghrebstaaten basierten auf Art. 310 des EG-Vertrages. Sowohl die alten als auch die neuen Abkommen mit den drei Maghrebstaaten stützen sich ausdrücklich auf Art. 310, 300 EGV.[148]

III. Artikel 310 EGV

Das Abkommen mit Tunesien vom 26. Januar 1998 wird ausdrücklich auf die Vorschriften des Art. 238 EGV (a. F. - jetzt Art. 310) in Verbindung mit Art. 228 Abs. 2 Satz 2 EGV (a. F. - jetzt Art. 300) und auf Art. 95 EGKS-Vertrag gestützt. Die Abschlüsse der Abkommen mit Marokko vom 24. Januar 2000 und Algerien vom 19. Dezember 2001 erfolgten nach den Änderungen des EG-Vertrages durch den Vertrag von *Amsterdam*. Sie nennen daher bereits die Art. 310 in Verbindung mit Art. 300 Abs. 2 Unterabs. 2 Satz 2 und Abs. 3 EGV sowie Art. 95 EGKS als Rechtsgrundlage.

Art. 310 Abs. 1 EGV bestimmt, dass die EG Verträge abschließen kann, die den Aufbau einer Assoziation mit anderen Staaten oder Organisationen beabsichtigen. Die meisten Assoziationsabkommen, so auch die Abkommen mit den Maghrebstaaten, sind als Rechtsverhältnisse ausgestaltet, deren Inhalt einerseits über ein einfaches Handelsabkommen hinausgeht, andererseits aber hinter einer Mitgliedschaft in der Europäischen Gemeinschaft zurückbleibt.[149] Die Assoziation gemäß Artikel 310 EGV ist damit für solche Staaten eine Alternative, die der EG einerseits nicht beitreten können oder wollen, die sich aber andererseits nicht mit einem Handelsabkommen gemäß Artikel 311 EGV begnügen möchten.[150] Damit ist jedoch lediglich klargestellt, dass es sich hierbei nicht um eine Assoziation im Sinne des Art. 308 EGV, also um eine Integration der Partner in die EG handelt.

---

147 Siehe dazu oben Teil 1 Kapitel 2 vor A. und Teil 1 Kapitel 2 A. dieser Arbeit.

148 Assoziationsabkommen zwischen der EG und ihren Mitgliedstaaten sowie Tunesien (COM [94] final 427), und Marokko (COM [95] final 235); abgedruckt im Anhang dieser Arbeit.

149 *Obwexer*: Gemeinschaftsrechtliche Vorgaben für die Umsetzung der Assoziierungsabkommen, in *Antalovsky et al.*: Assoziierungsabkommen der EU mit Drittstaaten, S. 87; *Hakura*: The Euro-Mediterranean Policy: The implications of the Barcelona declaration, CMLRev. 97, 337 (350); *Petersmann*: Struktur und aktuelle Fragen des Assoziationsrechts, ZaöRV 73, 266 (272).

150 *Breitenmoser*: Praxis des Europarechts, S. 225; *Hengsbach*: Die Assoziierung afrikanischer Staaten an die Europäische Gemeinschaft, S. 139.

1. Begriff der Assoziation

Handelt es sich nicht um eine Assoziation im Sinne einer Integration in die EG, stellt sich die Frage, was der Begriff meint.[151]

Die Abkommen mit den Maghrebstaaten werden als Assoziationsabkommen bezeichnet.[152] Die zumeist wesentlich politisch motivierte Benennung des Vertragstextes läßt jedoch nicht unbedingt einen Rückschluss auf die Rechtsnatur des Abkommens zu. Allerdings ist die Frage der Benennung wegen Art. 253 EGV von Bedeutung. Diese Vorschrift verlangt, dass die einschlägige Rechtsgrundlage, aufgrund welcher gehandelt wird, genannt wird. Der Rat muss also offen legen, ob er Abkommen rechtlich als Assoziationsabkommen im Sinne des Art. 310 EGV einordnet. Obwohl Art. 253 EGV seinem Wortlaut nach nur Verordnungen, Richtlinien und Entscheidungen betrifft, ergibt sich dies aus der sinnorientierten Auslegung des Art. 253 EGV.[153]

Der Begriff „Assoziation" ist im EG-Vertrag nicht definiert. Art. 310 EGV spricht nur davon, dass eine Assoziation gegenseitige Rechte und Pflichten, gemeinsames Vorgehen und besondere Verfahren zum Inhalt haben muss. Der Begriff „Assoziation" hat seinen Ursprung in dem lateinischen Verbum *associare* (= vereinigen, verbinden).[154] Nach heutigem Sprachgebrauch wird allgemein davon ausgegangen, dass Assoziation den Aufbau spezieller oder privilegierter Beziehungen mit einem Drittland beinhaltet, die mehr als nur den Handel oder die Wirtschaft betreffen.[155] Unter den Begriff lässt sich somit jede Vereinbarung mit einem anderen Staat subsumieren, die über eine bloße Handelsregelung im klassischen

151 Vgl. dazu ausführlich *Herrmann*: Das Institut der Assoziation im Recht der Europäischen Gemeinschaft; *Petersmann*: Aktuelle Fragen des Assoziationsrechts, ZaöRV 73, 266 (283).

152 „... *über den Abschluss des Europa-Mittelmeer-Abkommens zur Gründung einer Assoziation zwischen...*"

153 *Fischer*: Das Assoziationsrecht der Europäischen Gemeinschaften, S. 67 ff; vgl. auch *Hetmeier* in *Lenz*: EGV, Art. 253 Rz. 1 ff.; *Schoo* in *Schwarze*: EU-Kommentar, Art. 253 Rz. 1; *Richter*: Die Assoziation osteuropäischer Staaten durch die Europäische Gemeinschaft, S. 91; *Martin*: Association Agreements with Mediterranean and Eastern Countries: Similarities & Differences, in *Antalovsky et al.*: Assoziierungsabkommen der EU mit Drittstaaten, S. 32.

154 *Herrmann*: Das Institut der Assoziation im Recht der Europäischen Gemeinschaften, S. 58.

155 *Schumacher*: Die Maghreb-Politik der EU, S. 17.

Sinn hinausgeht, jedoch unterhalb der Schwelle der Mitgliedschaft bleibt.[156]

Nach internationalem Recht wird Assoziation als Teilnahme eines Nichtmitgliedes an den Zielen einer Internationalen Organisation verstanden.[157] Hierbei werden die Kriterien wie Dauerhaftigkeit, Flexibilität, Institutionalisierung, Parität, Bilateralität oder Entstehung eines Wirtschaftsraumes als Charakteristika angeführt. Diese Merkmale sind jedoch eher Reflexe einer Assoziation, sie haben keine eigene Kennzeichnungskraft. [158]

Für das Verständnis des Begriffs der Assoziation ist daher das Gemeinschaftsrecht aus sich selbst heraus auszulegen. Das wiederum führt dazu, den materiellen Gehalt des Art. 310 EGV bestimmen zu müssen.

2. Der Begriff „Assoziation" und sein unmittelbarer Zusammenhang mit dem materiellen Gehalt des Art. 310 EGV

Art. 310 EGV muss in Zusammenhang mit den Artikeln 2, 3, 131, 133 EGV und Art. 300 EGV gelesen werden. Nach Art. 2 EGV sollen eine Reihe allgemein formulierter Ziele erreicht werden. Art. 3 EGV ist die allgemeine Rechtsgrundlage für das Tätigwerden der EG auf dem Gebiet der internationalen Beziehungen. Er legt die Grundzüge der gemeinschaftlichen Handelspolitik fest, die durch Art. 131 und 133 EGV genauer bestimmt werden.

Zum Erreichen der Ziele der EG gemäß Art. 2 EGV sind einzig zulässige Mittel die Errichtung des Gemeinsamen Marktes und der Wirtschafts- und Währungsunion sowie die Durchführung der gemeinsamen Politiken nach Art. 3, 4 EGV. Dies muss, bezogen auf die Errichtung eines Wirtschaftsraumes, auch für das Assoziationsverhältnis gelten. Daraus folgt, dass das Ziel eines, in bestimmten Tätigkeitsbereichen des Gemeinsamen

---

156 *Müller*: Die Handelsregelungen in den Abkommen der EG mit dem Mittelmeerländern, in: *Hengsbach*: Die Assoziierung afrikanischer Staaten an die Europäischen Gemeinschaften: eine Politik raumwirtschaftlicher Integration?, S. 122; *Röttinger* in *Lenz*: EGV, Art. 310 Rz. 2; *Richter*: Die Assoziation osteuropäischer Staaten durch die EG, S. 112; *Obwexer*: Gemeinschaftsrechtliche Vorgaben für die Umsetzung der Assoziierungsabkommen, in *Antalovsky et al.*: Assoziierungsabkommen der EU mit Drittstaaten, S. 87.

157 *Schweizer/Hummer*: Europarecht, S. 162; *Fischer*: Das Assoziationsrecht der Europäischen Gemeinschaften, S. 25, *Breitenmoser*: Praxis des Europarechts, S. 25, 27.

158 *Fischer*: Das Assoziationsrecht der Europäischen Gemeinschaften, S. 25; *Schön*: Der rechtliche Rahmen für Assoziierungen der Europäischen Gemeinschaft vor dem aktuellen Hintergrund der Annäherungs- und Mitgliedswünsche der mittel- und osteuropäischen Staaten, S. 172; *Richter*: Die Assoziation osteuropäischer Staaten durch die EG, S. 92.

Marktes nachgebildeten, Wirtschaftsraumes für das Vorliegen eines Assoziationsverhältnisses zwingend ist.[159]

Zusammenfassend kann festgehalten werden: Die Ziele des Gemeinsamen Marktes, des Binnenmarktes und der Wirtschafts- und Währungsunion können nicht Gegenstand einer Assoziation sein, denn sie erfordern die Mitgliedschaft in der EU. Einzelne Elemente aus den genannten Zielen können nur dann Gegenstand einer Assoziation sein, wenn sie sich zu einem wirtschaftlich sinnvollen Ganzen zusammenfügen. Das erfordert in der Regel, dass mehrere wirtschaftlich zusammenhängende Freiheitsbereiche erfasst sind. Die Assoziation kann nicht isoliert die allgemeinen Ziele des Art. 2 EGV anstreben. Die gemeinschaftsrechtliche Assoziation meint somit also das Rechtsverhältnis der Teilnahme eines Nichtverbandszugehörigen an den Elementen des Gemeinsamen Marktes.[160]

Damit ist auch geklärt, welchen Umfang die durch Art. 310 EGV verliehenen Kompetenzen haben: Sie gehen nicht über das hinaus, was mit der Assoziation angestrebt und zulässig ist.

3. Anforderungen an eine Assoziation

Nach Art. 310 EGV müssen Assoziationsabkommen gegenseitige Rechte und Pflichten enthalten, das gemeinsame Vorgehen und besondere Verfahren regeln. Der EGV normiert damit die Notwendigkeit der Einräumung von *gegenseitigen* Rechten und Pflichten. Während eine Ausgewogenheit der gegenseitigen Rechte und Pflichten in den ersten Abkommen zwischen der EG und den Maghrebstaaten nicht erreicht wurde, sind in den neuen Assoziationsabkommen mit Algerien, Marokko und Tunesien äquivalente Verpflichtungen der Vertragspartner vorgesehen.[161]

Das Institut der Assoziation ist weiterhin gekennzeichnet durch ein „gemeinsames Vorgehen" und „besondere Verfahren". Mit anderen Worten: Es ist die Einsetzung dauerhafter und paritätischer Institutionen erforderlich. Grund hierfür ist, dass die Assoziationsabkommen weitreichende

159 *Fischer:* Das Assoziationsrecht der Europäischen Gemeinschaften, S. 34; *Richter*: Die Assoziation osteuropäischer Staaten durch die EG, S. 114; *Jacobs et al.*: The external relations of the European Community, S. 44.

160 *Fischer*: Das Assoziationsrecht der Europäischen Gemeinschaften, S. 34, 39; *Hirsch*: Die Rechtsprechung des EuGH zu den Assoziationsabkommen, in *Antalovsky et al.*: Assoziierungsabkommen der EU mit Drittstaaten, S. 42; *Evtimov*: Rechtsprobleme der Assoziierung der mittel- und osteuropäischen Länder und die Voraussetzungen für ihren Beitritt zur Europäischen Union, S. 28; siehe auch *EuGH*: Rs. 12/86 (*Demirel*), Urt. v. 30.09.1987, Slg. 1997, S. 3719, Rz. 9.

161 Siehe dazu oben Teil 1 Kapitel 3.

materielle Regelungen enthalten und auch in institutioneller Hinsicht ausgeprägter sind, wodurch sie sich insbesondere von einfachen Handelsverträgen unterscheiden.[162] In den Abkommen der EG mit den Maghrebstaaten aus den 70er Jahren war bereits die Einrichtung von Kooperationsräten vorgesehen.[163] Auch mit den neuen Assoziationsabkommen werden jeweils ein Assoziationsrat und ein Assoziationskomitee geschaffen.[164]

4. Der EG durch Art. 310 EGV eingeräumte Sachkompetenzen

Nicht geklärt ist damit allerdings, welche einzelnen *Sach*kompetenzen Art. 310 EGV der Europäischen Gemeinschaft einräumt. Artikel 310 EGV legt zunächst das Verfahren und die einzelnen Kompetenzen der Gemeinschaftsinstitutionen zum Abschluss von Assoziationsabkommen fest.[165]

Fraglich war daher, ob Art. 310 EGV als Grundlage für eine *generelle* auswärtige Politik der EG dienen kann und damit die Möglichkeit eröffnet, mit Algerien, Marokko und Tunesien in Verhandlungen über Assoziationsabkommen zu treten, die mehr als nur Bereiche des Warenaustausches umfassen. Teilweise wurde vertreten, dass Art. 310 EGV restriktiv auszulegen sei. Er regle lediglich das Verfahren zum Abschluss dieser Abkommen. Die Kompetenz der Gemeinschaft, solche Abkommen zu schließen, ergebe sich ausschließlich aus Art. 133 EGV und den Regelungen bezüglich der gemeinschaftlichen Handelspolitik.[166] Andere wiederum waren der Auffassung, Art. 310 EGV ermächtige die EG umfassend zum Abschluss von Abkommen, die weitere Bereiche als nur die Handelspolitik umfassen, sofern sie dem gemeinschaftlichen Integrationsstandard entsprechen.[167]

---

162 *Herrmann*: Das Institut der Assoziation im Recht der Europäischen Gemeinschaften, S. 286; *Schön*: Der rechtliche Rahmen für Assoziierungen der Europäischen Gemeinschaft vor dem aktuellen Hintergrund der Annäherungs- und Mitgliedswünsche der mittel- und osteuropäischen Staaten, S. 171; *Herrnfeld* in *Schwarze*: EU-Kommentar, Art. 310 Rz. 12.

163 Siehe oben Teil 1 Kapitel 2 A. II.

164 Vergleiche Teil VIII der Assoziationsabkommen mit Tunesien und Marokko, insbesondere Art. 78 und 81; siehe hierzu auch oben Teil 1 Kapitel 3 B.

165 Vergleiche den unterschiedlichen Wortlaut von Art. 238 EGV a. F. und 310 EGV n. F.

166 *Hession/Macrory*: Balancing trade freedom with the requirements of sustainable development, in *Emiliou/O'Keeffe*: The European Union and the world trade law, S. 207.

167 *Schumacher*: Die Maghrebpolitik der EU, S. 20; *Petersmann*: Struktur und aktuelle Fragen des Assoziationsrechts, ZaöRV 73, 266 (285); *Neumann/Welge*: Die Gemeinsame Handelspolitik und ihre Instrumente, in *Röttinger/Wyringer*: Handbuch der Europäischen Integration, S. 824 (825).

Der Europäische Gerichtshof konkretisierte die Tragweite des Art. 310 EGV dahingehend, dass diese Vorschrift der Europäischen Gemeinschaft die Zuständigkeit einräumt, über alle vom EGV erfassten Bereiche Assoziationsabkommen zu schließen.[168] Es steht somit fest, dass Art. 310 EGV im Prinzip doch eine Kompetenznorm mit originärem sachlichen Regelungsbereich darstellt, der wiederum definiert und begrenzt wird durch die Materien, die vom EGV erfasst werden. Auch für diese Vertragsschlusskompetenz gilt selbstverständlich das Prinzip der begrenzten Einzelermächtigung des Art. 4 Abs. 1 EGV. Das heißt, in einem Assoziationsabkommen kann sich die Gemeinschaft nur insoweit verpflichten, als ihr der EGV entsprechende Befugnisse zuweist. Sie kann folglich über alle Bereiche kontrahieren, die sie nach dem EGV auch gemeinschaftsintern regeln kann.[169] Allerdings interpretierte der EuGH die Voraussetzungen (Erreichung eines der Ziele der Gemeinschaft) später wesentlich enger im Sinne einer besonderen Voraussetzung für das Vorliegen einer Außenkompetenz. Der Vertragsschluss müsse wegen der Untrennbarkeit der inneren und äußeren Aspekte des zu regelnden Sachbereichs unabdingbar sein. Dies sei nur dann der Fall, wenn die Innenkompetenz gar nicht sinnvoll ausgeübt werden könne, ohne dass der externe Sachverhalt mit geregelt werde.[170] Über eine Zuständigkeit zum Abschluss völkerrechtlicher Verträge mit Dritten soll die Gemeinschaft demnach nur noch dann verfügen, wenn sie bereits von ihrer Innenkompetenz Gebrauch gemacht hat. Hat die EG von ihrer Innenkompetenz noch keinen Gebrauch gemacht, kann sie auch dann im externen Regelungsbereich tätig werden, wenn dies aus sachlichen oder rechtlichen Gründen zwingend erforderlich ist.[171]

---

168 *EuGH*: Rs. 12/86 (*Demirel*), Urt. v. 30.09.1987, Slg. 1987, 3719 ff. In der Sache ging es um die Freizügigkeit türkischer Arbeitnehmer.

169 *Hirsch*: Die Rechtsprechung des Europäischen Gerichtshofes zu den Assoziationsabkommen, in *Antalovsky et al.*: Assoziierungsabkommen der EU mit Drittstaaten, S. 42 f.; *Gilsdorf*: Die Außenkompetenzen der EG im Wandel, EuR 96, 145 (149); *Geiger*: Vertragsschlusskompetenzen der EG und auswärtige Gewalt der Mitgliedstaaten, JZ 95, 973 (974).

170 *EuGH*: Rs. 2/92 (*OECD*), Gutachten v. 24.03.1995, Slg. 1995, I-521, Rn. 33; *Stein*: Der gemischte Vertrag im Recht der Außenbeziehungen der EG, S. 64; *Gilsdorf*: Assoziierungsabkommen der Europäischen Wirtschaftsgemeinschaft, S. 15; *ders.*: Die Außenkompetenzen der EG im Wandel, EuR 96, 145 (148); *Geiger*: Vertragsschlusskompetenzen der EG und auswärtige Gewalt der Mitgliedstaaten, JZ 95, 973 (975).

171 *Geiger*: Vertragsschlusskompetenzen der EG und auswärtige Gewalt der Mitgliedstaaten, JZ 95, 973 (980); kritisch dazu: *Gilsdorf*: Die Außenkompetenzen der EG im Wandel, EuR 96, 145 (157).

IV. Artikel 133 EGV

Artikel 133 EGV regelt die gemeinsame Handelspolitik der EG. Er ist die wichtigste handelspolitische Kompetenzvorschrift des EGV. Durch ihn wird die Gemeinschaft zum Abschluss völkerrechtlicher Verträge über den Handel oder Handels- und Zollmaßnahmen ermächtigt. Über die materielle Reichweite der Bestimmung ist viel diskutiert worden. Inzwischen ist durch die Rechtsprechung des EuGH und die Praxis der EG hinsichtlich des materiellen Geltungsbereichs des Art. 133 EGV weitgehend Klarheit erreicht worden.[172] Durch den Vertrag von *Nizza* hat Art. 133 EGV eine Erweiterung der Verfahrensvorschriften erfahren. Die Kompetenz der Gemeinschaft, Handelsverträge mit Drittstaaten abschließen zu können, ist anerkannt.[173] Allerdings ist Art. 310 EGV für den Abschluss von Assoziationsabkommen, in denen weit mehr als nur handelspolitische Regelungen getroffen werden, *lex specialis*. Auf Art. 133 EGV wird daher bei der Kompetenz der EG bezüglich der handelspolitischen Regelungen in den Assoziationsabkommen mit den Maghrebstaaten näher eingegangen.[174]

B. *Die Konformität bezüglich der Kompetenz im Hinblick auf die in den Abkommen geregelten Sachbereiche*

Es wird nunmehr geprüft, ob die und welche von den in den Verträgen mit den Maghrebstaaten konkret geregelten Sachbereiche in die Vertragsschlusskompetenz der Gemeinschaft fallen.

I. Freier Warenverkehr für Industrieprodukte und gewerbliche Waren (Titel I Kapitel I der Abkommen)

Die Assoziationsabkommen zwischen der EG und ihren Mitgliedstaaten einerseits und Tunesien, Marokko und Algerien andererseits regeln in erster Linie den freien Warenverkehr für Industrieprodukte und gewerbliche Waren. Die Kompetenz der EG zur völkerrechtlichen Begründung des freien Warenverkehrs (dazu gehören etwa Regelungen über den Abbau von Einfuhrzöllen und Maßnahmen gleicher Wirkung), zur Festsetzung von Zollsätzen oder Importkontingenten, zur Einräumung von Meistbegünstigung und ähnlichen Maßnahmen ergibt sich für die vom EG-Vertrag erfassten Industrieprodukte und gewerblichen Waren im Sinne des Art. 23 Abs. 2 EGV (und zunächst nur für diese) aus Art. 133

---

172 *Vedder* in *Grabitz/Hilf*: Das Recht der Europäischen Union, Art. 133 Rz. 6; *Müller-Ibold* in *Lenz*: EGV, Art. 133 Rz. 54 f.

173 Siehe dazu den folgenden Abschnitt.

174 Siehe dazu ausführlich den folgenden Abschnitt.

EGV.[175] Insoweit ist die Kompetenz der EG gegenüber ihren Mitgliedstaaten ausschließlich.[176]

Anerkanntermaßen fallen auch alle spezifischen handelspolitischen Maßnahmen unter den Anwendungsbereich des Art. 133 EGV. Dazu gehören etwa solche Maßnahmen, die nach objektiven Kriterien unmittelbar und hauptsächlich den Handelsverkehr zwischen der EG und Drittstaaten regeln. Art. 133 EGV ist insoweit nicht abschließend, auch andere Instrumentarien als die in dem aufgeführten Maßnahmenkatalog stehen der EG zur Verfügung. Das gilt nach Ansicht des EuGH sogar dann, wenn die typisch handelspolitische Maßnahme auch oder sogar vorwiegend andere als handelspolitische Ziele verfolgt.[177] Diese Auslegung wurde in der Praxis der Gemeinschaft vollzogen, indem beispielsweise Wirtschaftsembargos, die in erster Linie allgemeine politische Ziele verfolgen, auf Art. 133 EGV gestützt wurden.[178] Seit Inkrafttreten des Vertrags von *Maastricht* stützt die EG Handels- und Wirtschaftsembargos allerdings nur noch auf Art. 301 EGV.[179]

Die weite Auslegung des Art. 113 EGV (a. F.) begründet der Europäische Gerichtshof mit der Notwendigkeit, den Begriff „Handelspolitik" flexibel zu handhaben. Der EuGH ist der Ansicht, dass eine gemeinsame Handelspolitik dann nicht sinnvoll betrieben werden kann,

> *„wenn die Gemeinschaft nicht auch über die Hilfsmittel verfügen könnte, die über die Instrumente, deren Wirkung ausschließlich auf die herkömmlichen Aspekte des Außenhandels gerichtet ist, hinausgehen. Eine so verstandene „Handelspolitik" wäre dazu verurteilt, allmählich bedeutungslos zu werden"*[180].

Neben diesem Einbezug des *effet utile*-Prinzips gilt die *implied powers*-Lehre. Das bedeutet, dass von der Befugnis zur Regelung des Warenver-

---

175 *Weissenberg*: Die Kompetenz der Europäischen Wirtschaftsgemeinschaft zum Abschluss von Handels- und Kooperationsabkommen gemäß Art. 113 EWG-Vertrag, S. 72 ff.; *Müller-Ibold* in *Lenz*: EGV, Art. 133 Rz. 9 ff.; *Müller-Huschke* in *Schwarze*: EU-Kommentar, Art. 133 Rz. 9 ff.

176 Vgl. *EuGH*: Rs. 1/75 (*Lokale Kosten*), Gutachten v. 11.11.1975, Slg. 75, S. 1355 (1363 f.); Rs. 41/76 (*Donckerwolke*), Urt. v. 15.12.1976, Slg. 1976, 1921 (1937); Rs. 1/78 (*Naturkautschuk*), Gutachten v. 04.10.1979, Slg. 1979, 2871 (2919).

177 *EuGH*: Rs. 1/78 (*Naturkautschuk*), Gutachten v. 04.10.1979, Slg. 1979, S. 2871 (2883 ff.); *Richter*: Die Assoziierung osteuropäischer Staaten durch die EG, S. 53 f.

178 Vgl. etwa Verordnung des Rates Nr. 2340/90 v. 08.08.1990 zur Verhinderung des Irak und Kuweit betreffenden Handelsverkehrs der Gemeinschaft zu Zeiten des Golfkrieges.

179 *Vedder* in *Grabitz/Hilf*: Das Recht der Europäischen Union, Art. 133 Rz. 74.

180 *EuGH*: Rs. 45/86 (*Allgemeines Präferenzsystem*), Urt. v. 26.03.1987, Slg. 1987, 1493 (1494).

kehrs auch akzessorische Bestimmungen erfasst sind, die der Durchsetzung und Sicherung des freien Warenverkehrs dienen. Darunter fallen etwa Bestimmungen über Dumpingpraktiken, die Angleichung von Wettbewerbspraktiken oder bezüglich Steuern. Solche Bestimmungen finden sich auch in den Assoziationsabkommen mit den Maghrebstaaten.[181] Die EG leitet ihre Kompetenz hierbei aus dem Sachzusammenhang zu den ursprünglichen Regelungen her.

Der EuGH hat in seinem Gutachten zum Internationalen Naturkautschuk-Übereinkommen anerkannt,

> *„dass die mögliche Aufnahme von Klauseln über Bereiche wie die technologische Hilfe, die Forschungsprogramme, die Arbeitsbedingungen in der Kautschukindustrie oder die Konsultationen über die Steuerpolitik der Teilnehmerstaaten, soweit sie einen Einfluss auf den Kautschukpreis haben kann, in das Übereinkommen dessen rechtliche Einordnung nicht ändert; diese hat in Ansehung des wesentlichen Gegenstandes zu erfolgen und nicht anhand einzelner Bestimmungen, die alles in allem den Charakter von Neben- und Hilfsbestimmungen haben.“*

Er führt weiter aus:

> *„Die Aushandlung und das Inkrafttreten dieser Klauseln hat daher nach dem für das Übereinkommen in seiner Gesamtheit geltenden Recht zu erfolgen.“*[182]

Abschließend kann festgestellt werden, dass sich die ausschließliche Kompetenz der EG zum Abschluss völkerrechtlicher Regelungen bezüglich des freien Warenaustausches einschließlich aller diese Regelungen materiell und politisch tangierenden Sachbereiche aus Art. 133 EGV ergibt.

Agrarprodukte (Titel I Kapitel II der Abkommen)

Die Assoziationsabkommen mit den Maghrebstaaten enthalten bezüglich des Zugangs von Agrarprodukten zum europäischen Markt gesonderte, vom freien Warenaustausch ausgenommene Regelungen.[183] Es stellt sich daher die Frage, ob landwirtschaftliche Produkte Waren im Sinne des Art. 133 EGV sind, und ob die Gemeinschaft für Regelungen diese betreffend die entsprechende Kompetenz besitzt.

---

181 Artikel 52, 36, 24 der Assoziationsabkommen mit Tunesien und Marokko.

182 *EuGH*: Rs. 1/78 (*Naturkautschuk*), Gutachten v. 04.10.1979, Slg. 1979, S. 2871 (2917).

183 Art. 15 bis 18 der Abkommen mit Marokko und Tunesien.

Grundsätzlich kann der Handel mit Agrarprodukten Gegenstand von Handelsabkommen sein.[184] Der EG-Vertrag selbst enthält für die Landwirtschaft Sonderregelungen in den Art. 32 ff. EGV. Gem. Art. 32 Abs. 1 EGV fallen unter den Begriff „Landwirtschaft" alle *Erzeugnisse des Bodens, der Viehzucht und der Fischerei und die mit diesen in unmittelbarem Zusammenhang stehenden Erzeugnisse der ersten Verarbeitungsstufe*. Zweifelsohne beziehen sich die Regelungen in den Assoziationsabkommen mit den Maghrebstaaten auch auf solche Erzeugnisse. Jedoch sind die Art. 32 ff. EGV nicht abschließend zu verstehen. Dies ergibt sich wiederum aus Art. 32 Abs. 2 EGV, der bestimmt, dass die Vorschriften für die Errichtung des Gemeinsamen Marktes auch auf die landwirtschaftlichen Erzeugnisse anwendbar sind. Unumstritten umfaßt der Begriff des Gemeinsamen Marktes auch die gemeinsame Handelspolitik[185]. Daraus ist zu folgern, dass bezüglich des *Handels* mit Agrarprodukten ausschließlich Art. 133 EGV anwendbar ist. Autonome Regelungen des Agrarhandels mit Drittstaaten finden ihre Rechtsgrundlage in Art. 37 EGV.[186]

Die EG besitzt auch bezüglich der völkerrechtlichen Regelungen über den Austausch von Agrarprodukten ausschließliche Kompetenz.

II. Niederlassungsrecht und Dienstleistungsverkehr (Titel III der Abkommen)

Bezüglich des Austauschs von Dienstleistungen hat der EuGH in seinem Gutachten 1/94 der Gemeinschaft die Kompetenz abgesprochen, diesen auf der Grundlage von Art. 133 EGV zu regulieren.[187] Allerdings erkennt er ausdrücklich an, dass die grenzüberschreitende Erbringung von Dienstleistungen, die keinen Grenzübertritt von Personen erfordert, dem Warenverkehr nicht unähnlich sei und damit unter die gemeinsame Handelspolitik falle[188].

---

184 *EuGH*: Rs. 1/94 (*WTO*), Gutachten v. 15.11.1994, Slg. 1994, I-5267 (5397).

185 *EuGH*, Rs. 1/78 (*Naturkautschuk*), Gutachten v. 04.10.1979, Slg. 1979, S. 2871 (2914).

186 *Vedder* in *Grabitz/Hilf*: Das Recht der Europäischen Union, Art. 133 Rz. 29; *Müller-Huschke* in *Schwarze*: EU-Kommentar, Art. 133 Rz. 18; *Richter*: Die Assoziierung osteuropäischer Staaten durch die EG, S. 56; *Hix* in *Schwarze*: EU-Kommentar, Art. 37 Rz. 5; *Borchardt* in *Lenz*: EGV, Art. 37 Rz. 5.

187 *EuGH*: Rs. 1/94 (*WTO*), Gutachten v. 15.11.1994, Slg. 1994, I-5267; *Duric*: Die Freihandelsabkommen EG-EFTA: die rechtliche Problematik, S. 32

188 *EuGH*: Rs. 1/94 (*WTO*), Gutachten v. 15.11.1994, Slg. 1994, I-5267 (5401); *Richter*: Die Assoziierung osteuropäischer Staaten durch die EG, S. 59 m.w.N.

Dem hat die EG durch Hinzufügen von Abs. 5 in Art. 133 EGV durch den Vertrag von *Nizza* Rechnung getragen.[189] Der Anwendungsbereich dieser Vorschrift ist jetzt ausdrücklich auf den Dienstleistungsverkehr ausgedehnt. Auf Grundlage des Art. 133 EGV hat die Gemeinschaft daher auch die Befugnis, Abkommen mit Drittstaaten über den Austausch von Dienstleistungen zu schließen.

Das Niederlassungsrecht umschreibt das Recht natürlicher und bestimmter juristischer Personen[190], sich zur Aufnahme und dauerhaften Ausübung selbständiger Erwerbstätigkeit in einem Mitgliedstaat der Gemeinschaft niederzulassen. Es ist in Art. 43 EGV geregelt und erstreckt sich ausdrücklich nur auf die *„Staatsangehörigen eines Mitgliedstaates“*[191] oder auf ***„die nach den Rechtsvorschriften eines Mitgliedsstaates gegründeten Gesellschaften“***, die in einem Mitgliedsstaat der Gemeinschaft ansässig sind oder ihnen gleichgestellt werden[192].

Daraus ergibt sich, dass die Rechtsetzungsbefugniss der Gemeinschaftsorgane auf Angehörige der Mitgliedstaaten und den Abbau der Beschränkungen *zwischen* den Mitgliedstaaten beschränkt ist.[193] Eine diesbezügliche internationale Vertragsschlussbefugniss wird der EG nicht eingeräumt. Im Rahmen der Niederlassungsfreiheit fehlt ein den Handel kennzeichnendes Austauschverhältnis; Art. 133 EGV ist hierauf nicht anwendbar.[194]

Folgt man der oben[195] vertretenen weiten Auffassung bezüglich Art. 310 EGV, können Regelungen betreffend die Niederlassungsfreiheit im Rahmen eines Assoziationsabkommens zwar Gegenstand eines solchen sein, jedoch hat die Gemeinschaft diesbezüglich keine ausschließliche Regelungskompetenz. Der Grenzübertritt von Personen aus Drittstaaten zum Zwecke ihrer Niederlassung in der EG gehört nicht zu den vom EGV erfassten Bereichen. Eine Regelung hierüber kann daher nur durch die Mitgliedstaaten selbst erfolgen.

---

189 *Vedder* in *Grabitz/Hilf*: Das Recht der Europäischen Union, Art. 133 Rz. 1.

190 Art. 48 EGV.

191 Vgl. Art. 43 Abs. 1 EGV.

192 Vgl. Art. 48 EGV.

193 Vgl. dazu auch Art. 44, 46 und 47 EGV.

194 So auch der *EuGH* in seinem Gutachten 1/94 (*WTO*) v. 15.11.1994, Slg. 1994, S. I-5267 (5402).

195 Siehe oben Abschnitt A. III. 4 dieses Kapitels.

III. Zahlungen, Kapitalverkehr, Wettbewerb und sonstige wirtschaftliche Bestimmungen (Titel IV der Abkommen)

Bezüglich Kapitaltransaktionen und deren Liberalisierung zwischen den Vertragspartnern sind Regelungen in den Abkommen möglich. Sie können allerdings nicht auf Art. 133 EGV gestützt werden. Auch Art. 310 EGV ist keine umfassende und ausreichende Rechtsgrundlage dafür. Vielmehr ergab sich bezüglich der in Kapitel IV der Assoziationsabkommen getroffenen Regelungen die Kompetenz aus Art. 70 EGV a. F.[196]. Dieser sah Maßnahmen der Gemeinschaft für die schrittweise Koordinierung der Devisenpolitik für den *Kapitalverkehr zwischen den Mitgliedstaaten und dritten Ländern* vor. Ziel dieser Koordinierung sollte es sein, im Verhältnis zu Drittstaaten eine weitgehende Liberalisierung herbeizuführen. Dieser Artikel wurde durch den Vertrag von *Amsterdam* aufgehoben. Die Kompetenz über die Regelung von Fragen zur Liberalisierung des Kapitalverkehrs beinhaltet jetzt Art. 56 EGV, der bestimmt, dass alle Beschränkungen des Kapitalverkehrs zwischen Mitgliedstaaten und Drittstaaten verboten sind. Die Kompetenz der EG ist nach Art. 58 EGV in bestimmten Punkten beschränkt. Insbesondere Schutzmaßnahmen gegenüber Drittstaaten sind weiterhin grundsätzlich Angelegenheit der Mitgliedstaaten selbst. Insofern fehlt der Gemeinschaft die ausschließliche Regelungskompetenz.

Die Regelungen über den Wettbewerb und staatliche Beihilfen in den Assoziationsabkommen beziehen sich ausdrücklich auf die Art. 81, 82 und 87 EGV und Art. 65, 66 EGKSV. Sie sehen vor, dass wettbewerbswidrige Verhaltensweisen nach den Kriterien im EG- bzw. EGKS-Vertrag zu beurteilen sind. Diese Regelungen zielen darauf ab, private Beschränkungen des freien Marktes durch Absprachen, Missbrauch marktbeherrschender Stellungen, Dumping und staatliche Verzerrungen durch Beihilfen oder steuerliche Belastungen zu verhindern. Sie spielen daher eine wichtige Rolle bei der Herstellung des freien Warenverkehrs. Ihnen kommt eine Komplementärfunktion zu. Für Regelungen dieser Art hatte der EuGH in seinem Gutachten 1/78 bereits festgelegt, dass sie als akzessorische Nebenbestimmungen zum Gegenstand von Handelsabkommen gemacht werden können.[197] Die Kompetenz der EG ergibt sich hierfür also wiederum aus Art. 133 und Art. 310 EGV. Die Bereiche des Wettbewerbs

196 Zum Zeitpunkt des Abschlusses der Abkommen mit Tunesien und Marokko galt dieser Artikel noch; vgl. auch *Richter*: Die Assoziierung osteuropäischer Staaten durch die EG, S. 126.

197 *EuGH*: Rs. 1/78 (*Naturkautschuk*), Gutachten v. 04.10.1979, Slg. 1979, 2871; *Richter*: Die Assoziierung osteuropäischer Staaten durch die EG, S. 127.

und sonstige wirtschaftliche Bestimmungen besitzen allerdings eher politischen Charakter.

IV. Bestimmungen über den Schutz der Demokratie und Menschenrechte (Artikel 2 der Abkommen)

Bei dem Schutz der Demokratie und Menschenrechte durch Entwicklungszusammenarbeit, der durch die Aufnahme der entsprechenden Klausel in den neuen Abkommen mit den Maghrebstaaten erreicht werden soll, handelt es sich um ein außenpolitisches Ziel der Gemeinschaft. Der EGV schreibt dieses Ziel in Art. 177 Absätze 1 und 2 fest. Dieses Ziel kann und soll nicht allein durch handelspolitische Maßnahmen erreicht werden. Daraus ergibt sich, dass sich die Kompetenz der Gemeinschaft für Handelsmaßnahmen gem. Art. 133 EGV nicht auf ein Engagement für den Menschenrechtsschutz in Drittstaaten erstreckt.[198] Die Gemeinschaft hat auch keine allgemeine Innenkompetenz, auf dem Gebiet der Menschenrechte Vorschriften zu erlassen oder völkerrechtliche Verträge zu schließen, aus der sie eine externe Anschlusskompetenz herleiten könnte.[199] Art. 177 Abs. 1 EGV macht deutlich, dass die Entwicklungspolitik der EG, in deren Rahmen Demokratie und Menschenrechte in den Partnerstaaten gefördert werden sollen (Art. 177 Abs. 2 EGV) eine ergänzende zu der entsprechenden Politik der einzelnen Mitgliedstaaten ist. Die Mitgliedstaaten erbringen in dieser Hinsicht also immer noch den Großteil[200], sind aber gemäß Art. 180 Abs. 1 EGV zur Koordinierung ihrer Politik mit der EG verpflichtet. Mithin hat die Gemeinschaft keine ausschließliche Kompetenz, sich für die Achtung der Menschenrechte und demokratischen Prinzipien in Drittstaaten einzusetzen.[201]

V. Sonstige Politikbereiche (Titel V der Abkommen)

Titel V der Assoziationsabkommen regelt die wirtschaftliche Zusammenarbeit zwischen den Vertragspartnern. Sie umfaßt viele politische Bereiche, angefangen von der regionalen und industriellen Zusammenarbeit, Bildung und Ausbildung, über Umwelt, Investitionsförderung und Inves-

---

198 *Hoffmeister*: Menschenrechts- und Demokratieklauseln in den vertraglichen Außenbeziehungen der Europäischen Gemeinschaft, S. 397.

199 Vgl. auch *EuGH*, Opinion 2/94 (*Accession to the European Convention on Human Rights*), Slg. 1996, I-1.

200 *Simma/Aschenbrenner/Schulte*: Human Rights Considerations in the Development Cooperation Activities of the EC, in *Alston*: The EU and Human Rights, 571, 583.

201 *Hoffmeister*: Menschenrechts- und Demokratieklauseln in den vertraglichen Außenbeziehungen der Europäischen Gemeinschaft, S. 399; *Gilsdorf*: Die Außenkompetenzen der EG im Wandel, EuR 1996, 145 (164); vgl. auch *EuGH*, Opinion 2/94 (*Accession to the European Convention on Human Rights*), Slg. 1996, I-1.

titionsschutz, Verkehr, Energie, Landwirtschaft und Fischerei, Fremdenverkehr, Drogenbekämpfung, Zollwesen bis hin zu Statistik, Rechtsangleichung und anderen.

Bezüglich all dieser Politikbereiche finden sich im EG-Vertrag spezielle Regelungskompetenzen der Europäischen Gemeinschaft. So gelten Art. 70 ff. EGV für die Verkehrspolitik. Der Verkehrspolitik ist es immanent, dass sie ein hohes Maß an Integration fordert und daher besonders abhängig ist von der Koordination auch mit Drittstaaten. Zwar lassen sich aus dem EGV keine ausdrücklichen Befugnisse zur Regelung dieser Beziehungen mit Drittstaaten herleiten, jedoch hat der EuGH in den Grundsätzen seiner *AETR*-Rechtsprechung die Regelungskompetenzen der Gemeinschaften im Rahmen von Assoziationsabkommen auch auf diesen Bereich ausgedehnt.[202]

Wie bereits oben dargelegt[203], hat die Gemeinschaft bezüglich des Handels mit Agrar- und Fischereierzeugnissen Regelungsbefugnisse gem. Art. 133 EGV. Bezüglich weitergehender Politiken lassen sich dem EG-Vertrag keine ausdrücklichen Außenkompetenzen herleiten. Solche scheinen aber, insbesondere im Hinblick auf die Erhaltung der lebenden Meeresschätze und der Einräumung von Fischfangrechten von dritten Staaten, notwendig. Der EuGH hat dies erkannt und in seiner Rechtsprechung die Grundsätze des *AETR*-Urteils auch auf den Schutz der biologischen Meeresschätze ausgedehnt.[204] Er stützt die Außenkompetenz der Gemeinschaft auf Art. 310 EGV. Gleiches gilt für die Angleichung der Agrarpolitiken[205], unter anderem, weil sie in engem Zusammenhang mit dem Handel mit Agrarerzeugnissen steht.

Ausdrückliche Regelungen über die Umweltpolitik wurden erst durch die Einheitliche Europäische Akte von 1987 in den EG-Vertrag aufgenommen. Vorher wurden Maßnahmen und gemeinsame Aktionen, wie etwa bi- und multilaterale Abkommen auf Art. 94 bzw. 308 EGV sowie auf die implizite Vertragsschlussbefugnis nach der *AETR*-Rechtsprechung gestützt. Erleichtert wurde dies durch die Einsicht, dass es für eine wirksame Umweltpolitik einer engen grenzüberschreitenden Kooperation bedarf. Die Gemeinschaft hat nunmehr durch Art. 174 Abs. 4 EGV eine ausdrückliche Vertragsschlussbefugnis. Deren Reichweite ist umstritten,

202 *EuGH*: Rs. 22/70 (*AETR*), Urt. v. 31.03.1971, Slg. 1971, 263 (274 f.).

203 Siehe dazu oben Abschnitt B. II. dieses Kapitels.

204 *EuGH*: Rs. 6/76 (*Kramer*), Urt. v. 14.7.1976, Slg. 1976, 1279 (1311).

205 *Richter*: Die Assoziation osteuropäischer Staaten durch die Europäischen Gemeinschaften, S. 130.

und die Kompetenzverteilung zwischen den Gemeinschaftsorganen und den Mitgliedstaaten ist unklar.[206]

Dies ist ebenso der Fall bei den anderen unter Titel V der Assoziationsabkommen geregelten Sachbereichen, wie etwa bei der Drogenbekämpfung, dem Fremdenverkehr, der Forschung und technologischen Entwicklung oder Energie. All diese Politikbereiche sind zwar Gegenstand des EG-Vertrages, die Gemeinschaft besitzt in den meisten Fällen jedoch nur eine ergänzende Kompetenz, die zum Zweck der Förderung der mitgliedstaatlichen Maßnahmen greift. Eine ausschließliche Kompetenz zum Abschluss internationaler Verträge auf diesen Gebieten hat die EG nicht.

Das europäische Vertragswerk verfügt seit den 70er Jahren über zwei miteinander verbundene unterschiedliche Entscheidungssysteme im Bereich der Außenbeziehungen. Während die „wirtschaftlichen" Außenbeziehungen in den Kompetenzbereich der Kommission und des Rates fallen[207], verbleiben alle „außenpolitischen" und „sicherheitspolitischen" Angelegenheiten im intergouvernementalen Bereich der Gemeinsamen Außen- und Sicherheitspolitik (GASP). Dies bedeutet eine Koexistenz im Rahmen des Gemeinschaftsgefüges von zwei hinsichtlich ihrer Rechtsgrundlagen, ihrer Entscheidungsmechanismen und ihrer institutionellen Organisation sehr unterschiedlichen Sub-Systemen im Bereich der Außenbeziehungen. Dieser Dualismus ist durch die Vertragsreformen seit Mitte der 80er Jahre mehrfach modifiziert worden, besteht aber auch nach dem Vertrag von *Amsterdam* unvermindert fort.[208]

Die Assoziationsabkommen mit Algerien, Marokko und Tunesien decken mithin Gebiete ab, auf denen sowohl die Mitgliedstaaten als auch die Europäische Gemeinschaft jeweils Kompetenzen besitzen. Daher mussten auch die Mitgliedstaaten selbst Parteien dieser Abkommen werden.[209]

---

206 Siehe etwa Art. 174 Abs. 4 EGV letzter Satz.

207 Vgl. oben Abschnitt A. III. 4. dieses Kapitels.

208 *Monar*: Die interne Dimension der Mittelmeerpolitik der Europäischen Union: Institutionelle und verfahrensmäßige Probleme, in *Zippel*: Die Mittelmeerpolitik der EU, S. 69; *Gilsdorf:* Die Außenkompetenzen der EG im Wandel, EuR 96, 145 (161).

209 „*... zwischen den Europäischen Gemeinschaften und ihren Mitgliedstaaten einerseits und ..... andererseits*"; siehe dazu den folgenden Abschnitt C dieses Kapitels.

C. *Gemischte Abkommen*

Aufgrund der oben aufgezeigten EG-internen Kompetenzverteilung wurden die Assoziationsabkommen mit den Maghrebstaaten in der Form eines sogenannten gemischten Abkommens geschlossen. Bei dieser Art Abkommen sind sowohl die EG als auch deren Mitgliedstaaten Vertragsparteien.[210]

Neben den Assoziationsabkommen mit den Maghrebstaaten hat die Gemeinschaft bisher eine Vielzahl solcher gemischten Abkommen auch mit anderen Staaten oder Staatengemeinschaften geschlossen. Diese Praxis der EG beweist, dass das Konzept des gemischten Abkommens ein gut etablierter Teil des Gemeinschaftsrechts ist.[211] Die europarechtliche Zulässigkeit der gemischten Verträge steht mittlerweile außer Frage.[212] In seinem Gutachten 1/94 hat der EuGH ausdrücklich festgestellt, dass bestimmte Abkommen die Teilnahme sowohl der Gemeinschaft als auch der Mitgliedstaaten bedürfen.[213]

Da das Regelwerk des gemischten Vertrages eine Einheit bildet, bemessen sich Verhandlungen und Vertragsschluss auch nach dem Willen der Mitgliedstaaten. Es bedurfte und bedarf[214] neben der Ratifizierung durch das Europäische Parlament auch der verfassungsmäßigen Ratifizierungsverfahren in jedem EG-Mitgliedstaat. Jeder einzelne Mitgliedstaat kann damit den Abschluss eines solchen Abkommens insgesamt blockieren. Das Abkommen kann nur von der Gemeinschaft und den Mitgliedstaaten

---

210 *Jacobs et al.*: The external relations of the European Communities, S.143; *Arnold*: Der Abschluss gemischter Verträge durch die Europäische Gemeinschaft, AVR 1980/81, 419 (424); *Stein*: Der gemischte Vertrag im Recht der Außenbeziehungen der EG, S. 211; *Bleckmann*: Der gemischte Vertrag im Europarecht, EuR 76, 301 (303); *Oehmichen*: Die unmittelbare Anwendbarkeit der völkerrechtlichen Verträge der EG, S. 100; *Richter*: Die Assoziierung osteuropäischer Staaten durch die EG S. 98.

211 *McGoldrick*: International relations law of the European Union, S. 78; *Jacobs et al.*: The external relations of the European Communities, S. 144; *Arnold*: Der Abschluss gemischter Verträge durch die Europäische Gemeinschaft, AVR 1980/81, 419; *Everling*: Das Recht in den internationalen Wirtschaftsbeziehungen der EG, in *Hilf/Petersmann*: GATT und Europäische Gemeinschaft, S. 183.

212 *EuGH*: Rs. 1/78 (*Naturkautschuk*), Gutachten v. 04.10.1979, Slg. 1979, 2871; Rs. 2/91 (*ILO-Konvention*), Gutachten v. 19.03.1993, Slg. 1993, I-106.

213 *EuGH*: Rs. 1/94 (*WTO*), Gutachten v. 15.11.1994, Slg. 1994, I-5267; *Geiger*: Vertragsschlusskompetenzen der EG und auswärtige Gewalt der Mitgliedstaaten, JZ 95, 973 (977); *Richter*: Die Assoziierung osteuropäischer Staaten durch die EG, S. 195; *Jacobs et al.*: The external relations of the EC, S. 143; siehe auch Art. 92 des Abkommens mit Tunesien.

214 Für das Abkommen mit Algerien.

gemeinsam oder überhaupt nicht abgeschlossen werden.[215] Das ist ein wesentlicher Nachteil der gemischten Abkommen. Dieses Verfahren kann nämlich, wie im Falle des 1995 unterzeichneten, aber erst nach 31 Monaten ratifizierten Assoziationsabkommen mit Tunesien, zwei bis drei Jahre dauern. Diese Tatsache hat nicht dazu beigetragen, die Mittelmeerpartner von dem Willen der Gemeinschaft zu einer raschen Umsetzung ihrer mittelmeerpolitischen Initiative zu überzeugen.[216]

D. *Zusammenfassung*

Die EG ist Völkerrechtssubjekt und war aufgrund der ihr im EG-Vertrag von ihren Mitgliedstaaten zugewiesenen Kompetenzen zum Abschluss der Assoziationsabkommen mit den drei einzelnen Maghrebstaaten ermächtigt. Art. 310 EGV und Art. 133 EGV sind hierfür die wichtigsten Rechtsgrundlagen. Bezüglich der anderen, von Art. 310 und 133 EGV nicht gedeckten Regelungen in den Assoziationsabkommen haben die Mitgliedstaaten Regelungskompetenz. Dies ist der Grund, weshalb neben der EG auch die Mitgliedstaaten Parteien der Assoziationsabkommen mit den Maghrebstaaten sind. Es handelt sich hierbei um sogenannte gemischte Abkommen. Bei der Implementierung und der Umsetzung der Regelungen in den Assoziationsabkommen sind die EG und die Mitgliedstaaten gleichermaßen in der Pflicht. Die Abkommen entfalten in den EG-Mitgliedstaaten unmittelbare Wirkung, Die Assoziationsabkommen zwischen der EG und ihren Mitgliedstaaten einerseits sowie Algerien, Marokko und Tunesien andererseits sind EG-rechtskonform; Kompetenzen und Vorgaben des EG-Vertrages wurden bei Abschluss der Abkommen eingehalten.

---

215 *Geiger*: Vertragsschlusskompetenzen der EG, JZ 95, 978; *McGoldrick*: International relations law of the European Union, S. 80.

216 *Monar*: Die interne Dimension der Mittelmeerpolitik der Europäischen Union: Institutionelle und verfahrensmäßige Probleme, in *Zippel*: Die Mittelmeerpolitik der EU, S. 80; *Gilsdorf*: Die Außenkompetenzen der EG im Wandel, EuR 96, 145 (161); *Brunner*: Die Europäische Union zwischen Vertiefung und Erweiterung - der Beitritt der mittel- und osteuropäischen Staaten zur Gemeinschaft, in *Bauer/Watrin*: Recht und Wirtschaft der Europäischen Union, S. 179 (181).

Teil 3 - Die Assoziationsabkommen und das GATT

- Kapitel 5 -
Konformität der Assoziationsabkommen mit Art. XXIV GATT

Die Assoziationsabkommen zwischen der EG und ihren Mitgliedstaaten einerseits sowie Algerien, Marokko und Tunesien andererseits sind mit dem Recht der EG vereinbar.[217] Darüber hinaus ist zu berücksichtigen, dass, wie noch zu zeigen sein wird, die EG an das Allgemeine Zoll- und Handelsabkommen (GATT)[218] gebunden ist. Deshalb muss sich die EG beim Abschluss von Handelsabkommen mit Drittstaaten auch an den Vorgaben des GATT orientieren. Der folgende Teil soll untersuchen, ob sich die Assoziationsabkommen in dem vom GATT gezogenen Rahmen halten und die Vertragspartner der Abkommen ihren völkerrechtlichen Verpflichtungen, die sich aus dem GATT ergeben, nachgekommen sind.

A. *Das GATT und seine Anwendbarkeit*

Das am 1. Januar 1948 in Kraft getretene Allgemeine Zoll- und Handelsabkommen war bis zur Gründung einer Welthandelsorganisation auf Basis der *Havanna-Charta* von 1948 als Übergangsregelung gedacht. Das GATT 1947 hatte zwar nicht den Status einer internationalen Handelsorganisation inne, entwickelte sich aber als institutionalisierter Kompromiss[219] zu einer dauerhaften, grundsätzlichen Ordnung über den Welthandel.[220] Allerdings bildete das GATT-Recht keine umfassende Weltwirtschaftsordnung.[221] Die Regeln des GATT 1947 wurden insgesamt in sieben Handelsrunden weiterentwickelt.

Als Ergebnis der Verhandlungsrunde der VERTRAGSPARTEIEN in *Uruguay*, die 1994 beendet wurde, wurde die Welthandelsorganisation (World Trade Organization - WTO) gegründet. Die WTO bildet den institutionellen Rahmen einer vereinbarten Welthandelsordnung. Sie besitzt eigene Rechtspersönlichkeit und ist eine internationale Organisation, rechtlich jedoch nicht Nachfolgeorganisation des GATT 1947.[222] Die WTO verfügt

---

217 Siehe Teil 2 Kapitel 4 dieser Arbeit.

218 General Agreement on Tariffs and Trade - GATT. Wird im folgenden von GATT gesprochen, ist damit das GATT 1994 gemeint.

219 *Berrisch*: Neuerungen im Außenhandelsrecht der Gemeinschaft, S. 4.

220 *Ünsal*: Die Ausnahmen von der Meistbegünstigungsklausel zugunsten der Entwicklungsländer im Rahmen des GATT, S. 3; *Krenzler* in *Prieß/Berrisch*: WTO-Handbuch, S. 4.

221 *Cottier/Evtimov*: Präferenzielle Abkommen der EG: Möglichkeiten und Grenzen im Rahmen der WTO, ZEuS 2000, 477 (484).

222 *Siebold*: Die Welthandelsorganisation und die Europäische Gemeinschaft, S. 241.

über eigene Organe mit entsprechenden Entscheidungskompetenzen und Ausführungsaufgaben. Als Gesamtorganisation befasst sich die WTO mit Fragen der handelspolitischen Überwachung, der Streitschlichtung, des Umweltschutzes und Maßnahmen zugunsten der wirtschaftlichen schwachen und ernährungsmäßig abhängigen Länder.[223] Die WTO zählt heute 147 VERTRAGSPARTEIEN[224].

Wichtigster Bestandteil der multilateralen Handelsübereinkommen ist das GATT, welches sich aus dem GATT 1947 und den im Rahmen der *Uruguay*-Runde geschlossenen Vereinbarungen zusammensetzt, einschließlich des Marrakesch-Protokolls mit den Zollzugeständnissen der VERTRAGSPARTEIEN. Ergänzt wird das GATT durch zwölf weitere im Rahmen der *Uruguay*-Runde geschlossenen Übereinkommen.[225]

I. Die Bindung der Vertragspartner der Assoziationsabkommen durch das GATT

1. Algerien, Tunesien und Marokko als VERTRAGSPARTEIEN

Tunesien und Marokko waren beide VERTRAGSPARTEIEN des GATT 1947. Marokko erhielt 1987 die volle Mitgliedschaft[226], Tunesien 1990[227]. Beide Länder waren später, ebenso wie die EG, Mitglieder der Verhandlungskommission für die Grundlagen der 1994 gegründeten Welthandelsorganisation. Marokko wurde am 01.01.1995, Tunesien am 29.03.1995 Vollmitglied der WTO. Als Gründungsmitglieder der WTO sind sie an die Bestimmungen des GATT gebunden.

Algerien war und ist kein Vollmitglied des GATT/der WTO. Es hat sich 1987 um seine Aufnahme beworben und den Status eines Beobachters inne. Algerien bereitet sich auf die Signatur der Beitrittsvereinbarung zur

---

223 *Senti*: GATT-WTO, S. 21; *Krenzler* in *Prieß/Berrisch*: WTO-Handbuch, S. 8; *WTO*: The World Trade Organization in Brief, S. 3; *Herrmann*: Grundzüge der Welthandelsordnung, ZEuS 01, 453 (460).

224 Stand v. 12.05.2004; www.wto.org/english/thewto_e/whatis_e/tif_e/org6_e.htm (12.05.2004).

225 Etwa das Übereinkommen betreffend die Textilprodukte oder die Landwirtschaft, der Antidumpingkodex, der Antisubventionskodex, der Kodex über technische Handelshemmnisse u.a.

226 *WTO*: Trade Policy Review Marokko 96, www.wto.org/english/tratop_e/tpr_e/tp23_e.htm (25.11.2003).

227 *AWO*: Länderbericht Tunesien, S. 4.

WTO vor.[228] Die entsprechenden Verhandlungen mit der WTO wurden im Februar 2002 wieder aufgenommen.[229]

2. Die EG als VERTRAGSPARTEI

Die EG hatte das GATT 1947 nicht unterzeichnet. Eine völkerrechtliche Bindung ergab sich daher nicht aus ihrer Stellung als VERTRAGSPARTEI. Ursprüngliche VERTRAGSPARTEIEN waren ihre Mitgliedstaaten selbst. Die EG-Mitgliedstaaten waren bereits GATT-Mitglieder, bevor sie die EG-Verträge abschlossen bzw. nachträglich der Europäischen Gemeinschaft beitraten.[230]

Dennoch war unbestritten und auch vom EuGH anerkannt[231], dass die Gemeinschaft an das GATT 1947 auf andere Weise völkerrechtlich gebunden war. Rechtsgrund hierfür war die "Funktionsnachfolge" der Gemeinschaft in die völkerrechtlichen Positionen der Mitgliedstaaten.[232] Die Gemeinschaft hatte *de facto* das Recht, an den Treffen der VERTRAGSPARTEIEN als vollwertiges Mitglied teilzunehmen. In der Praxis wirkte die EG-Kommission seit der *Dillon*-Runde in nahezu allen GATT-Organen wie eine GATT-VERTRAGSPARTEI *sui generis* mit.[233] Im Prinzip war die EG damit auch *de jure* VERTRAGSPARTEI geworden.[234] Aus Sicht des Gemeinschaftsrechts ergab sich die Bindung der Gemeinschaft an das GATT 1947 wie eine VERTRAGSPARTEI aus den Grundsätzen, die der

---

228 *IMF*: Algeria: Recent Economic Developments, S. 52.

229 *Bouatta*: Une adhésion à l'emporte-pièce?, Liberté v. 05.02.2002.

230 Belgien, Frankreich, Großbritannien, Luxemburg und die Niederlande wenden das GATT 1947 seit dem 01.01.1948 aufgrund des Anwendungsprotokolls vom 30.10.1947 an. Die übrigen Staaten traten dem GATT 1950 aufgrund des Beitrittsprotokolls von *Annecy* (Dänemark, Griechenland, Italien) und 1951 aufgrund des Protokolls von *Torquay* (Deutschland) bei. *Petersmann*: Die EWG als GATT-Mitglied – Rechtskonflikte zwischen GATT-Recht und Europäischem Gemeinschaftsrecht, in *Hilf/Petersmann*: GATT und Europäische Gemeinschaft, S. 123; *Hailbronner/Bierwagen*: Das GATT – die Magna Charta des Welthandels, JA 88, 318 (326).

231 *EuGH*: Verb. Rs. 21-24/72 (International Fruit Company), Urt. v. 12.12.1972, Slg. 1972, 1219; Rs. 266/81 (SIOT), Urt. v. 16.03.1983, Slg. 1983, 731.

232 *Schroeder/Selmayr*: Die EG, das GATT und die Vollzugslehre, JZ 98, 344; *Müller-Huschke* in *Schwarze*: EU-Kommentar, Art. 133 Rz. 209; *Herrmann*: Grundzüge der Welthandelsordnung, ZEuS 01, 453 (463); *Kaiser*: Über Bananen, Hormonfleisch und Fernsehserien - zum Verhältnis von regionaler und multilateraler Wirtschaftsintegration, S. 5.

233 Den Mitgliedstaaten verblieb allerdings die Kompetenz über Budget-Fragen. *Petersmann*: Die EWG als GATT-Mitglied – Rechtskonflikte zwischen GATT-Recht und Europäischem Gemeinschaftsrecht, in Hilf/Petersmann: GATT und Europäische Gemeinschaft, S. 127; *Hahn* in *Callies/Ruffert*: EG-Vertrag, Art. 133 Rz. 68, *Oppermann*: Europarecht, Rz. 1797; *Richter*: Die Assoziierung osteuropäischer Staaten durch die EG, S. 213 f.

234 *Berrisch*: Neuerungen im Außenhandelsrecht der Gemeinschaft, S. 7.

EuGH in seinem Urteil vom 12.12.1972[235] aufgestellt hat. Der Gerichtshof entnimmt dem EG-Vertrag, dass die Gründerstaaten der EWG, die allesamt als VERTRAGSPARTEIEN an das GATT 1947 gebunden waren, eine Bindung der EWG an das GATT 1947 festschreiben wollten, als sie der Gemeinschaft die Zuständigkeiten für die Handelspolitik (Art. 130 EGV) übertrugen.[236]

Die Gründungsvereinbarung der Welthandelsorganisation 1994 wurde sowohl im Namen der Mitgliedstaaten als auch im Namen der EG unterzeichnet.[237] Als Nicht-VERTRAGSPARTEI des GATT 1947 musste die Gemeinschaft allerdings die Zugangsbedingungen zum GATT als Bedingung für ihre ursprüngliche Mitgliedschaft der WTO aushandeln.[238] Die EG hat somit genauso wie alle ihre Mitgliedstaaten alle Rechte und Pflichten aus den WTO-Verträgen übernommen. [239] Das WTO-Abkommen nimmt in zwei Vorschriften explizit auf die EG Bezug.[240] Damit ist der Status der EG in der WTO auch formell geregelt.[241] Der Europäische Gerichtshof vertritt dennoch auch weiterhin die Ansicht, dass es von grundlegender Bedeutung sei, eine enge Kooperation zwischen den Mitgliedstaaten und den Einrichtungen der EG zu sichern. Aus diesem Grund sei es auch in der WTO eine Verpflichtung der Mitgliedstaaten, eng mit der Gemeinschaft zusammenzuarbeiten, welche unter den VERTRAGSPARTEIEN noch immer einen Sonderstatus einnimmt.[242]

Dieser Sonderstatus der EG ist auch unter den anderen VERTRAGSPARTEIEN selbst unangefochten[243], wie sich aus einer Reihe von Streitbeilegungsverfahren ersehen lässt, an denen die Europäische Ge-

---

235 *EuGH*: Verb. Rs. 21-24/72 (*International Fruit Company*), Slg. 1972, 1219.

236 *EuGH*: Verb. Rs. 21-24/72 (*International Fruit Company*), Urt. v. 12.12.1972, Slg. 1972, 1219 (1227 f.).

237 *Denza*: The Community as a member of international organisations, in *Emiliou/O'Keeffe*: The European Union and World Trade Law, S. 13 f., *Quereshi*: The World Trade Organization, S. 165.

238 Vgl. den letzten Akt und Art. XI der Vereinbarung zur Gründung der WTO.

239 *Lavranos*: Die Rechtswirkung von WTO panel reports im Europäischen Gemeinschaftsrecht sowie im deutschen Verfassungsrecht, EuropaR 99, 298 (293); *Oppermann*: Die Europäische Gemeinschaft und Union in der WTO, RIW 95, 919 (922); *Siebold*: Die Welthandelsorganisation und die Europäische Gemeinschaft, S. 241.

240 Art. XI und Art. XIV des WTO-Übereinkommens.

241 *Berrisch*: Neuerungen im Außenhandelsrecht der Gemeinschaft, S. 7.

242 *EuGH*: Rs. 1/94 (WTO), Gutachten v. 15.11.1994, Slg. 1994, S. I - 5267; *Sack*: Die Europäische Union in den Internationalen Organisationen, ZEuS 01, 267 (278); *Herrmann*: Grundzüge der Welthandelsordnung, ZEuS 01, 453 (465); *Quereshi*: The World Trade Organization, S. 166.

243 *Sack*: Die Europäische Union in den Internationalen Organisationen, ZEuS 01, 267 (275).

meinschaft beteiligt war. Im Übrigen hat die EG selbst Übereinkommen und Protokolle zum GATT unterzeichnet.[244]

II. Sachlicher Anwendungsbereich

Das GATT ist auf den internationalen Handel mit „Erzeugnissen" („*product*", „*produit*") anwendbar. In Anbetracht dessen hat das Wort „Erzeugnis" in den Vorschriften des GATT eine besondere Bedeutung. Tatsächlich umfaßt das GATT nur körperliche Handelswaren.[245] Die Assoziationsabkommen zwischen der EG, ihren Mitgliedstaaten und den Maghrebstaaten, die in erster Linie den Austausch von Waren regeln, unterfallen sachlich dem GATT.

Das Rechtssystem des GATT war ursprünglich als eine einheitliche Rechtsordnung für alle vom GATT erfassten Produktionssektoren gedacht. Für verschiedene Sektoren wurden jedoch später Sonderregelungen getroffen, so etwa das Multifaserabkommen, das Übereinkommen über den Handel mit Zivilluftfahrzeugen, das Übereinkommen über Rindfleisch oder das Internationale Übereinkommen über Milcherzeugnisse. Diese unterscheiden sich grundlegend von den Regeln des Allgemeinen Zoll- und Handelsabkommens, insbesondere enthalten sie Rahmenbedingungen für Selbstbeschränkungsabkommen bzw. einen organisierten Handel (*managed trade*) in dem jeweiligen Bereich unter multilateraler Aufsicht.[246] Algerien, Marokko und Tunesien sind jedoch nicht Parteien der genannten Übereinkommen, so dass auf die Sektorabkommen im Rahmen dieser Arbeit nicht näher eingegangen werden muss.

III. Grundprinzipien des GATT

Das GATT strebt die Liberalisierung des internationalen Handels durch stetigen Abbau von Handelsbarrieren an. Die ökonomische Begründung für diese Idee geht auf die Theorie der komparativen Kostenvorteile *David Ricardo*'s zurück, wonach Handel zu vermehrtem Wohlstand führt, wenn sich die handelnden Länder auf solche Produkte spezialisieren, die sie in Relation zu anderen Produkten und Ländern am günstigsten herstel-

---

244 *Richter*: Die Assoziierung der osteuropäischen Staaten durch die EG, S. 214, m. w. N.

245 Dienstleistungen fallen nicht in den Anwendungsbereich der GATT-Vorschriften. In der Verhandlungsrunde von *Uruguay* haben sich die Vertragsparteien darauf geeinigt, auch den internationalen Handel mit Dienstleistungen sowie mit geistigen Eigentum auf eine geregelte Grundlage zu stellen.

246 *Benedek*: Die Rechtsordnung des GATT aus völkerrechtlicher Sicht, S. 107 f. Zur Wirkung von Selbstbeschränkungsabkommen siehe oben Abschnitt B. III. 2. dieses Kapitels (Exkurs).

len können.[247] Die Grundlage des GATT besteht im Wesentlichen aus fünf Prinzipien und Grundsätzen in der Form von Vorschriften, welche die Handelsbeziehungen zwischen den Mitgliedstaaten regeln. Dies sind: (1) das Meistbegünstigungsprinzip; (2) das Diskriminierungsverbot; (3) das Prinzip der Gegenseitigkeit; (4) die Beseitigung mengenmäßiger Beschränkungen; und (5) das Prinzip der Zollgebühren als Schutzmaßnahme.[248] Neben dem Zoll werden im internationalen Welthandel jedoch weitere Schutzmaßnahmen angewandt, die aber in den meisten Fällen nicht konform mit dem GATT sind. Sinn dieser Kerngrundsätze ist es, allen Lieferanten unter den VERTRAGSPARTEIEN grundsätzlich gleiche Start- und Wettbewerbschancen auf ihren gemeinsamen Absatzmärkten zu verschaffen.[249] Bi-oder multilaterale Handelsabkommen haben demnach diese Grundsätze des GATT einzuhalten.

IV. Die Bestimmungen der Assoziationsabkommen und die allgemeinen Grundsätze des GATT

Die Assoziationsabkommen zwischen der EG und ihren Mitgliedstaaten einerseits sowie den Maghrebstaaten Algerien, Marokko und Tunesien andererseits enthalten materielle Regelungen bezüglich des Handels mit Produkten. Sie sehen den sofortigen oder schrittweisen bilateralen Zollabbau im Handel mit Industrieprodukten zwischen den Vertragspartnern vor.[250] Diese Vergünstigungen werden jedoch nicht gleichzeitig und gleichermaßen, wie vom GATT gefordert, auf andere VERTRAGSPARTEIEN ausgedehnt. Vor allem im Handel mit landwirtschaftlichen und Fischereiprodukten werden Quoten, Einfuhrkontingente oder festgelegte Einfuhrpreise beibehalten.[251] Dies widerspricht dem Grundsatz der Beseitigung mengenmäßiger Beschränkungen. Damit verstoßen die Abkommen gegen den Grundsatz der Meistbegünstigung und gegen das Verbot mengenmäßiger Beschränkungen. Sie sind daher zunächst als nicht GATT-konform einzustufen.

---

247 Vgl. *Herrmann*: Grundzüge der Welthandelsordnung, ZEuS 01, 453 (472); *Syngellakis*: The Euro-Mediterranean Partnership and sustainable Development: The Interface between Free Trade and the Environment, in *Gillespie*: The Euro-Mediterranean Partnership, S. 133.

248 *Long*: Law and its limitations in the GATT multilateral trade system, S.8; *Berrisch* in *Prieß/Berrisch*: WTO-Handbuch, S. 82; *Benedek*: Die Rechtsordnung des GATT aus völkerrechtlicher Sicht, S. 61; *WTO*: The World Trade Organization in Brief, S. 4; *Hailbronner/Bierwagen*: Das GATT - Die Magna Charta des Welthandels, JA 88, 318 (321 f.).

249 *Duric*: Die Freihandelsabkommen EG-EFTA, S. 35.

250 Teil 1 Kapitel 3 A. I. dieser Arbeit.

251 Siehe oben Teil 1 Kapitel 3 A. II. dieser Arbeit.

V. Zwischenergebnis

Das GATT und seine Grundprinzipien zur Liberalisierung des Welthandels sind in sachlicher Hinsicht auf die Assoziationsabkommen zwischen der EG und ihren Mitgliedstaaten sowie Algerien, Marokko und Tunesien anwendbar. Die Vertragspartner der Abkommen sind an das GATT gebunden.

Die neuen Assoziationsabkommen zwischen der EG und ihren Mitgliedstaaten einerseits sowie insbesondere Marokko und Tunesien andererseits enthalten jedoch Regelungen, die den Grundsätzen des GATT widersprechen. Sie verstoßen damit gegen das GATT.

B. *Artikel XXIV GATT*

Diese Verstöße könnten jedoch durch Art. XXIV GATT gerechtfertigt sein. Die Assoziationsabkommen zwischen der EG und ihren Mitgliedstaaten sowie den Maghrebstaaten sollen jeweils eine Freihandelszone zwischen den Vertragspartnern begründen und werden ausdrücklich auf Art. XXIV GATT gestützt. Art. XXIV GATT ist eine wesentliche strukturelle Ausnahme der vom GATT angestrebten Nichtdiskriminierung, die auf regionale Wirtschaftsintegrationen Anwendung findet. Es ist daher zu prüfen, ob die Vertragspartner bei Abschluss der Assoziationsabkommen Art. XXIV GATT beachtet haben, wodurch die Verstöße gerechtfertigt wären.

Die Meistbegünstigungs- und Gleichbehandlungsgrundsätze des GATT[252] verbieten nicht nur die willkürliche (böswillige, sachlich nicht gerechtfertigte) Schlechterbehandlung bestimmter GATT-Parteien, sondern grundsätzlich auch die Vorzugsbehandlung einzelner Länder. Das würde an sich jegliche regionale Zusammenarbeit, die zu einer Vorzugsbehandlung der Partner auf dem Gebiet der Zölle und mengenmäßigen Beschränkungen führt, ausschließen.[253] Das GATT erkennt jedoch wirtschaftliche Ausnahmesituationen an, in denen es möglich sein soll, von der generellen Verpflichtung zur Gleichbehandlung abzuweichen.[254] Eine solche Ausnahmesituation stellt die Phase der Bildung einer Freihandelszone dar, wie sie auch mit dem Abschluss der neuen Assoziationsabkommen angestrebt wird. Die GATT-Mitglieder haben sich im Rahmen der *Tokyo-*

252 Siehe dazu oben Abschnitt A. III. dieses Kapitels.

253 *Duric*: Die Freihandelsabkommen EG-EFTA, S. 35

254 *Steinberger*: GATT und regionale Wirtschaftszusammenschlüsse, S. 37; *Zimmer*: Zollpräferenzen im GATT, S. 82; *Berrisch* in *Prieß/Berrisch*: WTO-Handbuch, S. 102; *Senti*: Im Widerstreit zwischen GATT und Integration, S. 8

Runde[255] darauf geeinigt, für die Schaffung von Freihandelszonen keine Ausnahmegenehmigung von der Meistbegünstigungsklausel zu gewähren, sondern vielmehr regionale Integration prinzipiell als GATT-konform zu behandeln, sofern sie bestimmte Voraussetzungen erfüllen.

I. Der Erlaubnistatbestand des Art. XXIV GATT

Art. XXIV GATT erlaubt den Aufbau eines Systems der totalen, intensiven und umfassenden Bevorzugung: Er ermöglicht die Bildung von Freihandelszonen. Der Regelungszweck des Art. XXIV besteht darin, bei grundsätzlicher Zulassung regionaler Wirtschaftsintegration die Geltung des Meistbegünstigungsprinzips und der Nichtdiskriminierung gegenüber Drittstaaten zu gewährleisten. Art. XXIV : 5 GATT sieht vor:

> *„Demgemäß schließt dieses Abkommen nicht aus, dass Gebiete von VERTRAGSPARTEIEN zu Zollunionen und Freihandelszonen zusammengeschlossen oder vorläufige Vereinbarungen zur Bildung solcher Unionen oder Zonen abgeschlossen werden…"*

Die Vorschriften des GATT sollen damit weder den Aufbau von Freihandelszonen zwischen den jeweiligen Vertragsstaaten verhindern, noch vorläufige Vereinbarungen, die zur Gründung einer Freihandelszone notwendig sind. Zum Zweck der Bildung einer Freihandelszone darf also von den Prinzipien des internationalen Handels, die im GATT festgelegt sind[256], abgewichen werden.

Schon die amerikanischen Vorschläge vom Herbst 1945 zur Gründung einer Welthandelsorganisation[257] sahen vor, dass ein Mitglied der geplanten Welthandelsorganisation nicht gehindert sein sollte, einer Zollunion beizutreten. Später wurde versucht, die noch unbestimmten Voraussetzungen für einen solchen Beitritt festzulegen. Im Laufe der Arbeiten an der *Havanna*-Charta wurde der Begriff Zollunion definiert, Übergangsmaßnahmen bis zur Errichtung einer Zollunion und Ausnahmen von den Meistbegünstigungsverpflichtungen gestattet, Übergangsfristen eingeführt und auch die Freihandelszone als regionaler Zusammenschluss zugelassen.[258]

---

255 Die Handelsrunde dauerte von 1973 bis 1979.

256 Siehe oben Abschnitt A. III. dieses Kapitels.

257 Siehe dazu oben Abschnitt A. III. dieses Kapitels.

258 *Steinberger*: GATT und regionale Wirtschaftszusammenschlüsse, S. 95 f.; *Berrisch* in *Prieß/Berrisch*: WTO-Handbuch, S. 133 f.

Art. XXIV GATT ist nicht sehr präzise gefasst. Er enthält eine Menge unbestimmter Begriffe, über deren Auslegung und Interpretation sich die VERTRAGSPARTEIEN immer wieder uneinig waren und sind. Beispielsweise geht aus Art. XXIV GATT nicht hervor, welche der GATT-Prinzipien von der Ausnahme betroffen sein sollen und wie weit von ihnen abgewichen werden kann. Klar ist, dass die Zollfreiheit oder -vergünstigung innerhalb einer Freihandelszone nicht entsprechend der Meistbegünstigungsklausel auf dritte VERTRAGSPARTEIEN ausgedehnt werden muss.[259] Ob diese Abweichung aber auch für das Prinzip der Gleichbehandlung oder für die Anwendung der Art. XVII, XVIII, XIX, XX oder XXI GATT gilt, ist im Einzelnen umstritten.

Grundlage für die Lösung dieses Problems muss das Anliegen von Art. XXIV GATT, insbesondere die Aussage in Abs. 4 sein[260]: Zum einen soll regionale wirtschaftliche Integration gefördert, zum anderen die Verletzungen von Drittinteressen verhindert werden. Beide Anliegen können miteinander in Konflikt geraten. Dann ist eine Abweichung vom Prinzip der Gleichbehandlung zulässig.[261] Grund hierfür ist, dass sich die Integrationspartner gegenseitig ihrer Schutzmaßnahmen begeben, was gerade ein Ziel des GATT ist. Hierfür spricht auch der Wortlaut des Art. XXIV : 5 GATT, der nicht auf Abweichungen vom Prinzip der Meistbegünstigung beschränkt ist.

Mittlerweile hat das Berufungsgericht (*Appellate Body*) des WTO-Schiedsgerichts für mehr Klarheit in dieser Frage gesorgt. In dem Rechtsstreit *Turkey – Textiles*[262] hat der *Appellate Body* entgegen der Ansicht des Gerichts 1. Instanz (*Panel*) festgestellt, dass eine Abweichung von den Bestimmungen des GATT überhaupt nur dann zulässig ist, wenn ohne die abweichende Bestimmung die Bildung der wirtschaftlichen Integration nicht möglich sei. Es sei dann aber eine Abweichung auch von an-

---

259 *Steinberger*: GATT und regionale Wirtschaftszusammenschlüsse, S. 158; *Berrisch* in *Prieß/Berrisch*: WTO-Handbuch, S. 133; *Herrmann*: Grundzüge der neuen Welthandelsordnung, ZEuS 01, S. 453 (481).

260 Zu Art. XXIV : 4 GATT siehe auch den folgenden Abschnitt II dieses Kapitels.

261 *Steinberger*: GATT und regionale Wirtschaftszusammenschlüsse, S. 136; *von Bogdandy/Makatsch*: Kollision, Koexistenz oder Kooperation?, EuZW 2000, S. 261 (264).

262 Restrictions on Imports of Textile and Clothing Products, Report of the Appellate Body, AB-1999-5, *WTO*: WT/DS34/AB/R, im Internet veröffentlicht unter www.sice.oas.org/dispute/wto/ds34/ds34abre.asp (25.11.2003).

Hintergrund war die Beschwerde Indiens, dass die Türkei aufgrund des Abkommens zur Schaffung einer Zollunion mit der EG die Einfuhrzölle auf Textilprodukte aus Indien erhöht hatte.

deren als nur dem Meistbegünstigungsprinzip möglich.[263] Mit anderen Worten: Dem GATT widersprechende Maßnahmen, die zur Errichtung der Freihandelszone nicht zwingend notwendig sind, sind verboten. So lange aber die Vorzugsbehandlung der Integrationspartner einen weiteren Schritt in Richtung eines engeren Zusammenschlusses darstellt und dem eigentlichen Zweck des GATT dient, Handelshemmnisse insgesamt zu eliminieren, sind Abweichungen, wie die vom Meistbegünstigungsprinzip und dem Diskriminierungsverbot, gerechtfertigt. Solche Abweichungen sind jedoch nur zwischen den Gebieten einer Freihandelszone möglich. Hinsichtlich der Behandlung anderer VERTRAGSPARTEIEN sind die Prinzipien des GATT für die Integrationspartner weiterhin bindend.[264]

II. Artikel XXIV : 4 GATT

Wesentliche Bedingung für die Bildung einer Freihandelszone ist, dass ihr Zweck sein muss, den Handel zwischen den beteiligten Gebieten zu erleichtern, gleichzeitig dem Handel mit Drittstaaten jedoch keine höheren oder neuen Schranken zu setzen. Das GATT verlangt also, dass die Auswirkungen der Freihandelszone auf Drittstaaten und damit auf die Liberalisierung des Welthandels nicht negativ sein dürfen. Nach Ansicht der VERTRAGSPARTEIEN können negative Auswirkungen auf den Welthandel vermieden werden, wenn die Freihandelszone die Voraussetzungen des Art. XXIV : 4 GATT erfüllt.

1. Der Grundsatz des Art. XXIV : 4 GATT

Art. XXIV : 4 GATT basiert auf Art. 44 : 1 der *Havanna*-Charta[265] und wurde nach einigen redaktionellen Veränderungen in das GATT übernommen.[266] Er bestimmt, dass Zweck von Freihandelszonen sein soll, den

263 *Appellate Body* in *Turkey-Textiles*, *WTO*: WT/D534/AB/R, para. 46; *Allen*: The European Common Market and the GATT, S. 118 ff.

264 *Berrisch*: Der völkerrechtliche Status der EWG im GATT, S. 82.

265 Dieser lautete: „*Die Mitgliedstaaten erkennen an, dass sich mit Hilfe freiwillig zustande gekommener Abkommen ein engerer Zusammenschluss zwischen den Wirtschaften der an diesem Abkommen teilnehmen Ländern entwickelt. Sie erkennen ferner an, dass die Errichtung einer Zollunion oder einer Freihandelszone zum Ziel haben soll, den Handel zwischen den sie bildenden Teilnehmerstaaten zu erleichtern, und nicht dem Handel anderer Mitgliedstaaten mit diesen Teilnehmerstaaten Hindernisse in den Weg zu legen.*"

266 Der ursprüngliche Wortlaut war: „*Die Mitglieder erkennen den Wunsch auf größere Freiheit des Handels durch die Entwicklung an, sie tun dies durch freiwillige Übereinkommen über engere Integration der Wirtschaften der Länder, die Parteien solcher Vereinbarungen sind. Sie erkennen ebenfalls an, dass der Zweck einer Zollunion oder einer Freihandelszone darin liegen sollte, den Handel zwischen den Parteien zu vereinfachen und nicht, Handelsbarrieren gegen andere Mitgliedstaaten mit solchen Parteien aufzubauen.*"

Handel zwischen den teilnehmenden Gebieten zu erleichtern, dem Handel mit anderen VERTRAGSPARTEIEN mit diesen Gebieten jedoch keine höheren Schranken zu setzen.

Negative Effekte einer regionalen Wirtschaftsintegration durch die assoziierten Staaten auf dritte Staaten sollen verhindert und somit sichergestellt werden, dass das Ergebnis der Bildung von regionalen Zusammenschlüssen für den Welthandel so positiv ausfällt wie nur möglich. Die Bildung einer Freihandelszone soll nicht als Ausrede genutzt werden können, zusätzliche, künstliche (verwaltungsrechtliche) Handelshindernisse einzuführen.

2. Rechtliche Stellung des Abs. 4 im Rahmen des Art. XXIV GATT

Die VERTRAGSPARTEIEN haben Art. XXIV : 4 GATT als bindende Vorschrift und nicht als wirtschaftspolitische Absichtserklärung anerkannt.[267] Dennoch war umstritten, welche Bedeutung Abs. 4 hat und wie sein Verhältnis zu den Bestimmungen der Absätze 5 bis 9 ist. Hat Abs. 4 im Hinblick auf Absätze 5 bis 9 nur Präambelcharakter mit der Folge, dass nicht geprüft werden muss, ob die Freihandelszone auch mit Abs. 4 konform ist, wenn sie die Voraussetzungen der Absätze 5 bis 9 erfüllt?[268] Abs. 4 besäße dann keine eigenständige Relevanz und könnte lediglich zur Interpretation herangezogen werden.[269] Oder bestehen die Absätze 4 sowie 5 bis 9 selbständig nebeneinander, so dass all ihre Anforderungen erfüllt sein müssen?

Im Rechtsstreit *Turkey-Textiles*[270] hat der *Appellate Body* des WTO-Schiedsgerichts entschieden, dass Abs. 4 ein wichtiges Element im Rahmen des Einführungstextes (*chapeau*) von Abs. 5 spielt. Anlass für die Entscheidung war die Beschwerde Indiens, dass die Türkei aufgrund des Abkommens zur Schaffung einer Zollunion mit der EG die Einfuhrzölle auf Textilprodukte aus Indien erhöht hatte. Während die Türkei unter an-

---

267 *Steinberger*: GATT und regionale Wirtschaftszusammenschlüsse, S. 117 f.

268 Diese Ansicht vertraten Vertreter der EWG-Staaten bei der Erörterung des EWG-Vertrages, siehe *GATT*: Analytical Index, S. 741; siehe auch *WTO*: Synopsis of "systemic" issues related to Regional Trade Agreements, S. 15.

269 Vgl. *Huber*: Präferenzielle Abkommen der EG mit dritten Staaten und die Frage ihrer Vereinbarkeit mit dem GATT, S. 33; *Herrmann*: Das Institut der Assoziierung im Recht der Europäischen Gemeinschaften, S. 349; *Dam*: The GATT: Law and international economic organization, S. 276.

270 Restrictions on Imports of Textile and Clothing Products, Report of the Appellate Body, AB-1999-5, *WTO*: WT/DS34/AB/R, www.sice.oas.org/dispute/wto/ds34/ds34abre.asp (25.11.2003); ausführlich auch *Cremona*: Rhetoric and Reticence: EU External Commercial Policy in a Multilateral Context; CMLRev. 01, 364 ff.

derem argumentierte, Art. XXIV : 4 GATT würde die Einführung härterer Zollmaßnahmen zur Errichtung einer Zollunion nicht verbieten, war Indien der Auffassung, Art. XXV : 4 GATT beschreibe den Sinn einer Freihandelszone, Abs. 5 müsse daher im Zusammenhang mit Abs. 4 ausgelegt werden. Die Erhöhung der Zollgebühren sei vom GATT auch im Rahmen der Bildung einer Zollunion nicht gestattet. Im einzelnen stellte der *Appellate Body* klar, dass die Bestimmungen des GATT die Bildung einer Zollunion nicht verhindern sollen.[271] Er stellte aber auch klar, dass nur unter bestimmten Umständen eine Abweichung von den GATT-Prinzipien möglich sein soll, nämlich dann, wenn ohne die umstrittene Maßnahme die Bildung einer Zollunion verhindert würde.[272] Dies begründet der *Appellate Body* damit, dass Art. XXIV : 5 GATT mit dem Wort „demgemäß" beginnt und sich daher ausschließlich auf Art. XXIV : 4 GATT beziehen kann, der unmittelbar vor dem Einführungstext von Abs. 5 steht.[273] Der Einführungstext zu Art. XXIV : 5 GATT, in dessen Unterabsatz (b) die Freihandelszone definiert wird, ist auch auf die Freihandelszone anwendbar. Somit gilt die Aussage des *Appellate Body* ebenso für die Bildung einer Freihandelszone.

Das Problem kann jedoch nicht nur mit Hilfe der Interpretation des Wortlautes, sondern ebenso aus dem Gesamtzusammenhang der Absätze 4 bis 10 des Art. XXIV GATT gelöst werden.[274] Anliegen ist es, den Handel zwischen den teilnehmenden Gebieten zu fördern. Dadurch sollen aber dem Handel mit den anderen VERTRAGSPARTEIEN keine neuen Schranken gesetzt werden. Die positiven Auswirkungen sollen die negativen Auswirkungen eines regionalen Präferenzabkommens auf den Welthandel übertreffen. Dieses Ziel kann aber nur dann erreicht werden, wenn bestimmte Erfordernisse erfüllt werden. Diese Erfordernisse sind in den Absätzen 5 bis 9 konkret festgelegt.

Bei genauer Betrachtung fällt auf, dass die Anforderungen der Absätze 5 bis 9 jedoch eher technischer Natur sind, wohingegen Abs. 4 auf die gesamtwirtschaftlichen Aspekte der Freihandelszone abzielt.[275] Gerade letztere sind im Rahmen des Welthandels von entscheidender Bedeutung. Daraus folgt, dass Freihandelszonen, die zwar die Vorgaben der Absätze 5 bis 9 erfüllen, jedoch denen des Abs. 4 nicht entsprechen, vom GATT

---

271 *Appellate Body* in *Turkey-Textiles*, *WTO*: WT/DS34/AB/R, para. 45.

272 *Ibid.*, para. 46.

273 *Ibid.*, para. 56.

274 *Allen*: The European Common Market and the GATT, S. 72.

275 *Huber*: Präferenzielle Abkommen der EG mit dritten Staaten und die Frage ihrer Vereinbarkeit mit dem GATT, S. 34.

nicht gewünscht und daher nicht mit ihm vereinbar sind.[276] Eine Freihandelszone muss, um GATT-konform zu sein, sowohl den Erfordernissen des Abs. 4 als auch der Absätze 5 bis 9 entsprechen.

3. Auswirkungen der Assoziationsabkommen auf den Handel mit Drittstaaten

Um festzustellen, ob die in den Assoziationsabkommen vereinbarte regionale Wirtschaftsintegration mit Art. XXIV : 4 GATT konform ist, müssen die Vor- und Nachteile, die dem Welthandel und gegenüber Drittstaaten durch ihre Schaffung entstehen, ermittelt werden. Über die tatsächlichen Auswirkungen einer Freihandelszone wird seit jeher heftig debattiert. Es gibt eine Vielzahl wissenschaftlicher Untersuchungen über den Einfluss solcher Zusammenschlüsse auf Wirtschaft und Fiskalpolitik der Mitgliedsländer sowie von Drittstaaten. Anhand unterschiedlicher Modelle und Berechnungen haben deren Verfasser mögliche Vor- und Nachteile der Bildung von regionalen Wirtschaftsintegrationen darzustellen versucht, insbesondere, welche Wohlfahrtseffekte die Wirtschaftsintegration zu Lasten von Drittstaaten erzielt.[277] Die Wirkung regionaler Zusammenschlüsse auf das multilaterale Handelssystem wird anhand der Kriterien „handelsschaffend“ und „handelsablenkend“ beurteilt. Als Untersuchungsgegenstand liegen dabei zumeist die Änderung der realen Austauschbedingungen (*Terms of Trade*)[278] zugrunde.

a) *Trade Creation*, *Trade Diversion* und die Theorien über die Auswirkungen einer Freihandelszone

Für ein besseres Verständnis der wirtschaftswissenschaftlichen Zusammenhänge und Art. XXIV: 4 GATT werden zunächst die wichtigsten Begriffe im Zusammenhang mit den wirtschaftlichen Auswirkungen einer regionalen Integration, *trade creation* und *trade diversion*, erläutert. Anschließend werden die Theorien über die Auswirkungen einer Freihandelszone vorgestellt.

---

276 *Steinberger*: GATT und regionale Wirtschaftszusammenschlüsse, S. 139; siehe dazu auch die Vereinbarung zur Auslegung des Art. XXIV GATT 1994.

277 Ausgangspunkt war die Zollunionstheorie von *Viner* aus dem Jahre 1950; siehe z. Bsp. *Ethier*: Regionalism in a multilateral world; *Hoekman/Djankov*: Catching up with Eastern Europe?; *Cadot et al.*: Can Bilateralism Ease the Pain of Multilateral Trade Liberalization?

278 Terms of Trade geben an, welchen Wert an Importen ein Land für seine Exporte erhalten kann. Siehe hierzu auch *Martin*: Regionalismus und Multilateralismus: Grundlagen, S. 7.

(1) Trade creation

Trade creation heißt übersetzt Handelsschaffung und tritt dann ein, wenn aufgrund der regionalen Integration ein neuer Handelsstrom innerhalb der teilnehmenden Gebiete verursacht wird. Dies geschieht, weil das Handelsgut aufgrund des abgeschafften Einfuhrzolles nunmehr zu einem günstigeren Preis aus dem teilnehmenden Gebiet erworben werden kann.[279]

Beispiel: Ein PC kostet in Land A EUR 1.000. Dies sind auch die Produktionskosten. In Land B wird der PC für EUR 700 produziert. Vor Schaffung der Freihandelszone kam auf den Import des PC von B nach A 100 % Zoll hinzu, der PC aus B kostete in A demnach EUR 1.400 und war damit teuer als ein in A produzierter PC, obwohl die Produktionskosten für letzteren höher sind. Hier kommt der Schutz der einheimischen Produktion zum Tragen.

Nach Beseitigung des Zollsatzes innerhalb einer Freihandelszone kann der PC aus B ohne Zollsatz in A verkauft werden. Er kostet nunmehr nur EUR 700, ist also billiger als der in A produzierte PC. Die Mehrzahl der Konsumenten wird jetzt vermehrt PCs aus B kaufen, was zu einem neuen Handelsstrom von PCs nach A führt. Diesen Effekt nennt man *trade creation*.

Trade creation bewirkt eine Verlagerung der Produktion (im Beispiel von A nach B). Die Schaffung einer Freihandelszone induziert neue Handelsströme innerhalb des Präferenzraumes und führt insgesamt zu einer Vermehrung des internationalen Handels. Dies bewirkt gleichzeitig eine Umstellung der Faktoren hin zu einer ertragsreicheren und wirtschaftlicheren Produktionsstruktur. Die damit verbundenen Kosteneinsparungen führen zur Zunahme des Produktionsvolumens und schließlich – sofern sich in allen Wirtschaftsbereichen eine ähnliche Entwicklung abzeichnet - auch zu einer Erhöhung der Produktivität, des Realeinkommens, des Wohlstandes und der wirksamen Nachfrage innerhalb des Präferenzrau-

279 *Argawal*: Die Assoziierung der überseeischen Staaten und Gebiete mit der Europäischen Wirtschaftsgemeinschaft und die Auswirkungen dieser Assoziierung auf die Ausfuhr der nichtassoziierten Entwicklungsländer in diese Gemeinschaft, S. 46; *Hengsbach*: Die Assoziierung afrikanischer Staaten an die Europäische Gemeinschaft, S. 43; *Allen*: The European Common Market and the GATT, S. 26; *Müller*: Das GATT und die Entwicklungsländer, S. 47; *Hoekman/Djankov*: Catching up with Eastern Europe?, S. 3; *Dam*: The GATT: Law and international economic organization, S. 285.

mes.[280] Indirekt profitieren davon langfristig auch die nicht an der Freihandelszone beteiligten Drittstaaten.

(2) Trade diversion

Im Gegensatz dazu steht der Effekt der *trade diversion*. Darunter versteht man die Ablenkung eines Handelsstromes von einem kostengünstigen Produktionsland zu einem teureren Produzenten.[281] Er tritt auf, wenn vor der Abschaffung der Zölle zwischen zwei Staaten das importierte Gut aus einem dritten Staat kostengünstiger war und dieser Vorteil entfällt, wenn die Zölle zwischen den Staaten der regionalen Integrationszone abgeschafft und dadurch das Produkt eines Mitgliedstaates billiger als das aus dem Drittstaat wird.[282]

Beispiel: Der PC wird in A für EUR 1.000 produziert und verkauft. In B wird der PC für EUR 700 produziert, muss vor Schaffung der Freihandelszone zwischen den Gebieten mit einem Zollsatz von 100 % jedoch für EUR 1.400 verkauft werden. Im Drittland C wird der PC für EUR 400 produziert und nach Aufschlag des Zollsatzes von 100 % in A für EUR 800 verkauft. Nach dem Aufbau einer Freihandelszone zwischen A und B und der damit verbundenen Abschaffung des Zollsatzes auf PCs kostet der PC aus B in A nur noch 700 EUR. Hingegen bleibt der Zollsatz für den PC aus C bestehen. Dieser kostet auch nach Schaffung der Freihandelszone EUR 800. Damit verdrängt der jetzt billigere PC aus B den PC aus Drittland C vom Markt, obwohl letzterer am kostengünstigsten produziert wird. Hier liegt eine Ablenkung des Handelsstromes vor.

Dies führt zu einer Realeinkommensminderung nicht nur für das Drittland, sondern auch für das Einfuhrland (im Beispiel Land A). Zwar ist der Realpreis für einen PC noch immer geringer als vor Schaffung der Freihandelszone, jedoch fallen die Einnahmen aus dem Zollsatz weg. Ein solcher Einnahmeverlust kann nur durch Erhebung von direkten oder durch

280 *Huber*: Präferentielle Abkommen der EG mit dritten Staaten und die Frage ihrer Vereinbarkeit mit dem GATT, S. 49; *Jaeger*: GATT, EWG und EFTA, S. 262; *Yüksel*: Welthandelsorganisation, S. 157.

281 *Yüksel*: Welthandelsorganisation, S. 157.

282 *Argawal*: Die Assoziierung der überseeischen Staaten und Gebiete mit der Europäischen Wirtschaftsgemeinschaft und die Auswirkungen dieser Assoziierung auf die Ausfuhr der nichtassoziierten Entwicklungsländer in diese Gemeinschaft, S. 46; *Hengsbach*: Die Assoziierung afrikanischer Staaten an die Europäische Gemeinschaft, S. 43; *Cottier/Evtimov*: Präferenzielle Abkommen der EG, ZEuS 2000, S. 447 (483); *Hoekman/Djankov*: Catching up with Eastern Europe? S. 3, *Allen*: The European Common Market and the GATT, S. 26; *Dam*: The GATT: Law and international economic organization, S. 285.

Anhebung indirekter Steuern ausgeglichen werden, was zu einer Realeinkommensminderung in A führt.[283]

Die Handelsablenkung hat zur Folge, dass der weltweite Produktivitätsfortschritt negativ beeinflusst wird. Das Wachstum der Weltwirtschaft wird gebremst und damit auch die Zunahme der effektiven Nachfrage. Grund hierfür ist, dass die Produktionsfaktoren nicht mehr optimal eingesetzt werden.[284] Die Hebung des internationalen Lebensstandards wird gedämpft. Außenhandelsgewinn und Wohlstand des ganzen Präferenzraumes werden langfristig ebenfalls negativ beeinflusst, mag auch die *trade diversion* dem jeweils begünstigten Mitglied der Freihandelszone zunächst gewisse Handels- und Produktionsgewinne einbringen.

Die Handels*ab*lenkung ist nicht zu verwechseln mit der sogenannten Handels*um*lenkung. Bei der Handelsumlenkung versuchen Drittstaaten bei der Bildung einer Freihandelszone, nicht direkt in das anvisierte Mitgliedsland zu exportieren, sondern durch den Umweg über ein Mitgliedsland der Zone mit dem niedrigsten Außenzollsatz von dem liberalisierten Binnenhandel zu profitieren.[285] Dem wird in der Praxis durch die Einführung sogenannter *rules of origin* – Ursprungsregelungen - begegnet, die auch in den Assoziationsabkommen mit Tunesien, Marokko und Algerien existieren.[286] Es wird sozusagen eine „lokale Produktion" definiert. Das aus einem Drittland einzuführende Produkt muss ein Mindestmaß an re-

283 *Huber*: Präferentielle Abkommen der EG mit dritten Staaten und die Frage ihrer Vereinbarkeit mit dem GATT, S. 50; *Beckmann et al.*: Theoretische Konzepte zum Europäischen Integrationsprozess, S. 9.

284 *Jaeger*: GATT, EWG und EFTA, S. 264; *v. Weizäcker*: Der Freihandel als Friedensstifter, FAZ v. 15.11.1997, S. 15.

285 *Huber*: Präferentielle Abkommen der EG mit dritten Staaten und die Frage ihrer Vereinbarkeit mit dem GATT, S. 48; *Lawrence*: Regionalism, multilateralism, and deeper integration, S. 100; *Knudsen*: Ursprungsregeln, in *Koppensteiner*: Rechtsfragen der Freihandelsabkommen der Europäischen Wirtschaftsgemeinschaft, S. 147 ff.

286 Die Notwendigkeit für Ursprungsregeln resultiert aus der Tatsache, dass zwischen den Vertragspartnern lediglich Freihandelszonen geschaffen werden, die keinen einheitlichen Außenzolltarif vorsehen. Als Folge kommt es nicht auf die Freiverkehrseigenschaft einer Ware an, sondern die von den Abkommen erfassten Waren müssen Ursprungserzeugnisse eines Vertragspartners sein, um ohne Erhebung von Zoll in der Freihandelszone zirkulieren zu können. Ohne die Ursprungsregeln würde es zu enormen Verkehrs- und Produktionsverlagerungen und zu Wettbewerbsverfälschungen kommen. *Duric*: Die Freihandelsabkommen EG-EFTA, S. 126 f.; *WTO*: Regional Integration under Transformation, S. 10; siehe auch *Berrisch* in *Prieß/Berrisch*: WTO-Handbuch, S. 129 f.; *Knudsen*: Ursprungsregeln, in *Koppensteiner*: Rechtsfragen der Freihandelsabkommen der Europäischen Wirtschaftsgemeinschaft, S. 147 ff.; *Hoekman/Djankov*: Catching up with Eastern Europe?, S. 24; *Palmeter*: Rules of origin in custom unions and free trade areas, in *Anderson/Blackhurst*: Regional integration and the global trading system, S. 326 ff.

gionalem Bezug aufweisen, um für den Zugang zu den Märkten der anderen Mitgliedstaaten qualifiziert zu sein.

b) Vorteile einer Freihandelszone

Freihandelszonen haben, wenn sie korrekt errichtet werden, einige Vorteile aufzuweisen. Zunächst erreichen sie durch den geplanten Abbau von Zöllen und Handelsrestriktionen einen größeren, wenn auch nicht vollständigen Freihandel zwischen den beteiligten Gebieten. Das führt zur Aufhebung relativer Verzerrungen im Preisgefüge.[287] Darüber hinaus erleichtern sie die Koordination zwischen den teilnehmenden Gebieten. Auf den internen Handel und die Investitionen können erfolgreich durchgeführte Integrationen positive Auswirkungen haben. Verschiedene Studien über die EG haben beispielsweise gezeigt, dass der EG-interne Handel gestiegen ist. Sowohl regionale als auch ausländische Investitionen innerhalb des Gebietes nahmen zu.[288] Eine Senkung der Preise für Importgüter führt zur Erhöhung der realen Kaufkraft der Konsumenten im Importland und kann dynamische Struktureffekte auslösen: Es verbilligen sich sowohl die Verbrauchsgüter als auch importierte Kapitalgüter (Maschinen, Anlagen), Betriebsmittel und Zwischenprodukte (chemische Grundstoffe, weiter zu verarbeitende Produkte oder Bauteile). Daraus folgt, dass Industrien, die mit importiertem Input arbeiten, an Konkurrenzfähigkeit gewinnen. Hierin liegt eine Chance der industriellen Entwicklung und der Wohlstandsförderung innerhalb der Zone.[289] Die Kombination von dezentraler Planung mit freiem Leistungswettbewerb und marktklärenden Gleichgewichtspreisen ist wohlfahrtsoptimal. Zudem schafft der Freihandel die Chance zur produktivitätssteigernden internationalen Arbeitsteilung: Jedes teilnehmende Land kann seine Ressourcen effizienter einsetzen, wenn es sich auf die Herstellung solcher Güter spezialisiert, bei denen es komparative Vorteile besitzt, und diese über den eigenen Bedarf hinaus produziert. Mit den Einnahmen aus dem Export der Überschussproduktion kann das Land solche Güter importieren, die es gar nicht oder

---

287 *Hengsbach*: Die Assoziierung afrikanischer Staaten an die Europäische Gemeinschaft, S. 141.

288 *OECD*: Regional Integration and Multilateral System, S. 55; *Beckmann et al.*: Theoretische Konzepte zum Europäischen Integrationsprozess, S. 11. Einschränkend muss jedoch darauf hingewiesen werden, dass Handel und Investitionen weltweit zugenommen haben, so dass sich nicht mit Sicherheit sagen lässt, ob die entsprechende positive Entwicklung tatsächlich auf die regionale Integration zurückzuführen ist. Ebenso ist es nahezu unmöglich, konkrete Auswirkungen regionaler Integration auf bestimmte Sektoren, Produkte oder Länder zu bestimmen.

289 *Nienhaus*: Euro-Mediterrane Freihandelszone: Intensivierung der Wirtschaftsbeziehungen und Förderung nachhaltiger Entwicklung?, in *Zippel*: Die Mittelmeerpolitik der EG, S. 105 f.

nur erheblich teurer produzieren kann. Freihandel bewirkt damit eine Ausweitung und Differenzierung der Produktion in den beteiligten Gebieten. Der Wettbewerb wird intensiviert, was zu Innovation, Kostensenkung und schneller Anpassung zwingt.[290] Die erreichten Wohlfahrtseffekte können sich auch positiv auf Drittstaaten auswirken. Zusätzlich führt die Schaffung einer Freihandelszone oftmals zu einer Annäherung auch auf politischer Ebene, weil das Abkommen politisch überschaubar ist. In den meisten Fällen sehen die Abkommen über die Schaffung einer Freihandelszone finanzielle Kompensation für Verluste durch Zollsenkung und Anpassungsmaßnahmen vor[291] und erlauben eine regionale Industrieprotektion mit geringeren Kosten. Dies macht sie politisch akzeptabel, was als ein großer Vorteil gegenüber der multilateralen Handelsliberalisierung im Rahmen der WTO gesehen wird.[292] Freihandelszonen haben meist zwar nur die indirekte Veränderung von Protektion und Handelsfluss zur Folge, dafür umfaßt diese Veränderung aber auch die nicht-tarifären Handelshemmnisse, die sonst schwierig zu quantifizieren wären.[293]

c) Nachteile einer Freihandelszone

Darüber dürfen allerdings die Nachteile regionaler Wirtschaftsintegrationen nicht vergessen werden. Ein der wesentlichen Gefahren von Freihandelszonen für das multilaterale Handelssystem ist ihre Eignung, Handelsströme abzulenken.[294] Freihandelszonen stellen eine potentielle Manipulation der Marktvariablen dar und können die Marktteilnehmer zu einer Änderung ihrer Dispositionen veranlassen.[295] Das kann etwa dort passieren, wo die Staaten eine auswärtige protektionistische Politik übernehmen oder zum Selbstversorger werden wollen. Das schließt Diskriminierung gegen Produkte, die von außerhalb der Region stammen, mit ein. Ebenso umfaßt sind Regulierungsmaßnahmen, die einen protektionistischen und negativen Effekt haben und die eine weltweit integrierte Wirtschaft ver-

---

290 *Beckmann et al.*: Theoretische Konzepte zum Europäischen Integrationsprozess, S. 8; *Allen*: The European Common Market and the GATT, S. 27; *v. Weizäcker*: Der Freihandel als Friedensstifter, FAZ v. 15.11.1997, S. 15.

291 *Cadot et al.*: Can Bilateralism Ease the Pain of Multilateral Trade Liberalization?, S. 16; v. *Bogdandy/ Makatsch*: Kollision, Koexistenz oder Kooperation?, EuZW 2000, S. 261; *Centre for Economic Policy Research*: Club Med, www.cepr.org/pubs/ecp/ecp13/clubmed.htm (15.01.2002).

292 *Cadot et al.*: Can Bilateralism Ease the Pain of Multilateral Trade Liberalization?, S. 11; *Lawrence*: The world trade and investment system and developing countries, in *Dunning/Hamdani*: The new Globalism and Developing Countries, S. 69; *WTO*: Regional Integration under Transformation, S. 12.

293 *Cadot et al.*: Can Bilateralism Ease the Pain of Multilateral Trade Liberalization?, S. 15.

294 Siehe oben vorangegangenen Abschnitt b).

295 *Hilpold*: Die EU im GATT/WTO-System, S. 39.

hindern. Auch die in den Assoziationsabkommen der EG eingeräumten Gegenpräferenzen bedeuten auf den maghrebinischen Märkten verschärften Konkurrenzdruck. Die Maghrebstaaten könnten daher versucht sein, zum Ausgleich höhere Handelsschranken gegenüber Drittstaaten zu errichten.[296]

Drittstaaten gegenüber können die Handelsbarrieren auch faktisch, erhöht werden. Dies geschieht beispielsweise dann, wenn die Verringerung der Protektion innerhalb der Freihandelszone einher geht mit der Erhöhung der Protektion gegenüber Drittstaaten, um die Übergangskosten zu kompensieren. Zölle im Handel mit Drittstaaten werden angehoben, nicht weiter abgebaut oder gar neu eingeführt, Zollkontingente oder mengenmäßige Beschränkungen, Mindesteinfuhrpreise oder andere handelshemmende Maßnahmen auferlegt.[297] Zu diesen handelshemmenden Maßnahmen können auch die *rules of origins*[298] oder Regelungen bezüglich technischer Standards zählen. Die restriktive Anwendung dieser Regeln führt nämlich zu einer faktischen Beschränkung des Marktzugangs für Drittstaaten.[299] Auch Lizensierungs- oder Zertifizierungsanforderungen sind wesentliche Hindernisse für den grenzüberschreitenden Warenverkehr.[300] Handelsablenkung entsteht auch, wenn die Handelsliberalisierung ausschließlich bei traditionellen, das heißt mit wenig innovativen Technologien hergestellten Endprodukten stattfindet.[301] Hinzu kommt, dass die Bestimmungen bezüglich der Handelsliberalisierung innerhalb der Freihandelszone oftmals nicht sehr

---

296 *Borrmann et al.*: Regionalismustendenzen im Welthandel, S. 165.

297 *Bagwell/Staiger*: Preferential agreements and the multilateral trading system, in *Baldwin*: Market integration, regionalism and the global economy, S. 74; *Hauser/Zimmermann*: Regionalismus oder Multilateralismus?, Die Volkswirtschaft 5-2001, S. 7.

298 Siehe dazu auch oben Abschnitt B. II. 3. a) (2) dieses Kapitels a. E.; *Duric*: Die Freihandelsabkommen EG-EFTA, S. 37.

299 *Lawrence*: The world trade and investment system and developing countries, in *Dunning/Hamdani*: The new Globalism and Developing Countries, S. 61, 69; *Stetter*: Die Assoziierung der AKP-Staaten, S. 142; ausführlich zu den Ursprungsregeln siehe *Knudsen*: Ursprungsregeln, in *Koppensteiner*: Rechtsfragen des Freihandelsabkommens der Europäischen Wirtschaftsgemeinschaft , S. 147 ff., *Zimmermann*: Die Stellung der Schweiz im Europäischen Integrationsprozess, S. 4; *WTO*: Regional Trade Integration under Transformation, S. 10; *Woolcock*: Technical Barriers To Trade, in *OECD*: Regionalism and its place in the multilateral trading system, S. 214; *WTO*: Synopsis of "systemic" issues related to Regional Trade Agreements, S. 5.

300 *Hoekman/Saggi*: Multilateral Disciplines for investment-related policies in *Guerrieri/Scharrer*: Global Governance, Regionalism and International Economy, S. 181; *Supper*: Regionalismus und die WTO, in *FIfWW*: Die Bedeutung der WTO für die europäische Wirtschaft, S. 93 (95).

301 *Beckmann et al.*: Theoretische Konzepte zum Europäischen Integrationsprozess, S. 23.

delszone oftmals nicht sehr weit über die im Rahmen des GATT vorgesehenen Möglichkeiten hinausgehen.[302]

Um sicherzustellen, dass die Bildung der Freihandelszone dem Grundsatz des Art. XXIV : 4 GATT entspricht, muss festgestellt werden, ob die durch den Zusammenschluss erzielten *trade creation*-Effekte die *trade diversion*-Effekte überwiegen. Der Saldo der korrespondierenden Präferenzwirkungen bildet demnach die Grundlage für eine positive bzw. negative Beurteilung der Freihandelszone.[303]

Problematisch daran ist, dass dies eine *ex ante*-Analyse der Abkommen erfordert, die zu entscheidende Feststellung kann real aber erst *ex post* getroffen werden. Daher ist es kaum möglich, im Vorfeld der Schaffung einer Freihandelszone konkrete Aussagen über deren Auswirkungen auf die wirtschaftliche Entwicklung der beteiligten Staaten und auf den Handel mit Drittstaaten zu treffen, diese sind nicht quantifizierbar. Eine entsprechende Beurteilung ist nur aufgrund von Schätzungen und theoretischen Berechnungen[304] möglich. Daraus ergibt sich, dass Art. XXIV : 4 GATT in der Praxis kaum Wirkung entfalten kann.

Daher fällt auch eine Beurteilung der Auswirkungen der Assoziationsabkommen mit den Maghrebstaaten schwer. Für Algerien sind vorgreifende Schätzungen zurzeit nahezu unmöglich. Doch auch für Marokko und Tunesien sind konkrete Aussagen bzw. Rückschlüsse der Auswirkungen auf Wirtschaft und Entwicklung des Landes sowie den gesamten Handel nur schwer zu treffen, obwohl die Abkommen bereits seit einigen Jahren in Kraft sind. Die zu dieser Frage durchgeführten Studien basieren auf Modellberechnungen, die selbst noch variieren. Dennoch sollen im Folgenden die vermuteten Auswirkungen[305] vorgestellt werden.

302 *Hoekman/Leidy*: Holes and Loopholes in integration Agreements: History and Prospects, S. 22 f.; *Beckmann et al.*: Theoretische Konzepte zum Europäischen Integrationsprozess, S. 25; *Bagwell/Staiger*: Preferential agreements and the multilateral trading system, in *Baldwin*: Market integration, regionalism and the global economy, S. 6; *Handoussa/Reiffers*: On the Evolution of the Structure of Trade and Investments between the European Union and its Mediterranean Partners, S. 6.

303 *Hengsbach*: Die Assoziierung afrikanischer Staaten an die Europäische Gemeinschaft, S. 143; *Yüksel*: Welthandelsorganisation, S. 157 f.

304 Deren Ergebnis wiederum hängt von der angewandten Berechnungsmethode ab, die ihrerseits sehr unterschiedlich sein können.

305 Vgl. hierzu auch die Übersicht in *Havrylyshyn*: A global integration strategy for the Mediterranean countries, S. 23.

d) Direkte Auswirkungen der Freihandelszone auf den Handel mit Drittstaaten

Aussagen über die konkret zu erwartenden Auswirkungen der Schaffung der Freihandelszone aufgrund der Assoziationsabkommen auf den Handel mit nicht teilnehmenden Drittstaaten sind noch schwieriger zu treffen als solche über die internen.

Bezüglich des Handels mit Drittstaaten enthalten die Assoziationsabkommen keine Bestimmungen. Insbesondere sagen sie nichts über die Abschaffung oder Senkung von Zollsätzen oder anderer Restriktionen der beteiligten Gebiete im Handel mit Drittstaaten aus. Lediglich Artikel 23 der Abkommen mit Tunesien und Marokko bestimmen, dass die Abkommen nicht der Bildung von Zollunionen oder Freihandelszonen der beteiligten Gebiete mit Drittstaaten entgegenstehen[306], und dass sich die Partner im Assoziationsausschuss über solche und weitere wichtige Fragen der jeweiligen Handelspolitik konsultieren[307]. Möglicherweise kann aber durch die Auswertung der indirekten Auswirkungen der Schaffung der Freihandelszone ein Rückschluss auf ihre direkten Auswirkungen auf Drittstaaten gezogen werden.

e) Indirekte Auswirkungen der Freihandelszone auf den Handel mit Drittstaaten

Neben den direkten Auswirkungen können die Assoziationsabkommen indirekte Auswirkungen auf den Handel mit Drittstaaten haben. Das ist der Fall, wenn sich die in den Ländern der Vertragspartner erreichten Effekte auf den Handel mit Drittstaaten auswirken. Indirekten Auswirkungen müssen daher bei der Analyse berücksichtigt werden.

Wie oben[308] gezeigt, betrifft der Freihandel in erster Linie Industriegüter. Für diese hatten die maghrebinischen Partner bereits zollfreien Zugang zum europäischen Markt. Landwirtschaftliche und Handwerksprodukte sind von den Liberalisierungsmaßnahmen der Abkommen nicht oder nur in sehr geringem Umfang betroffen. Daraus ergibt sich, dass kurz- und mittelfristig kaum positive Auswirkungen oder Realeinkommenseffekte in den Maghrebstaaten zu erwarten sind.

Aufgrund des geschätzten Wachstums von Produktivität und Beschäftigung werden langfristig allerdings Gewinne erwartet. Diese könnten aus

306 Siehe Art. 23 Abs. 1 der Assoziationsabkommens mit Tunesien und Marokko.

307 Art. 23 Abs. 2 der Assoziationsabkommen mit Tunesien und Marokko.

308 Siehe Teil 1 Kapitel 3 A. I.

der Umverteilung von Produktionsfaktoren hin zu Sektoren, in denen die Maghrebstaaten einen Wettbewerbsvorteil haben, herrühren und zur stufenweisen Wirtschaftsintegration der Länder auf größeren Märkten führen.[309]

(1) Auswirkungen auf den Handel der beteiligten Staaten mit Industriegütern

Die direkten Auswirkungen auf den Handel mit Industriegütern sind bisher nur sehr gering. Die Handelsströme haben sich durch das Inkrafttreten der Abkommen kaum verändert. Weder Tunesien noch Marokko konnten einen spürbaren Zugewinn in ihren Handelsbilanzen verzeichnen. Das liegt in erster Linie daran, dass die marokkanischen und tunesischen Industriegüter bereits zollfreien Zugang zum europäischen Markt genossen, bevor die neuen Assoziationsabkommen in Kraft traten.

Im Inland könnte allerdings die Akzeptanz der Produkte steigen und es damit zu einer stabileren Nachfrage kommen. Die Anpassung und Liberalisierung von Finanz-, Transport- und Telekommunikationseinrichtungen in den Maghrebstaaten könnte zu einem höheren Handelsaustausch untereinander führen. Dies wiederum kann eine höhere Effizienz des Handelsaustausches und damit steigende Exporterlöse nach sich ziehen. Dem gegenüber stehen die dadurch allerdings auch geringeren Importpreise.

Jedoch sind durch den Wegfall der Außenprotektion auf breiter Front die lokalen Industrien in Marokko und Tunesien unter einen noch nie dagewesenen Wettbewerbsdruck geraten. Auch in Algerien wird sich der Wettbewerbsdruck auf die lokalen Produzenten nach Inkrafttreten des Assoziationsabkommens erhöhen. Die bisher geschützten Industrien arbeiten weniger effizient als die europäische Konkurrenz. In vielen Bereichen sind die europäischen Importe billiger als die inländischen Produkte, was zu einem Preisverfall bei den lokalen Produkten führt.[310]

Eine nach wie vor anhaltende negative Erscheinung ist der sogenannte *hub and spoke*-Effekt. Dieser tritt auf, weil auch andere Mittelmeerstaa-

---

309 Havrylyshyn: A global integration strategy for the Mediterranean countries, S. 23 f.

310 *Nienhaus*: Euro-Mediterrane Freihandelszone: Intensivierung der Wirtschaftsbeziehungen und Förderung nachhaltiger Entwicklung?, in *Zippel*: Die Mittelmeerpolitik der EU, S. 96 f; *Fontagné/Peridy*: The EU and the Maghreb, S. 16, 81; *Tovias*: The Impact of the European Free Trade Area on Mediterranean non-member countries, in *Gillespie*: The Euro-Mediterranean Partnership, S. 127; *Handoussa/Reiffers*: On the Evolution of the Structure of Trade and Investments between the European Union and its Mediterranean Partners, S. 7; *Bayar*: Fiscal challenges of the Euro-Mediterranean Agreements, S. 55.

ten[311] bilaterale Abkommen gleicher Art mit der EG unterzeichnet haben und die Handelshemmnisse zwischen den Mittelmeerstaaten nach wie vor sehr hoch sind[312]. Ein ausländischer Investor, der aufgrund des ihm sich bietenden Zugangs zum heimischen Markt in einem der Mittelmeerländer investiert hätte, zieht es vor, in der Europäischen Gemeinschaft (*hub*) zu investieren, die ihm den zollfreien Zugang zu allen Märkten der Mittelmeerländer (*spokes*) bietet. Produktionsbedingte Investitionsanreize für ausländische Investoren fallen somit weg, was faktisch kaum durch die benötigten und tatsächlich importieren Inputs aufgewogen werden kann. Das kann zu einer Abnahme der Direktinvestitionen, zu *trade diversion* und damit zu Nachteilen für Handelsbilanz und Wirtschaft der Maghrebstaaten führen.[313] Handelsablenkung hin zu europäischen Importen wird es auch deshalb geben, weil durch den Wegfall des Zolls die europäischen Produkte auf dem inländischen Markt billiger angeboten werden können als die bisher billigeren Produkte aus Drittländern, etwa den USA oder Japan. Dies läßt die realen Kosten der Importe steigen.[314]

Eine größere europäische Nachfrage und ein dadurch erzielter *trade creation*-Effekt blieben bisher aus. Dennoch wird langfristig die Zunahme der tunesischen und marokkanischen Exporte in die Europäische Gemeinschaft erwartet. Grund hierfür ist die Anpassung der Produkte an europäische Normen und Standards. Dies führt zu einer besseren Qualität und einer höheren Akzeptanz der Produkte bei europäischen Verbrauchern. Der steigende Wert der Produkte könnte somit langfristig höhere Exporterlöse nach sich ziehen.[315]

311 z. Bsp. Ägypten, Syrien, Libanon, Jordanien, Israel.

312 Siehe dazu oben Teil 1 Kapitel 1. B.

313 *Nienhaus*: Euro-Mediterrane Freihandelszone: Intensivierung der Wirtschaftsbeziehungen und Förderung nachhaltiger Entwicklung?, in *Zippel*: Die Mittelmeerpolitik der EU, S. 96 f.; *Hamdouch/Chater Insea*: Les échanges euro-méditerranéens - Impact des accords de libre-échange Euro- Méditerranéens: Cas du Maroc, S. 6; *Ghesquiere*: Impact of European Union Association Agreements on Mediterranean Countries, S. 7; *Bayar*: Fiscal challenges of the Euro-Mediterranean Agreements, S. 85.

314 *Nienhaus*: Euro-Mediterrane Freihandelszone: Intensivierung der Wirtschaftsbeziehungen und Förderung nachhaltiger Entwicklung?, in *Zippel*: Die Mittelmeerpolitik der EU, S. 96 f.

315 *Ghesquiere*: Impact of European Union Association Agreements on Mediterranean Countries, S. 6.

(2) Auswirkungen auf den Handel der beteiligten Staaten mit Agrarprodukten

Wie bereits festgestellt, sehen die Assoziationsabkommen zwischen den Maghrebstaaten und der Europäischen Gemeinschaft nur eine geringfügige Liberalisierung des Handels mit Agrarprodukten vor.[316] Grund hierfür ist in erster Linie die Angst der europäischen Mittelmeeranrainer vor einer Schwemme konkurrierender Produkte auf dem europäischen Markt. Im Rahmen der tatsächlichen Konkurrenz zu den Mittelmeeranrainern der EG in bezug auf die landwirtschaftlichen Produkte weisen die Maghrebstaaten zudem gewisse Spezialisierungen auf. So ist Marokko auf die Früchte Mandarinen, Klementinen und Orangen, auf Sardinen und Tomaten spezialisiert. Tunesien ist der zweitgrößte Exporteur der Welt für Olivenöl nach Spanien. 90 % seiner Exporte gehen in die Europäische Gemeinschaft. Algeriens landwirtschaftliche Exporte in die EG sind nur von untergeordneter Bedeutung.

Die Vorhersagen für die Auswirkungen der Assoziationsabkommen auf den Handel mit Agrarprodukten zwischen den Maghrebstaaten und der Europäischen Gemeinschaft unterscheiden sich für Marokko und Tunesien leicht, je nach Gewicht, die die entsprechenden Produkte am Gesamtexport der Agrarprodukte ausmachen. Für Algerien können aufgrund des noch nicht ratifizierten Textes des Assoziationsabkommens keine Schätzungen angestellt werden. Es ist aber wegen der nur geringen Bedeutung der landwirtschaftlichen Exporte Algeriens davon auszugehen, dass die Abkommen keine entscheidenden Veränderungen in diesem Bereich hervorrufen.

Die Liberalisierungsmaßnahmen der Assoziationsabkommen im Agrarbereich sind marginal. Sie werden von Präferenzregelungen dominiert, die je nach Produkt unterschiedliche Protektionsgrade aufrechterhalten. Für Marokko betragen die Exportrestriktionen bezogen auf die landwirtschaftlichen Exporte 96,7 %, für Tunesien 98 %. Bezogen auf den Wert der Gesamtexporte machen die Restriktionen im landwirtschaftlichen Sektor für Marokko 36 %, für Tunesien, dessen Landwirtschaftssektor nur einen geringen Anteil an den Gesamtexporten hat, 3 % aus.[317]

Für Marokko lässt das Assoziationsabkommen somit auch in Zukunft keine wesentliche Erhöhung der landwirtschaftlichen Exporte erwarten.

---

316 Siehe oben Teil 1 Kapitel 3 A. II.

317 *Lorca/Vicéns*: L'impact de la libéralisation commerciale euro-méditerranéenne dans les échanges agricoles, S. 8.

Die Beseitigung tarifärer und nicht-tarifärer Handelshemmnisse bezieht sich nur auf einen sehr geringen Teil marokkanischer Landwirtschaftsprodukte. Insgesamt wird ein Wachstum im Landwirtschaftssektor von 27 % erwartet. Für die einzelnen Produktkategorien bedeutet dies: Bis 2004 soll das Wachstum bezüglich der Früchte auf 53 % ansteigen, für Gemüse wird ein Wachstum von 20 %, und für Zucker und Konfekt von 14 % erwartet. Die voraussichtlichen Auswirkungen auf die gesamte marokkanische Wirtschaft werden schätzungsweise 1,4 % des BIPs betragen.[318]

Für Tunesien könnte sich das Abkommen mit der EG voraussichtlich mit einer 2,3 %igen Steigerung des BIP auswirken. Das Wachstum bezüglich der Olivenölexporte wird auf 80 % bis zum Jahr 2004 geschätzt. Allerdings relativiert sich diese Zahl, wenn man den gesamten Anteil der Landwirtschaft am tunesischen BIP und den nur geringen absoluten Wert auf dem Olivenölmarkt der EG betrachtet.[319]

Das Gesamtwachstum für Exporte landwirtschaftlicher Produkte aus den Maghrebstaaten wird bis zum Jahr 2004 auf 11 % des intra-EU Handels geschätzt, was einer Steigerung von 2,1 % pro Jahr entspräche.[320] Das könnte in Marokko und Tunesien zur Schaffung neuer Arbeitsplätze beitragen, was sich insgesamt wohlfahrtssteigernd auswirken dürfte. Allerdings beschränkt die Ausnahme der landwirtschaftlichen Exporte vom Freihandel die positiven Effekte der Assoziationsabkommen.[321]

(3) Auswirkungen auf andere Bereiche innerhalb der beteiligten Staaten

Die Abkommen zwischen den Maghrebstaaten und der EG beeinflussen nicht nur den Handel, sondern auch andere Bereiche, etwa monetäre, fiskalische und soziale. Dies trifft in erster Linie für die Maghrebstaaten zu. In der EG wird es vermutlich keine spürbaren Auswirkungen in diesen Bereichen geben. Zwar hofft man auf die Verringerung des Emigrantenstromes nach Europa und damit auf eine Verringerung der sozialen Probleme in den besonders betroffenen europäischen Regionen. Auch soll die angestrebte höhere politische Stabilität für mehr Ruhe an den Außengrenzen der Europäischen Union sorgen. Solche Auswirkungen werden sich

318 *Ibid.*, S. 11.
319 *Lorca/Vicéns*: L'impact de la libéralisation commerciale euro-méditerranéenne dans les échanges agricoles, S. 9.
320 *Ibid.*, S. 17.
321 So auch *Hoekman/Djankov*: Catching up with Eastern Europe? The European Unions Mediterranean Free Trade Initiative, S. 20.

jedoch erst äußerst langfristig bemerkbar machen und auch nur dann eintreten, wenn sich die Freihandelszonen tatsächlich erfolgreich entwickeln.

i) Die Steuern und das nationale Einkommen

Aufgrund der nunmehr eingeführten Reziprozität in den Assoziationsabkommen sind die Maghrebstaaten verpflichtet, Zölle und Abgaben auf Importe aus der EG abzuschaffen oder schrittweise zu senken. Dadurch ist mit erheblichen Einbußen in den Staatshaushalten zu rechnen: Die bisher recht hohen Einnahmen aus Zöllen und zollgleichen Abgaben werden beträchtlich sinken.[322] Es wird geschätzt, dass die Steuerverluste durch den Abbau von Zöllen am Ende der Übergangsperiode von 12 Jahren 2,5 bis 3,5 % des tunesischen BIPs betragen. Diese Zahl kann sich sogar noch erhöhen, wenn der Zollabbau auf Importe aus Drittländern ausgedehnt wird. Allerdings werden nach der vollständigen Umsetzung der Freihandelszone die Einnahmen der tunesischen Regierung aus Zöllen und Gebühren noch immer knapp 50 % betragen. Grund dafür sind zum einen die zahlreichen Ausnahmen von den Zollbefreiungen im Rahmen des Assoziationsabkommens (etwa für Industrieprodukte mit landwirtschaftlichem Element[323]) zum anderen die rund 31 % der tunesischen Nicht-EG-Importe.[324] Schätzungen zufolge soll der Umfang der Mindereinnahmen aus wegfallenden Zöllen und Gebühren in Marokko am Ende der Übergangsperiode 3,8 % des BIPs betragen.[325] In Algerien werden die Zolleinbußen aufgrund der Zollabschaffung oder -verringerung auf rund 1 Milliarde US $ geschätzt.[326]

Weitere Zolleinbußen könnte die oben angesprochene Handelsablenkung[327] nach sich ziehen, wenn nämlich zum Beispiel weniger Importe aus Asien und den USA bezogen werden, auf die Zoll erhoben wird.[328]

---

322 *Handoussa/Reiffers*: On the Evolution of the Structure of Trade and Investments between the European Union and its Mediterranean Partners, S. 4; *Bayar*: Fiscal challenges of the Euro-Mediterranean Agreements, S. 84; *Nienhaus*: Euro-Mediterrane Freihandelszone: Intensivierung der Wirtschaftsbeziehungen und Förderung nachhaltiger Entwicklung?, in *Zippel*: Die Mittelmeerpolitik der EU, S. 96.

323 Siehe obenTeil 1 Kapitel 3 A.

324 *Ghesquiere*: Impact of European Union Association Agreements on Mediterranean Countries, S. 8.

325 *Bayar*: Fiscal Challenges of the Euro- Mediterranean Agreements, S. 79.

326 Siehe "Der Blick nach Norden", FAZ v. 12.5.2000.

327 Siehe oben Abschnitt B. II. 3. a) (2) dieses Kapitels.

328 *Nienhaus*: Euro-Mediterrane Freihandelszone: Intensivierung der Wirtschaftsbeziehungen und Förderung nachhaltiger Entwicklung?, in *Zippel*: Die Mittelmeerpolitik der EU, S. 96 f.

Wie konkret diese Zahlen auch zutreffen mögen, sie verdeutlichen, dass durch die Umsetzung der Abkommen ein externes wie auch nationales fiskalisches Ungleichgewicht hervorgerufen werden kann. Um dies so gering wie möglich zu halten, sind die Regierungen der Maghrebstaaten gezwungen, ihre Steuersysteme umzustellen und anzupassen. Den immensen Einbußen können sie nur entgegenwirken, indem sie direkte Steuern, etwa Umsatzsteuer, einführen oder anheben bzw. bestehende Besteuerungsausnahmen abschaffen oder öffentliche Leistungen zum Ausgleich gekürzt werden.[329] Dies wiederum hat wohlfahrtsmindernde Effekte.

ii) Lokale Produktion, Investitionen, Preise und Beschäftigung

Aufgrund der Anpassung an europäische Standards und Normen steigen nicht nur, wie oben[330] bereits festgestellt, der Wert der Waren, sondern möglicherweise auch nationale und ausländische Direktinvestitionen in den Maghrebstaaten. Allerdings war seit Inkrafttreten der Assoziationsabkommen weder in Tunesien noch in Marokko eine auffällige Zunahme von Investitionen zu verzeichnen. Dies ist ein Zeichen dafür, dass die Abkommen allein nicht ausreichen, um ein für Investoren attraktives Umfeld zu schaffen. Vielmehr bedarf es weiterer Reformen, etwa monetärer oder juristischer, die mehr Sicherheit und Perspektiven bieten.

Die Abschaffung quantitativer Einschränkungen auf Importe kann deren Gesamtverbrauch anheben und dadurch bewirken, dass die Bevölkerung importierte, traditionell als qualitativ besser und oft auch als Statussymbol geltende Güter einheimischen Produkten vorziehen. Geschieht dies in größerem Umfang, führt das zur Verringerung der lokalen Produktion. Im Gegensatz dazu ist wegen des bereits bestehenden freien Marktzugangs zur EG kein deutlich steigender Export seitens der Maghrebstaaten zu erwarten. Damit kommt es zu einer Verschlechterung der Zahlungsbilanz von Algerien, Marokko und Tunesien.[331] Bis zur Wiederherstellung des Gleichgewichts der nationalen Zahlungsbilanz und Produktion kann es zu erhöhter Arbeitslosigkeit kommen, was weitere soziale Folgekosten nach sich zieht.

---

329 *Bayar*: Fiscal Challenges of the Euro- Mediterranean Agreements, S. 58; *Hamdouch/Chater Insea*: Les échanges euro-méditerranéens - Impact des accords de libre-échange Euro-Méditerranéens, Cas du Maroc, S. 6.

330 Siehe dazu Abschnitt B. II. 3 e) (1).

331 *Nsouli et al.*: The European Union's New Mediterranean Strategy, Finance & Development, 9/96, S. 19 f.; *Brunner*: Die Europäische Union zwischen Vertiefung und Erweiterung, in *Baur/Watrin*: Recht und Wirtschaft der Europäischen Union, S. 179 (183).

Die Umsetzung der Abkommen wird in den drei Maghrebstaaten enorme Übergangskosten verursachen. Vor allem die bisher besonders geschützten Industrien sind betroffen. Diese müssen kostenintensiv an den zunehmenden ausländischen Wettbewerb angepasst werden, etwa durch Reduzierung der Arbeitskosten, einschließlich Entlassungen. Auch wenn es sich hierbei nur um vorübergehende Aspekte der Anpassung handelt, können sie schwerwiegende Kosten und Veränderungen im sozialen Gefüge in den Ländern verursachen.[332]

Mittelfristig wird mit negativen Auswirkungen durch die Bildung der Freihandelszone zwischen der EG und den Maghrebstaaten gerechnet. Langfristig aber werden beispielsweise für Tunesien Gewinne bei den realen Einkommen, beim Wachstum der Beschäftigung aufgrund der Umverteilung der Produktionsfaktoren hin zu Faktoren, in denen Tunesien Wettbewerbsvorteile hat, sowie durch höhere Marktintegration vorhergesagt.[333] In Marokko werden langfristig Importe und Exporte leicht zunehmen. Problematisch wird allerdings auch in Marokko der enorme Anstieg des öffentlichen Defizits durch die wegfallenden Zolleinnahmen sein. Für Algerien gibt es noch keine Studien über die zu erwartenden Auswirkungen einer Freihandelszone mit der EG. Da Algerien jedoch das Land mit dem am geringsten diversifizierten Markt ist, werden die negativen Effekte die in Marokko und Tunesien bei weitem übersteigen.

Wirtschaftswissenschaftler und Politiker gehen dennoch davon aus, dass die Anpassung der nationalen Produktion in den Maghrebstaaten an wettbewerbsfähige und Weltmarktbedingungen sowie der vermehrte Austausch von Wissen und *Know-how* langfristig zu einer Erhöhung des Wirtschaftswachstums führt.[334] Insgesamt werden die Maghrebstaaten einen wichtigen Schritt in Richtung einer marktorientierten und offenen Wirtschaft gehen[335], was sich langfristig wohlfahrtssteigernd auswirkt.

f) Zusammenfassung

Diese direkten Auswirkungen in den Maghrebstaaten selbst können sich auf Drittstaaten auswirken. So ist es wahrscheinlich, dass insbesondere die Anpassung der algerischen, tunesischen und marokkanischen Produk-

332 *Nsouli et al.*: The European Union's New Mediterranean Strategy, Finance & Development, 9/96, S. 19 f.

333 *Jbili/Enders*: The Association Agreement between Tunisia and the European Union, Finance & Development, 9/96.

334 *Ban-David/Loewy*: Free Trade and long-run growth, S. 27.

335 *Jbili/Enders*: The Association Agreement between Tunisia and the European Union, Finance & Development, 9/96.

tion an europäische Standards faktisch nicht nur die europäische oder interne Nachfrage nach Produkten aus diesen Ländern steigert, sondern auch die Nachfrage in Drittstaaten. Dies könnte zu einer Intensivierung auch des Handels mit Drittstaaten führen. Des weiteren können die Maßnahmen zur Verbesserung der Infrastruktur und des Telekommunikationssystems zur Optimierung des Handelsaustausches mit Drittstaaten dazu beitragen, das Preisniveau zu senken und so eine Erhöhung des Handelsaustausches nach sich ziehen.[336] Andererseits führt die Verbilligung der europäischen Produkte durch die Verringerung des Zollsatzes auch zu einer erhöhten Nachfrage nach Produkten aus Europa, die vorher aus Drittländern bezogen wurden. Damit verringern sich die Importe aus Drittstaaten negativ. Dieser klassische Handelsablenkungseffekt wird solange bestehen, wie die Maghrebstaaten ihre hohen Drittlandszölle aufrechterhalten.

4. Zwischenergebnis

Zusammenfassend kann festgehalten werden, dass, soweit überhaupt vorhersehbar, die handelsschaffenden und wohlfahrtssteigernden Effekte in den Maghrebstaaten recht gering sind und kurz- und mittelfristig überhaupt nicht zu spüren sein werden. Durch die Umsetzung der Assoziationsabkommen werden keine herausragenden Vorteile für die Maghrebstaaten erwartet, da die Staaten für ihre industriellen Produkte bereits seit Jahrzehnten freien Zugang zum europäischen Markt genießen, der Zugang für Agrarprodukte und Textilien, also für Produkte, bei denen sie komparative Kostenvorteile besitzen, weiterhin stark beschränkt bleibt.[337] Langfristig kann die Öffnung der Mittelmeermärkte für europäische Produkte die Konkurrenzfähigkeit der Maghrebstaaten fördern. Dies wird aber nicht ausreichen, einen regionalen Markt zu schaffen.[338] Möglicherweise führt die Bildung der Freihandelszone auf Grundlage der Assoziationsabkommen wegen der noch relativ hohen Schutzbarrieren in den Maghrebstaaten auch zu einer Liberalisierung des Handels zwischen den

---

336 *Hoekman/Konan*: Deep Integration, Nondiscrimination, and Euro-Mediterranean Free Trade, S. 3.

337 *Nsouli et al.*: The European Union's New Mediterranean Strategy, Finance & Development, 9/96, S. 19 f.; *Handoussa/Reiffers*: On the Evolution of the Structure of Trade and Investments between the European Union and its Mediterranean Partners, S. 23; *Rutherford et al.*: Morocco's free trade agreement with the European Community: a quantitative assessment, S. 15.

338 *Fontagné/Peridy*: The EU and the Maghreb, S. 83; *Havrylyshyn*: A global integration strategy for the Mediterranean countries, S. 26.

arabischen Staaten untereinander. Diese positiven Auswirkungen werden jedoch erst nach sehr langer Zeit eintreten.[339]

Im Gegensatz dazu gibt es seit Beginn der Umsetzung der Abkommen handelsablenkende Effekte, da hohe Zölle der Maghrebstaaten auf Drittlandsimporte aufrechterhalten werden.[340] Hinzu kommt, dass der von der EG praktizierte Bilateralismus möglicherweise zu einem noch stärkeren EG-zentrierten Handelssystem führt, das sich negativ auf die Entwicklung der intra-regionalen Wirtschaftsbeziehungen der Maghrebstaaten auswirken kann.[341] Allerdings ist die auftretende Handelsablenkung wahrscheinlich nicht sehr groß, da Europa aufgrund der geographischen Nähe und der historisch bestehenden Handelsbeziehungen bereits dominanter Handelspartner der Maghrebstaaten ist und bleiben wird.[342]

Insgesamt lassen die Berechnungen, soweit im Rahmen einer *ex ante*-Beurteilung vorhersehbar und trotz aller Unsicherheiten den Schluss zu, dass die Freihandelszonen mit den Maghrebstaaten zwar eher negative, aber nur geringe externe Effekte haben. Die negativen Auswirkungen stehen aber möglicherweise in keinem Verhältnis zu den wenn auch sehr langfristig zu erwartenden internen Entwicklungsimpulsen. Daher erscheinen die Auswirkungen der Abkommen weltwirtschaftlich eher neutral bis positiv. Die Voraussetzung des Art. XXIV : 4 GATT, dass dem Handel mit Drittstaaten keine höheren Handelshemmnisse gesetzt werden dürfen als vor der Bildung der Integration, scheint somit erfüllt.

Zusätzlich müssen bei der Bildung der Freihandelszonen zwischen den Maghrebstaaten und der EG und ihren Mitgliedstaaten die Anforderungen des Art. XXIV Absätze 8 und 5 beachtet werden.[343]

---

339 *Ghesquiere*: Impact of European Union Association Agreements on Mediterranean Countries, S. 22.

340 *Ibid.*, S. 14.

341 *Nienhaus*: Euro-Mediterrane Freihandelszone: Intensivierung der Wirtschaftsbeziehungen und Förderung nachhaltiger Entwicklung?, in *Zippel*: Die Mittelmeerpolitik der EU, S. 103 f.; *Fontagné/Peridy*: The EU and the Maghreb, S. 16, 81; *Tovias*: The Impact of the European Free Trade Area on Mediterranean non-member countries, in *Gillespie*: The Euro-Mediterranean Partnership, S. 127.

342 *Nsouli et al.*: The European Union's New Mediterranean Strategy, Finance & Development 9/96, S. 20; *Rutherford et al.*: Morocco's free trade agreement with the European Community: a quantitative assessment, S. 15.

343 Zur rechtlichen Stellung und dem Verhältnis der Absätze untereinander siehe *Mathis*: Regional Trade Agreements in the GATT/WTO, 11.2.2.2.

III. Artikel XXIV : 8 GATT - Die Abschaffung von Handelshemmnissen zwischen den beteiligten Gebieten

Im Gegensatz zu einer Zollunion stellt sich die Freihandelszone extern im Verhältnis zu Drittstaaten nicht als ein einheitliches Gebilde dar. Die Teilnehmerstaaten der Freihandelszone behalten im Hinblick auf Drittstaaten ihre Souveränität in der Handelspolitik, ihre eigene Zoll- und Vertragsschlusskompetenz. Um zu vermeiden, dass Drittstaaten über einen Mitgliedstaat der Freihandelszone mit niedrigem Außenzoll ihre Waren in die Freihandelszone schleusen und damit einen höheren Außenzoll des eigentlich gewünschten Einfuhrlandes umgehen, werden die in der Freihandelszone hergestellten Waren mit einem Ursprungszeugnis versehen und können dann am „Freihandel" innerhalb der Zone teilnehmen.[344] Auf die Waren aus Drittstaaten wird nach wie vor der Zoll des jeweiligen Verbraucherlandes erhoben.[345]

Zwischen den Teilnehmergebieten der Freihandelszone aber müssen Zölle abgebaut und nicht-tarifäre Handelshemmnisse beseitigt werden. Hierfür nennt Art. XXIV : 8 GATT[346] zwei wesentliche Elemente: die Liberalisierung des Handelsaustausches muss sich auf annähernd den gesamten Handel (*substantially all the trade*) beziehen und nach einem festgelegten Plan geschehen.

1. Das Merkmal „annähernd der gesamte Handel"

Das GATT verbietet die Schaffung selektiver Präferenzsysteme, gestattet aber die Bildung von Freihandelszonen. Im Unterschied zur Freihandelszone ist in einem Präferenzsystem üblicherweise der Handel zwischen den teilnehmenden Gebieten nur sehr selektiv liberalisiert, was den *trade diversion*-Effekt auf Gebiete außerhalb des Präferenzsystems verstärkt.[347] Nur bei einer umfassenden Handelsliberalisierung kann es zu einem Ausgleich zwischen *trade diversion* und *trade creation* kommen.[348]

---

344 Siehe dazu oben Abschnitt II. 3. a (2) dieses Kapitels a. E.

345 *Huber*: Präferenzielle Abkommen der EG mit dritten Staaten und die Frage ihrer Vereinbarkeit mit dem GATT, S. 28.

346 Er lautet: *„In diesem Abkommen bedeutet: (b) „Freihandelszone" eine Gruppe von zwei oder mehr Zollgebieten, zwischen denen die Zölle und beschränkenden Handelsvorschriften (ausgenommen die nach Artikeln XI, XII, XIII, XIV, XV und XX erforderlichenfalls gestatteten) für annähernd den gesamten Handel mit den aus den teilnehmenden Gebieten der Zone stammenden Waren beseitigt werden."*

347 Siehe dazu oben Abschnitt B. II. 3. dieses Kapitels.

348 *Jaeger*: GATT, EWG und EFTA, S. 271; *Allen*: The European Common Market and the GATT, S. 14; *Lawrence*: Regionalism, multilateralism, and deeper integration, S. 97; *Richter*: Die Assoziierung osteuropäischer Staaten durch die EG, S. 241.

Art. XXIV : 8 (b) GATT fordert daher die Liberalisierung *of substantially all the trade.*

Eine Definition oder feststehende Interpretation des Merkmals „annähernd der gesamte Handel“ gibt es nicht. Die Kompromissformel wurde gefunden, weil einerseits keine Einigung über eine totale Liberalisierung des gesamten Handelsvolumens zu erzielen war, andererseits eine selektive Liberalisierung vermieden werden sollte, da sie zu Lasten von Drittstaaten geht.[349] Uneinigkeit besteht daher darüber, was mit diesem Merkmal gemeint und wie es zu beurteilen sei. Meint es den aktuellen Handel, der zuvor zwischen den Vertragspartnern der Integration durchgeführt wurde oder den gesamten Handel, der ohne Hindernisse auftreten kann? Die verschiedenen Auslegungen basieren auf einer unterschiedlichen Interpretation des Begriffs „annähernd“, welcher sowohl qualitativ als auch quantitativ verstanden werden kann.

Der von Vertretern der EWG im Rahmen der Überprüfung des EWG-Vertrages durch das GATT angeführte quantitative Wert von 80 %[350] hilft nicht viel weiter, da er schwer zu interpretieren ist: Er kann 80 % des Wertes der Exporte und Importe umfassen, er kann 80 % des gesamten Handels der Integrationspartner umfassen, oder es können 80 % des gesamten auftretenden Handels innerhalb des Integrationsraumes gemeint sein.[351] Daher müssen auch qualitative Kriterien eine Rolle spielen. Die qualitative Interpretation geht von einer Zusammenfassung aller Wirtschaftssektoren aus. Folgerichtig kam die Arbeitsgruppe zur Überprüfung der *Stockholmer Konvention* in ihrem Bericht von 1960 zu dem Ergebnis, dass,

> *„as the provisions of, inter alia, Articles 3 and 10 of the Convention relating to the elimination of barriers of free trade in the free-trade area did not apply to trade in agricultural products, it could not be maintained that the duties and other restrictive regulations of commerce were being eliminated on ‚substantially all the trade'. It was also contented that the phrase 'substantially all the trade' had a quali-*

349 *Huber*: Präferenzielle Abkommen der EG mit dritten Staaten und die Frage ihrer Vereinbarkeit mit dem GATT, S. 29; *Zimmer*: Zollpräferenzen im GATT, S. 101.

350 *GATT*: Analytical Index, S. 766.

351 *Swinbank/Ritson*: The CAP, Customs Unions and the Mediterranean Countries, in *Ritson/Harvey*: The Common Agricultural Policy and the World Economy, S. 282; *Dam*: The GATT: Law and international economic organization, S. 280, *Richter*: Die Assoziierung osteuropäischer Staaten durch die EG, S. 263; *Allen*: The European Common Market and the GATT, S. 14.

tative as well as quantitative aspect and that it should not be taken as allowing the exclusion of a major sector of economic quantity.'[352]

Aus diesem Grund kann die von der Liberalisierung betroffene Prozentzahl des Handels nicht als alleiniger Faktor in Betracht gezogen werden, selbst wenn sie mehr als 90 % beträgt. Die von der Liberalisierung ausgenommenen Bereiche sind somit wertend zu betrachten, unabhängig vom bestehenden Handelsvolumen.[353]

Damit kann auch ein gesamter Sektor von der Handelsliberalisierung im Rahmen der Schaffung einer Freihandelszone nicht ausgenommen werden. In der Präambel der Vereinbarung zur Auslegung des Art. XXIV GATT 1994 erkennen die VERTRAGSPARTEIEN an, dass durch Integration eine Ausweitung des Welthandels erreicht wird, und dass sich jeder Beitrag dazu verringert, *wenn ein wesentlicher Handelssektor ausgeschlossen wird.*[354] Nur solche Sektoren können von der Liberalisierung ausgenommen werden, die im Handelsaustausch von untergeordneter Bedeutung sind.[355]

Dies hat immer wieder zu heftigen Diskussionen geführt, wie beispielsweise bei der Gründung der Europäischen Freihandelszone (EFTA[356]). Bei der EFTA sind zwei große Wirtschaftssektoren, die Landwirtschaft und die Fischerei, von der Liberalisierung ausgeklammert.[357] Dieser faktische Verstoß blieb jedoch unsanktioniert und hat dazu geführt, dass diese Anforderung auch bei der Gründung anderer Freihandelszonen großzügig

352 Da die Vorgaben der Artikel 3 und 10 der Konvention im Hinblick auf die Abschaffung von Handelsbarrieren in der Freihandelszone nicht auf den Handel mit landwirtschaftlichen Produkten anwendbar sind, konnte nicht angenommen werden, dass die Abgaben und anderen einschränkenden Handelsregelungen auf annähernd den gesamten Handel abgeschafft wurden. Es wurde auch behauptet, dass der Satz „*substantially all the trade*" sowohl einen qualitativen als auch einen quantitativen Aspekt beinhaltet und nicht dazu benutzt werden sollte, einen wichtigen Sektor von wirtschaftlicher Bedeutung auszunehmen.

353 *GATT*: Analytical Index, S. 767 f.; Richter: Die Assoziierung osteuropäischer Staaten durch die EG, S. 243; siehe auch WTO *Appellate Body* im Fall *Turkey-Textiles*; WT/DS34/AB/R, para. 48.

354 Präambel der Vereinbarung über die Auslegung des Art. XXIV GATT 1994; siehe auch *WTO*: Systemic Issues Related to "Substantially All The Trade", Absätze 8 bis 11.

355 *Herrmann*: Das Institut der Assoziierung im Recht der Europäischen Gemeinschaft, S. 366; *Zimmer*: Zollpräferenzen im GATT, S. 106.

356 European Free Trade Area.

357 Zum Teil wurde dies gut geheißen und als Vorteil einer Freihandelszone gepriesen mit dem Argument, es erhöhe die politische Akzeptanz, da sie von den Vertragspartnern eine geringere Opferbereitschaft abverlangen würde. So etwa *Hesberg*: Die Freihandelszone als Mittel der Integrationspolitik, S. 151 f.

ausgelegt wenn nicht sogar mißachtet wurde.[358] Es gibt auch Ansichten, wonach die „*substantially all the trade*"-Anforderung in erster Linie eine nationale Politikfunktion habe, weil sie moralischen Druck auf die Integrationspartner bei den Verhandlungen über die Schaffung einer Freihandelszone ausübe und darüber hinaus helfe, die Anzahl der Freihandelszonen zu verringern.[359]

Dem kann nicht gefolgt werden. Den annähernd gesamten Handel in einen regionalen Zusammenschluss einzubeziehen und zu liberalisieren, ist die zentrale und grundsätzliche Direktive des GATT beim Aufbau von regionalen Zusammenschlüssen. Dies soll die Bildung von Zollunionen und Freihandelszonen für nur spezielle Industriezweige verhindern, da das in der Praxis zum Aufbau von selektiven, diskriminierenden Vorzugssystemen führen kann.[360]

Ein weiteres Problem gibt es bei der Bewertung, ob ein Sektor im Handelsaustausch von untergeordneter Bedeutung ist. Wieder stellt sich die Frage, ob der reale Handelsaustausch zwischen den Gebieten oder aber das Austauschpotential heran zu ziehen ist. Doch auch hier ist zu berücksichtigen, dass eine größtmögliche Liberalisierung erreicht und Schutzmaßnahmen und Protektionismus verhindert werden sollen. Demnach müssen auch bei der Bewertung der Signifikanz eines Sektors für den Handelsaustausch qualitative Maßstäbe einbezogen werden. Nach der negativen Seite impliziert das Merkmal *substantially all the trade* daher folgende Teilerfordernisse[361]:

1. Jede Form der Teilbereichsintegration ist mit Art. XXIV : 8 GATT unvereinbar.

---

358 *Hilpold*: Die EU im GATT/WTO-System, S. 21; *ders.*: Regional Integration According to Article XXIV GATT, in Max Planck UNYB 2003, 219 (235); *Duric*: Die Freihandelsabkommen EG-EFTA, S. 37; *Schweitzer*: Inhalt und Struktur der Freihandelsabkommen im Vergleich zum EWG-Vertrag, in *Koppensteiner*: Rechtsfragen der Freihandelsabkommen der EWG mit den EFTA-Staaten, S. 15 (17).

359 *Roessler*: The relationship between regional integration and multilateral trade order, in *Anderson/Blackhurst*: Regional Integration and the Global Trading System, S. 311 (324).

360 *Steinberger*: GATT und regionale Wirtschaftszusammenschlüsse, S. 126; *Zimmer*: Zollpräferenzen im GATT, S. 106; *Dam*: The GATT: Law and international economic organization, S. 290; *Lawrence*: Regionalism, multilaterlism, and deeper integration, S. 98; *WTO*: Compendium of Issues related to Regional Trade Agreements, S. 18; *Cottier/Evtimov*: Präferenzielle Abkommen der EG, ZEuS 2000, S. 477 (490).

361 *Jaeger*: GATT, EWG und EFTA, S. 274; *Zimmer*: Zollpräferenzen im GATT, S. 116 ff.; Richter: Die Assoziierung osteuropäischer Staaten durch die EG, S. 243.

2. Unvereinbar mit derselben Bestimmung ist das Ausklammern ganzer Produktgruppen, geschweige denn ganzer Wirtschaftszweige, auch wenn diese quantitativ nur einen geringen Prozentsatz am Gesamthandelsvolumen ausmachen.

Mangels eindeutiger Definition durch die VERTRAGSPARTEIEN bleibt aber auch das Merkmal „annähernd der gesamte Handel“ grundsätzlich von den Partnern zu bestimmen, die die Freihandelszone errichten wollen. Die Interpretation wird daher insbesondere von deren Entwicklungsstand abhängen.[362] Die Praxis hat gezeigt, dass das Merkmal „annähernd der ganze Handel“ weit auszulegen ist und nur individuell und in Kenntnis des Einzelfalles bestimmt werden kann. Es muss letztendlich die Gewähr dafür geboten sein, dass die Mitglieder der Freihandelszone eine alle wesentlichen Bereiche des Handelsverkehrs der beteiligten Gebiete umfassende Integration ernsthaft verwirklichen werden.[363]

2. Prüfung der Assoziationsabkommen

Die Beurteilung der GATT-Konformität der Assoziationsabkommen zwischen der EG und ihren Mitgliedstaaten einerseits sowie den Maghrebstaaten andererseits hängt also auch davon ab, wie intensiv die angestrebte Liberalisierung des Binnenhandels zwischen den beteiligten Gebieten ist. Nur die vollumfängliche Liberalisierung des Handels im Innern der Freihandelszone schwächt indirekt das Moment der Schlechterstellung von Drittgebieten ab und stellt daher nach Ansicht vieler VERTRAGSPARTEIEN das Hauptkriterium dar, wonach die GATT-Konformität eines regionalen Zusammenschlusses zu beurteilen sei.[364]

Die Assoziationsabkommen sehen die schrittweise, aber vollständige Abschaffung der Zölle auf die meisten Industriewaren vor. Davon betroffen sind Einfuhrzölle[365], Finanzzölle[366], Fiskalabgaben und Zollrückvergütungen.[367] Ausnahmen hiervon werden für bestimmte sensible Waren gemacht, vor allem für Textilien und Mineralölerzeugnisse. Für diese Waren werden entweder lange Übergangsfristen beim Zollabbau gewährt, oder es werden Plafonds bzw. jährliche Höchstmengen festgesetzt, bei deren Überschreitung die gegenüber Drittländern geltenden Zollsätze ange-

---

362 *Imhoof*: Le GATT et le zones de libre échange; S. 74; *Richter*: Die Assoziierung osteuropäischer Staaten durch die EG, S. 243; Erler: Zollpräferenzen im GATT, S. 104.

363 *Steinberger*: GATT und regionale Wirtschaftszusammenschlüsse, S. 151.

364 Siehe oben Abschnitt B. II. 3. dieses Kapitels.

365 Art. 11 und Art. 8 der Abkommen mit Tunesien und Marokko.

366 Art. 13 der Abkommen mit Tunesien und Marokko.

367 Art. 22 der Abkommen mit Tunesien und Marokko.

wandt werden können.[368] Die Befreiung des Handels von Beschränkungen wird gewährleistet durch die Stillhaltebestimmungen betreffend mengenmäßige Einfuhrbeschränkungen sowie durch die Verpflichtung der teilnehmenden Staaten, solche mengenmäßigen Beschränkungen zu beseitigen.[369] Die Verpflichtung zum Abbau bezieht ebenso Abgaben gleicher Wirkung wie Zölle und mengenmäßige Beschränkungen mit ein. Das Abkommen mit Marokko enthält zusätzlich die Verpflichtung, die von Marokko angewandten Referenzpreise nicht zu erhöhen und schrittweise abzubauen.[370]

Die in den Abkommen vorgesehenen Ausnahmebestimmungen für den Fall von Zahlungsbilanzschwierigkeiten[371] oder zum Schutz junger Industrien[372], zum Schutz der öffentlichen Sittlichkeit, Ordnung oder Sicherheit, der Gesundheit und des Lebens von Menschen, Pflanzen und Tieren sowie zum Schutz des nationalen Kulturgutes[373] sind ihrerseits GATT-konform, da sie im Regelwerk des GATT explizit als Ausnahmen vorgesehen sind.[374]

Nicht in diese schrittweise, planmäßige und vollständige Liberalisierung ist der Handel mit Agrarprodukten eingeschlossen. Zwar enthalten die Abkommen den Grundsatz, dass die EG und Tunesien bzw. Marokko den gegenseitigen Handel mit landwirtschaftlichen und Fischereierzeugnissen liberalisieren, Freihandel in diesem Bereich ist jedoch nicht vorgesehen. Für bestimmte landwirtschaftliche Produkte ist die schrittweise Abschaffung von Zöllen und anderen handelsbeschränkenden Maßnahmen geplant, *de facto* profitiert jedoch nur eine begrenzte Anzahl von Agrargütern von den Zugeständnissen in den Abkommen und deren Anhängen. Insbesondere bei Produkten mit hohem Wachstums- und Exportpotential, wie etwa der Orangensaftindustrie, Tomaten, Erdbeeren, Melonen und andere Früchte in Marokko[375] oder Olivenöl in Tunesien[376] werden weiterhin Quoten und andere Exportbeschränkungen, wie etwa Selbstbeschränkungsabkommen, aufrecht erhalten.

---

368 Siehe dazu auch unten den folgenden Exkurs.

369 Art. 10 Abs. 3 der Abkommen mit Tunesien und Marokko.

370 Art. 12 Abs. 1 des Abkommens mit Marokko.

371 Art. 11 Abs. 4 der Abkommen mit Tunesien und Marokko.

372 Art. 14 Abs. 1 der Abkommen mit Tunesien und Marokko.

373 Art. 28 der Abkommen mit Tunesien und Marokko.

374 Vgl. etwa Art. XII, XIX, XX, XXI GATT 1994.

375 *Lorca/Vicéns*: L'impact de la libéralisation commerciale euro-méditerranéenne dans les échanges agricoles, S. 6.

376 *Ibid.*

---------- *EXKURS:* Selbstbeschränkungsabkommen ----------

Ein häufig genutztes nicht-tarifäres Handelshemmnis ist das sogenannte Selbstbeschränkungsabkommen.[377] Importierende Länder verlangen von leistungsfähigen Anbietern, dass sie ihre Exportmengen quotieren und den Importkapazitäten des Abnehmerlandes anpassen. Es handelt sich dabei um sogenannte freiwillige Selbstbeschränkungsabkommen. Sofern die Importländer für den Fall des Nicht-Zustandekommens solcher Abkommen mit negativen Konsequenzen drohen, stellt sich für die Lieferländer die Frage, ob sie „freiwillig" solchen Exportselbstbeschränkungen den Vorzug geben vor einseitigen, vom Importland verhängten Importbeschränkungen.[378] Daher sind Selbstbeschränkungsabkommen in erster Linie ein Ergebnis der Machtverteilung, die es wirtschaftlich und politisch starken Staaten ermöglicht, sich gegenüber den Exportinteressen des Exportlandes durchzusetzen. Die freiwilligen Exportbeschränkungen zur Vermeidung von Strafzöllen wirken deshalb wie mengenmäßige Einfuhrbeschränkungen.[379] Meistens läßt sich jedoch nicht genau feststellen, ob feste Absprachen getroffen wurden, weshalb auch eine eindeutige GATT-Widrigkeit oftmals nicht nachzuweisen ist.[380]

---------- *EXKURS ENDE* ----------

In den Assoziationsabkommen zwischen der EG und den Maghrebstaaten gibt es eine große Anzahl von landwirtschaftlichen Gütern, welche Gegenstand von Bezugsmengen oder Tarifgebühren sein können.[381] In bezug auf die Importe bestimmter maghrebinischer Agrarprodukte hat die EG Präferenzen festgelegt. Aufgrund derer lässt sich folgender Phantom-Zollsatz ausmachen (siehe Tabellen 1 und 2).

---

377 Die EG ist einer der Hauptnutzer dieses protektionistischen Instruments, vgl. *Yüksel*: Welthandelsorganisation, S. 57.

378 Zu Unterschieden und Auswirkungen siehe *Sauernheimer*: Nicht-tarifäre Handelshemmnisse: Analyse der Auswirkungen auf den Außenhandel unter www.aussenwirtschaft.vwl.uni-mainz.de/downloads/Theorie%20der%20internationalen%20Handelsbeziehungen/NTHH-Sauernheimer.pdf (am 07.04.2004); *Ohlinger*: Die Relevanz nicht-tarifärer Handelshemmnisse im internationalen Handel und ihre Wirkungen auf die Integration der Entwicklungsländer und die Weltwirtschaft, S. 136 f.

379 *Yüksel*: Welthandelsorganisation, S. 56; Petersmann: Grey Area Trade restrictions and International Law, in Dicke/Petersmann: Foreign trade in the present and a new international economic order; S. 203 (204 f.).

380 Was ein wesentlicher Grund dafür ist, dass die Klauseln bei den Verwenderstaaten so beliebt sind.

381 Siehe oben Teil 5 Kapitel 3 A. II.; *Handoussa/Reiffers*: On the Evolution of the Structure of Trade and Investments between the European Union and its Mediterranean Partners, S. 26.

Anhand dieser Tabellen wird deutlich, dass die EG je nach spezieller Wichtigkeit des Produkts für die exportierenden Maghrebstaaten unterschiedliche Protektionsgrade aufrechterhält. Tatsächlich ist der größte Teil der landwirtschaftlichen Produktion von der Handelsliberalisierung zwischen den Vertragspartnern durch Zugangsbeschränkungen zum europäischen Markt ausgenommen.

Tabelle 1: *Phantomzollsatz für ausgewählte landwirtschaftliche Produkte Tunesiens und Marokkos (in %)*

Produkt	**Tunesien**	**Marokko**
Fische und Schalentiere	13,9	13,9
Gemüse	43,1	23,3
Früchte	47,7	46,5
Zucker	32,6	31,6
Wein	21,2	21,2
Öle	70,9	4,5

Quelle: *Lorca / Vicèns*: L'impact de la libéralisation commerciale euro-méditerranéenne dans les échanges agricoles, S. 7.

Zur Verdeutlichung sei zudem der Anteil einzelner Produkte an den landwirtschaftlichen Gesamtexporten dargestellt:

Tabelle 2: *Anteil einzelner Produkte an den landwirtschaftlichen Gesamtexporten Tunesiens und Marokkos (in %)*

Produkt	**Tunesien**	**Marokko**
Fische und Schalentiere	7,8	9,1
Gemüse	4,5	30,7
Früchte	25,1	46,8
Zucker und Konfekt	0,1	7,5
Öle	56,6	1,1
ausgewählte insgesamt	**94,1**	**87,7**

Quelle: *Lorca / Vicéns*: L'impact de la libéralisation commerciale euro-méditerranéenne dans les échanges agricoles, S. 7.

Der Wortlaut des Art. 17 der jeweiligen Abkommen macht deutlich, dass die EG erneut dem Prinzip der ungleichmäßigen Gegenseitigkeit gefolgt ist, wie es unter den früher abgeschlossenen Abkommen bereits praktiziert wurde. Die EG überschreitet auf der einen Seite den Schnitt der Gebührenkürzungen für grundlegende tunesische und marokkanische landwirtschaftliche Produkte. Auf der anderen Seite erfolgt diese Kürzung um bis zu 100 % zugunsten nicht-tarifärer Handelsbarrieren für zahlreiche Güter, die für beide Maghrebstaaten wichtig sind[382], etwa durch die Einführung oder Aufrechterhaltung von Mengenquoten, Exportkalendern, Bezugspreisen oder durch Sicherheitsbestimmungen, die die Gemeinschaft dazu ermächtigen, Wettbewerbsverzerrungen auf dem freien Markt entgegenzuwirken.[383] Die aufrechterhaltenen Kontingente führen dazu, dass innerhalb derselben die Einfuhr der betroffenen landwirtschaftlichen Erzeugnisse ohne oder zu einem geringen Zollsatz möglich ist, über das Kontingent hinausgehende Einfuhren aber nicht gestattet werden. Ist das Kontingent einmal erschöpft, sind weitere Einfuhren dieses Erzeugnisses nicht oder nur zu einem erheblich höheren Zollsatz möglich.[384]

Im Gegensatz zu den industriellen Gütern fehlt es in bezug auf die Liberalisierung des Landwirtschaftssektors an genauen Vorgaben zum Abbau von Handelsbeschränkungen. Insbesondere gibt es keinen Plan für die schrittweise Liberalisierung des Handels mit Agrarprodukten. Die Abkommen sehen lediglich regelmäßige Verhandlungen zwischen den Partnern vor, in denen festgestellt werden soll, ob und in welchem Umfang Liberalisierungsmaßnahmen auf dem Agrarsektor ergriffen werden können.[385]

---

382 *Schumacher*: Die Maghreb-Politik der Europäischen Union, S. 127; *Smith/Latheenmaki*: Europeanization of the Mediterranean region: the EU's relations with the Maghreb, in *Cafruny/Peters*: The Union and the World - The Political Economy of a Common European Foreign Policy, S. 168; *Bayar et al.*: An intertemporal, multi-regional equilibrum analysis of agricultural trade liberalization in the South Mediterranean NIC's, Turkey, and the European Union, S. 1, 4.

383 Art. 3 Abs. 2 des Protokolls Nr. 1 über die Regelungen bezüglich der Importe landwirtschaftlicher Güter mit Ursprung in Tunesien in die EG. Siehe hierzu *Lorca/Vicéns*: L'impact de la libéralisation commerciale euro-mediterranéenne dans les échanges agricoles, S. 3; *Bayar et al.*: An intertemporal, multi-regional equilibrum analysis of agricultural trade liberalization in the South Mediterranean NIC's, Turkey, and the European Union, S. 3.

384 Zur Wirkung dieser freiwilligen Selbstbeschränkungsabkommen siehe den vorangegangenen Exkurs.

385 Siehe dazu oben Teil 1 Kapitel 3 A. II.; *Handoussa/Reiffers*: On the Evolution of the Structure of Trade and Investments between the European Union and its Mediterranean Partners, S. 27.

Deshalb ist es fraglich, ob die Assoziationsabkommen Art. XXIV : 8 (b) GATT genügen.[386] Wie bereits festgestellt, fordert diese Vorschrift die Liberalisierung des annähernd gesamten Handels zwischen den Gebieten der Freihandelszone, was implizit jede selektive Liberalisierung des Handels und jede Teilbereichsintegration ausschließt. Nur ein unwesentlicher Teil des Handels darf von der Integration ausgenommen werden.[387]

Berechnet man die Liberalisierungsmaßnahmen für Industriegüter, sind im Rahmen der Assoziationsabkommen nahezu 85 % des gesamten Handels zwischen der EG und Marokko sowie Tunesien von der Liberalisierung des Handels abgedeckt. Zählt man die wenigen Maßnahmen zur Liberalisierung des Handels mit landwirtschaftlichen Gütern hinzu, dann werden durch die Abkommen ca. 90 % des gesamten Handels zwischen den Partnern liberalisiert. Man könnte daher argumentieren, dass damit die Voraussetzungen des Art. XXIV : 8 (b) GATT erfüllt seien.

Das Ausmaß der Liberalisierung kann jedoch nicht durch abstrakte oder allgemeine mathematische Kriterien festgelegt werden. Für die Auslegung sind sowohl quantitative als auch qualitative Maßstäbe anzulegen. Die Befreiung des Handels muss sich auf annähernd alle Produkte erstrecken, die jeder Wirtschaftsbereich in jedem Mitgliedsland der Freihandelszone zu produzieren vermag.[388]

Auch ohne Bemühen von Zahlen wird deutlich, dass in den Assoziationsabkommen zwischen der EG und den Maghrebstaaten faktisch ein ganzer Industriezweig von der Errichtung der Freihandelszone ausgeschlossen ist[389]: der Agrar- und Fischereisektor. Die Landwirtschaft Tunesiens (insbesondere Olivenöl) und Marokkos (Zitrusfrüchte, Fischereiprodukte) tragen einen beachtlichen Teil zum BIP dieser Länder bei und spielen eine große strukturelle Rolle in den Wirtschaften der Länder.[390] Die Produktion von Gemüse, Früchten und verarbeiteten Nahrungsmitteln (nicht Getreide) genügt in der Regel zur Selbstversorgung, und

386 So auch schon die GATT Working Parties für die Abkommen von 1976: Report 1977 L/4559, S. 85, L/4560, S. 93 und L/4558, S. 102.

387 *Jaeger*: GATT, EWG und EFTA S. 274; siehe dazu oben Abschnitt B. III. 1. dieses Kapitels.

388 *Jaeger*: GATT, EWG und EFTA, S. 274; Siehe oben Anschnitt B. III. 1. dieses Kapitels.

389 Dies trifft nicht für Algerien zu. Für dieses Land wurden im Rahmen des noch zu ratifizierenden Abkommens auch andere Bestimmungen bezüglich des Handels mit landwirtschaftlichen Produkten getroffen. Grund hierfür ist der sehr geringe Anteil landwirtschaftlicher Produkte an den Gesamtexporten Algeriens in die EG.

390 Siehe oben Teil 1 Kapitel 1 B. dieser Arbeit.

Überschüsse könnten in andere Märkte exportiert werden. Hier besteht ein hohes Potential wirtschaftlicher Entwicklung.[391] Die Restriktionen für den Zugang tunesischer und marokkanischer Agrar- und Fischereiprodukte auf den europäischen Markt sind derart umfassend, dass von einem liberalisierten Absatz der Produkte dieses Wirtschaftssektors nicht gesprochen werden kann. Vielmehr gibt es eine Vielzahl bilateraler Regelungen, Sonderbestimmungen, Mindesteinfuhrpreise, Zollkontingente und andere Einfuhrbeschränkungen, die den Schutz der europäischen Landwirtschaft im Hinblick auf bestimmte maghrebinische Produktgruppen weiterhin gewährleisten.[392] So werden die jährlichen Quoten beispielsweise im Rahmen eines Briefwechsels festgelegt.[393] Am Beispiel des Fischereisektors Marokkos wird deutlich, dass die so angestrebte Liberalisierung nicht funktioniert.[394]

Umgekehrt erhalten auch Marokko und Tunesien den bestehenden Schutz ihrer landwirtschaftlichen Produktion aufrecht, wenn auch nicht in so erheblichem Maße, wie die EG. Hinzu kommt, dass die landwirtschaftlichen Exporte der EG in die Maghrebstaaten nicht annähernd von solch struktureller Bedeutung sind, wie für die Maghrebstaaten.

IV. Die planmäßige Abschaffung der Handelsbarrieren - Art. XXIV : 5 GATT

Auch wenn festgestellt wurde, dass bereits aufgrund der Ausnahme des Landwirtschaftssektors von den Liberalisierungsmaßnahmen im Rahmen der Bildung der Freihandelszone die hierfür geschlossenen Assoziationsabkommen gegen das GATT verstoßen, sollen im folgenden die weiteren Voraussetzungen des Art. XXIV GATT geprüft werden. Hintergrund ist, dass die Landwirtschaft eine besondere Rolle im Welthandel einnimmt, die den oben festgestellten Verstoß möglicherweise rechtfertigt.[395] Eine solche Rechtfertigung würde sich aber ausschließlich auf den Handel mit landwirtschaftlichen Produkten beziehen, nicht aber auf den Handel mit industriellen Gütern.

Art. XXIV : 5 GATT fordert von einer GATT-konformen Freihandelszone neben den in den Definitionen des Abs. 8 genannten Merkmalen die

391 *Ibid.*

392 Hierzu auch *Richter*: Die Assoziierung osteuropäischer Staaten durch die EG, S. 248 f.; *McMahon*: The Development Co-operation Policy of the EC, S. 132 ff; *Fischler*: Der Barcelona-Prozess - ein Fall für die Landwirtschaft?, S. 4.

393 Siehe auch den jüngsten Briefwechsel zwischen der EG und dem Königreich Marokko, ABl. EG L 345 v. 31.12.2003, S. 117 ff.

394 "Fischereistreit mit Marokko spitzt sich zu", FAZ v. 27.03.2001, S. 17.

395 Siehe dazu unten Kapitel 6 dieser Arbeit.

Erfüllung weiterer Voraussetzungen. Er verlangt, dass die Interimsabkommen zur Schaffung einer Freihandelszone einen konkreten Plan enthalten, der die Stufen des Abbaus von Zöllen und anderen Handelsschranken innerhalb einer angemessenen Zeitspanne festlegt.[396]

1. Plan und Programm

Die Integration verschiedener Wirtschaftsgebiete und die damit verbundene Änderung der Wirtschaftsfaktoren und Handelsströme bringt Anpassungsschwierigkeiten einzelner Wirtschaftszweige mit sich. Dies kann bei einem sofortigen Vollzug der Freihandelszone zu ernsthaften Störungen führen.[397] Art. XXIV Abs. 5 (c) GATT erlaubt daher den Integrationspartnern, die Freihandelszone in Etappen zu errichten. Er bestimmt, dass

> *„jede vorläufige Vereinbarung im Sinne des Buchstaben (a) oder (b)* (des Art. XXIV : 5 GATT– der Verf.) *einen Plan und ein Programm zur Bildung der betreffenden Zollunion oder Freihandelszone ... enthält."*

Er verlangt allerdings auch, dass die Freihandelszone gemäß diesem Plan und diesem Programm innerhalb einer angemessenen Zeitspanne errichtet werden muss.

a) Inhalt

Die GATT-Verfasser hatten bei der Konzeption des Vertragstextes bereits erkannt, dass bei einer grundsätzlichen Zulässigkeit von Interimsabkommen materiell-rechtliche und verfahrensrechtliche Garantien erforderlich sind, um die Vereinbarung GATT-widriger, vorübergehender Zollpräferenzen zu verhindern.[398] Daher fordert der Vertragstext einen Plan und ein Programm zur Errichtung einer Freihandelszone.

Auch diese Begriffe sind nicht definiert. Schwierigkeiten ergeben sich in erster Linie bei der Frage, wie konkret die einzelnen Etappen zur Bildung einer Freihandelszone in den jeweiligen Gründungsverträgen beschrieben sein müssen. In der Praxis hat das GATT bei seiner Überprüfung der ihm angezeigten oder sonst zur Kenntnis gelangten Freihandelszonen keine allgemeingültigen Maßstäbe aufgestellt. Lediglich in dem Bericht der Ar-

---

396 Siehe hierzu oben Abschnitt B. II. c) dieser Arbeit.

397 *Herrmann*: Das Institut der Assoziierung im Recht der Europäischen Gemeinschaft, S. 354.

398 *Herrmann*: Das Institut der Assoziierung im Recht der Europäischen Gemeinschaft, S. 355; *Zimmer*: Zollpräferenzen im GATT, S. 97; *Hauser/Zimmermann*: Regionalismus oder Multilateralismus?, Die Volkswirtschaft, 5-2001, S. 6.

beitsgruppe zur Überprüfung der EG-Abkommen mit Marokko und Tunesien 1970 wird festgestellt, dass

> *„without a precise and complete plan and schedule, it would be impossible for the CONTRACTING PARTIES to make findings with regard to whether the agreements were likely to result in free-trade areas within reasonable period and, if necessary, to make recommendations."*[399]

In einem Bericht von 1975 zur Überprüfung des Freihandelsabkommens zwischen der EWG und Libanon findet sich die Ansicht der EWG,

> *„that Article XXIV : 5 must be read in its entirety. The parties' view, shared by some other members of the Working Party, was and remained that the three concepts of 'interim agreement', 'plan and schedule' and 'reasonable length of time' could not be dissociated from one another as to their significance and their scope. They could not claim to be able to foresee, in an interim agreement, in any precise manner at this stage and in a situation constantly changing, all the modalities that would lead to its objective.... It nevertheless remained that within the context of the Agreement, there was a plan and schedule in the sense that the Agreement obtained specific concrete provisions for attaining the objectives of tariff and quota dismantlement in a first stage, and the provisions necessary for continuing and in compliance with the provisions of the General Agreement."*[400]

Alles in allem müssen Plan und Programm eine konkrete Anleitung für die Partner sein, die Freihandelszone zu errichten. Daraus ergeben sich *per se* Anforderungen, etwa dass aus dem Plan und Programm hervorgehen muss, wie die Parteien des Integrationsabkommens die Zollsenkungen und den Abbau von Handelshemmnissen vorsehen, also in welchem Zeitraum und in welchem Umfang. Genaue Vorgaben im Hinblick auf die wirtschaftlichen Umstände sind hierfür unerlässlich, auch wenn das Festlegen konkreter Einzelheiten bezüglich der Übergangsmaßnahmen nicht

399 „... es ohne genauen und vollständigen Plan und Programm für die Vertragsparteien unmöglich ist festzustellen, ob die Abkommen tatsächlich innerhalb einer angemessenen Zeitspanne zu Freihandelszonen führen und, wenn nötig, Empfehlungen auszusprechen"; *GATT*: Analytical Index, S. 751.

400 „... dass Art. XXIV : 5 in seiner Gesamtheit gelesen werden muss. Die auch von anderen Mitgliedern der Arbeitsgruppe geteilte Auffassung der Parteien war und ist, dass die drei Konzepte ‚Interimsabkommen', ‚Zeitplan und Programm' und ‚angemessene Zeitspanne' bezüglich ihrer Bedeutung und ihres Ziels nicht voneinander getrennt werden können. Es war nicht möglich, die genauen Modalitäten des Interimsabkommens in diesem Stadium und in einer sich ständig verändernden Situation zum Erreichen seines Zieles vorauszusagen. Es gab aber dennoch im Rahmen des Abkommens einen Zeitplan und ein Programm in der Hinsicht, dass das Abkommen bestimmte genaue Vorgaben enthält, um das Ziel des Zoll- und Quotenabbaus zu erreichen und weitere Vorgaben, die für dessen Weiterführung nötig und in Übereinstimmung mit dem GATT waren"; *GATT*: Analytical Index, S. 751.

erforderlich ist. Stellt sich später heraus, dass die Vorgaben nicht eingehalten werden können, haben die Parteien die Möglichkeit, den Plan und das Programm unter Mitteilung an die WTO zu überarbeiten und entsprechend anzupassen. Wichtig ist, dass eine dynamische Entwicklung angestrebt und diese in Plan und Programm niedergelegt ist. Dies erlaubt es den Partnern der Freihandelszone, notwendige Übergangsmaßnahmen durchzuführen und sich auf diese einzustellen.[401] Konsequenterweise folgen Plan und Programm auch nicht einem festgelegten Schema, vielmehr sollten sie sich an den jeweiligen konkreten Umständen der Integrationspartner orientieren.

b) Prüfung der Assoziationsabkommen

Zwischen den Partnern der Assoziationsabkommen wurden auf bilateraler Ebene Zeitpläne und Programme ausgehandelt, anhand derer sich der Abbau von Zöllen und Handelshemmnissen vollziehen soll. Es ist ein stufenweiser Abbau vorgesehen, wobei sich die Übergangszeit nach der Sensibilität der entsprechenden Produktkategorien richtet. Das Prinzip lautet: Die Beseitigung der Handelsschranken und Zölle für besonders sensible Produkte darf sich über einen längeren Zeitraum erstrecken als für weniger sensible Produkte.

Art. 10 und insbesondere Art. 11 der Assoziationsabkommen mit Marokko und Tunesien geben konkrete Vorgaben, in welchem Zeitraum und in welcher Höhe sich der Abbau der Zölle und Abgaben gleicher Wirkung vollziehen soll. Festgelegt ist eine jährliche Senkung des Zollsatzes um eine bestimmte Prozentzahl vom Ausgangssatz bis hin zur vollständigen Beseitigung am Ende der Übergangsphase.[402] Als Ausgangssatz gilt der Zollsatz, der bei Inkrafttreten der Abkommen auf die entsprechende Produktkategorie angewandt wurde.[403] Dies gilt zumindest für die meisten Industriegüter.

Eine konkrete Reduzierung des Zoll- und Abgabensatzes ist dagegen weder für landwirtschaftliche noch für Fischereiprodukte festgelegt. Die in den Abkommen vorgesehenen wiederkehrenden bilateralen Verhandlungsrunden zur Liberalisierung des Handels mit landwirtschaftlichen Erzeugnissen sind sehr pragmatischer Natur und lassen jegliche Planung und Programmierung vermissen.[404] Die endgültige Beseitigung von Zöl-

---

401 Siehe dazu auch *Imhoof*: Le GATT et les zones de libre échange, S. 84.

402 Siehe dazu auch oben Teil 1 Kapitel 3 A. dieser Arbeit.

403 Artikel 11 Absatz 5 der Abkommen mit Marokko und Tunesien.

404 So auch *Hoekman/Djankov*: Catching up with Eastern Europe?, S. 20.

len und anderen handelsbeschränkenden Maßnahmen ist auf diese Weise nicht gesichert. Damit aber ist keine Gewähr dafür geboten, dass die Partner der Freihandelszone auch den wesentlichen Bereich des Handels mit landwirtschaftlichen Produkten umfassend und ernsthaft in die Freihandelszone integrieren wollen. Dies ist eine Folge des Ausschlusses des Agrarsektors als Wirtschaftszweig von der Liberalisierung.[405] Wird der Handel in diesem Bereich nicht liberalisiert, kann auch kein festgelegtes Programm zur Abschaffung von Zöllen und anderen Handelsschranken vorgesehen werden. Bezüglich des Handels mit landwirtschaftlichen Produkten fehlt es am von Art. XXIV Abs. 5 (c) GATT geforderten Plan und Programm.

2. Das Merkmal „innerhalb einer angemessenen Zeitspanne“

a) Inhalt

Die Liberalisierung des Handels muss sich „innerhalb einer angemessenen Zeitspanne“ vollziehen. Nur eine stufenweise Errichtung einer Freihandelszone wird als erfolgversprechend angesehen. Durch die eingeräumte Übergangszeit wird den Unternehmen in den assoziierten Gebieten die Anpassung erleichtert; die Verluste der Industrien, die bis dahin an Protektionismus gewöhnt waren, werden so gemindert.[406]

Die VERTRAGSPARTEIEN des GATT haben bisher allerdings auch für dieses Merkmal keine genaue Bestimmung getroffen. Der Vorschlag der südafrikanischen Delegation von 1949, diesen unbestimmten Ausdruck durch ein festgesetztes Limit zu ersetzen, wurde verworfen.[407] Es kann somit weder genau noch generell gesagt werden, wie viele Jahre unter das Merkmal „angemessen“ fallen.

Folgerichtig kamen in der Praxis Zweifel auf etwa bezüglich einer Übergangsperiode von 22 Jahren in dem Assoziierungsabkommen der EWG mit Griechenland. Selbst bei dem EWG-Assoziierungsabkommen mit der Türkei, in denen eine Übergangsperiode von elf Jahren vorgesehen war, wurden Stimmen laut, die diese Zeitspanne für nicht angemessen hielten. Die vom EGV vorgesehene 15jährige Übergangszeit für die Verwirklichung der Zollunion wurde von den VERTRAGSPARTEIEN allerdings auch nicht beanstandet. Im Laufe der Jahre sind die VERTRAGSPARTEIEN zu der Ansicht gelangt, dass ein festgesetztes Zeitlimit nicht sinnvoll erscheint, sondern im Rahmen dieses Merkmals auf die besonderen Umstände und

---

405 Siehe oben Abschnitt B. III 2. dieses Kapitels.

406 *Yüksel*: GATT/WTO-Welthandelssystem, S. 96.

407 *GATT*: Analytical Index, S.752.

wirtschaftlichen Begebenheiten insbesondere der Entwicklungsländer als zentrales Anliegen des GATT Rücksicht genommen werden muss.[408] Im Rahmen der *Uruguay*-Runde wurde jedoch für die Umsetzung eines Interimsabkommens eine Zeitspanne von höchstens 10 Jahren als angemessener Zeitraum festgelegt.[409] Kann die Freihandelszone nicht innerhalb dieses Zeitraums errichtet werden, müssen die teilnehmenden Gebiete den VERTRAGSPARTEIEN eine Erklärung über außergewöhnliche Umstände abgeben, die die Ausdehnung über zehn Jahre hinaus rechtfertigen.[410]

b) Prüfung der Assoziationsabkommen

In den einzelnen bilateralen Assoziationsabkommen ist vorgesehen, die Handelsbeschränkungen, egal welcher Art, innerhalb einer Übergangszeit von maximal 12 Jahren abzubauen[411]. Dann soll die Freihandelszone vollumfänglich errichtet sein.[412] Für Tunesien wäre dies im Jahr 2010, für Marokko 2012 der Fall. Für Algerien kann aufgrund der noch ausstehenden Unterzeichnung des Assoziationsabkommens ein voraussichtliches Datum für die vollständige Errichtung der Freihandelszone noch nicht vorausgesagt werden.

Gemäß der Art. 10 und 11 der Abkommen sind sowohl Marokko als auch Tunesien (und voraussichtlich auch Algerien) dazu verpflichtet, über einen Zeitraum von 3, 4, 8, 9 oder 10 Jahren alle tarifären und nichttarifären Hemmnisse gegenüber Importen aus der EG abzuschaffen.[413] In jedem Fall sollen sämtliche handelshindernden Maßnahmen innerhalb zwölf Jahren vollständig verschwunden sein, ausgenommen im Agrarbereich.

Diese maximale Übergangsperiode von zwölf Jahren darf nur in Ausnahmesituationen verlängert werden.[414] Sollten die in den Abkommen anvisierten Zollsenkungen zu ernsthaften wirtschaftlichen oder monetären Problemen führen, sieht jeweils Art. 11 Abs. 4 der Abkommen vor, dass

---

408 Siehe Report of the Working Party on "EEC-Agreement of Association with Turkey" von 1972, *GATT*: Analytical Index, S. 753.

409 Nr. 3 der Vereinbarung zur Auslegung des Art. XXIV GATT 1994.

410 *McMahon*: The Development Co-operation Policy of the EC, S 133; *Yüksel*: GATT/WTO-Welthandelssystem, S. 97.

411 Mit den oben in Abschnitt B. III 2. dieses Kapitels genannten Einschränkungen.

412 Art. 6 der Abkommen mit Marokko und Tunesien.

413 Die betreffenden Produktkategorien, für die die entsprechende Zeitspanne Anwendung finden, sind in den Anhängen der Abkommen aufgeführt.

414 Art. 11 Abs. 4 and 14 des Abkommens mit Tunesien.

das Assoziationskomitee mit einfacher Mehrheit über eine Änderung des Liberalisierungsplans entscheiden kann.[415]

Aus Art. 11 Abs. 1 und 4 und Art. 14 der Abkommen geht eindeutig hervor, dass die Übergangsfrist nur bei Vorliegen *außergewöhnlicher* Umstände ausgedehnt werden kann. Art. 14 erlaubt in Abkehr der Vorschriften des Art. 11 Abs. 1 bis 3 Ausnahmemaßnahmen von begrenzter Dauer, falls der Gebührenabbau zu bedeutenden Problemen *für im Aufbau befindliche Industrien führt, oder für bestimmte Sektoren, welche Restrukturierungsmaßnahmen durchlaufen oder vor schwierige Probleme gestellt sind.* Gemäß Art. 14 Abs. 1 Unterabs. 5 der Abkommen ist eine solche Maßnahme allerdings nicht mehr möglich, nachdem auf die in Frage kommende Produktkategorie bereits mehr als drei Jahre alle Zölle, mengenmäßiger Beschränkungen, Gebühren oder Maßnahmen gleicher Wirkung abgeschafft wurden.

Die Maßnahmen die Tunesien, Marokko (oder Algerien) ergreifen können, sind beschränkt auf eine Erhöhung oder Wiedereinführung von Zöllen. Sie unterliegen einem absoluten Zeitlimit von fünf Jahren.[416]

Obwohl die Vorschriften der Abkommen mit den Maghrebstaaten erlauben, die Durchführung der vereinbarten Reduzierungen hinaus-zuzögern, kann eine solche Verzögerung grundsätzlich nicht über die Dauer von einem Jahr hinausgehen. Der Zollabbau muss in jedem Fall am Ende der Übergangsperiode von zwölf Jahren abgeschlossen sein. Hiervon gibt es allerdings eine Ausnahme: Um Schwierigkeiten beim Aufbau neuer Industrien zu verhindern, lässt Art. 14 Abs. 2 der Abkommen zu, Schutzmaßnahmen der oben genannten Art auch für die Zeit nach der zwölfjährigen Übergangsperiode einzuführen. Dies ist begrenzt auf maximal drei Jahre. In einem solchen Fall verlängert sich die angestrebte Übergangszeit also auf insgesamt 15 Jahre.

Dies entspricht nicht dem im Rahmen der *Uruguay*-Runde angestrebten Übergangszeitraum von höchstens zehn Jahren. Die VERTRAGSPARTEIEN des GATT waren sich aber auch darüber einig, dass die Partner solcher Interimsabkommen bei der Bestimmung der Übergangsperiode die besonderen Umstände und die wirtschaftlichen Begebenheiten der an der Freihandelszone beteiligten Gebiete berücksichtigen sollen. Die Maghrebstaaten haben eine schwach entwickelte und wenig wettbewerbsfähige

415 Art. 81 der Abkommen mit Marokko und Tunesien überträgt dem Assoziierungskomitee die Verantwortung für die Durchsetzung des Abkommens und die Ausübung der damit verbundenen Vollmachten.

416 Art. 14 Abs. 1 Unterabs. 4 der Abkommen mit Tunesien und Marokko.

Industrie. Algerien, Marokko und Tunesien haben noch immer zahlreiche wirtschaftliche Probleme zu bewältigen, die in langer Kolonisation und späterem Missmanagement wurzeln.[417] Nur durch eine lange Übergangsperiode kann gewährleistet werden, dass die Wirtschaften der Länder an die neuen Bedingungen einer globalen Wirtschaft angepasst werden können, ohne zu einschneidende fiskalische, soziale aber auch nationale wirtschaftliche Folgen zu verursachen.[418]

Das ist nicht entgegen der Philosophie des GATT. So lange die Integrationspartner die unbestrittene Verpflichtung zu weiterer Integration intensivieren und sich ihr wahrer Wille konkret und nicht nur allgemein auf die Errichtung einer Freihandelszone richtet, sollte die „angemessene" Zeitspanne flexibel interpretiert werden. Im Übrigen trägt das GATT grundsätzlich den verschiedenen Entwicklungsstadien der Wirtschaften der VERTRAGSPARTEIEN Rechnung und kann dies bei der Auslegung des Art. XXIV Abs. 5 (c) GATT nicht ausschließen oder anders handhaben. Anderenfalls wäre die Bildung von Freihandelszonen zwischen Industriestaaten und Staaten mit weniger entwickelter Wirtschaft faktisch ausgeschlossen.

In den Assoziationsabkommen zwischen der Gemeinschaft und den Maghrebstaaten bekräftigen die Partner ihre Verpflichtung zu freiem Handel[419] und zur schrittweisen Errichtung einer Freihandelszone.[420] Zwar ist es ist möglich, die angestrebte Frist von zwölf Jahren zu verlängern, aber nur unter besonderen Umständen und nur um eine begrenzte Zeit.[421] Insgesamt ist die Übergangsperiode, einschließlich eventuell eingeführter Ausnahmen definitiv befristet, nämlich auf maximal drei Jahre nach den in den Abkommen festgelegten zwölf Jahren. Die zu ergreifenden Übergangsmaßnahmen sind bis in die Einzelheiten und schon jetzt unabänderbar im Voraus festgelegt[422]. Damit orientieren sich die Partner bereits an einer fortschreitenden Integration, so wie es von Art. XXIV Abs. 5 (c) GATT gefordert wird.

417 Siehe dazu oben Teil 1 Kapitel 1 B. dieser Arbeit.
418 Siehe dazu oben Abschnitt B. II. 3. dieses Kapitels.
419 Vgl. die Präambel der Assoziationsabkommen.
420 Vgl. Art. 6 des mit Abkommen Tunesien.
421 Art. 11 Abs. 1 der Abkommen mit Tunesien und Marokko.
422 Art. 14 der Abkommen mit Tunesien und Marokko.

3. Verbot weiterer Restriktionen

Art. XXIV : 5 GATT legt in Unterabschnitt (b) fest, dass im Fall einer Freihandelszone oder eine mit dem Ziel der Bildung einer Freihandelszone getroffenen vorläufigen Vereinbarung,

> *„... die in den teilnehmenden Gebieten beibehaltenen und bei der Bildung der Zone oder dem Abschluss der vorläufigen Vereinbarung geltenden Zölle und Handelsvorschriften für den Handel mit den in die Zone nicht einbezogenen oder an der Vereinbarung nicht teilnehmenden VERTRAGSPARTEIEN nicht höher oder einschränkender sind als die entsprechenden Zölle und Handelsvorschriften, die in den teilnehmenden Gebieten vor der Bildung der Zone oder dem Abschluss der vorläufigen Vereinbarung bestanden."*

Das GATT selbst enthält keine Definition des Begriffs Zoll. Ihm liegt jedoch ein Zollbegriff zugrunde, der in den Rechtsordnungen aller VERTRAGSPARTEIEN im Wesentlichen übereinstimmend verstanden wird. Danach sind Zölle öffentlich-rechtliche Abgaben, die auf den grenzüberschreitenden Warenverkehr erhoben werden.[423] Art und Weise des Zollabbaus überläßt das GATT den Partnern der Freihandelszone. Es stellt lediglich klar, dass jede Art von Zöllen sowie Abgaben gleicher Wirkung der Beseitigungspflicht unterfallen. Für die Berechnung der Zollbelastung wird kein rechnerisches Mittel zugrunde gelegt. Es kommt vielmehr auf die Belastung der Einfuhren insgesamt an, wobei die Belastung jedes einzelnen GATT-Mitglieds maßgebend ist.[424]

Art. XXIV : 5 (b) GATT fordert darüber hinaus die Abschaffung aller sonstiger Handelsbeschränkungen und verbietet die Ersetzung derselben durch Maßnahmen gleicher Wirkung. Darunter fallen grundsätzlich alle Maßnahmen der öffentlichen Hand, die eine Beschränkung des Warenverkehrs zwischen den zusammengeschlossenen Gebieten bewirken.[425] Abs. 5 stellt mithin ein Gebot der umfassenden Handelsliberalisierung auf.

Weiterhin verlangt Art. XXIV Abs. 5 (b) GATT, dass durch die Assoziationsabkommen keine neuen oder höheren Restriktionen im Handel der teilnehmenden Gebiete mit Drittstaaten eingeführt werden, als vorher bestanden haben. Wie bereits festgestellt, sehen die Abkommen selbst keine Regelungen bezüglich des Warenaustausches der Maghrebstaaten oder

---

423 *Steinberger*: GATT und regionale Wirtschaftszusammenschlüsse, S. 150.

424 Nr. 2 der Vereinbarung zur Auslegung des Art. XXIV GATT 1994; *Steinberger*: GATT und regionale Wirtschaftszusammenschlüsse, S. 172, 173.

425 *Steinberger*: GATT und regionale Wirtschaftszusammenschlüsse, S. 143.

der EG in bezug auf Drittstaaten vor.[426] Dies liegt darin begründet, dass es sich vorliegend um die Abkommen zur Schaffung von Freihandelszonen handelt, in der alle beteiligten Gebiete für die Regelung des Außenzolls an ihren Grenzen selbst verantwortlich bleiben. Es ist auch nicht bekannt, dass, wie etwa im Fall des Abkommens zwischen der EG und der Türkei zur Gründung einer Zollunion[427], einer der Maghrebstaaten unter Hinweis auf das Abkommen mit der EG Zollerhöhungen oder die Einführung neuer oder höherer Handelsschranken gegenüber einem Drittstaat angekündigt oder durchgeführt hat. Zwar halten insbesondere die Maghrebstaaten noch sehr hohe Handelsrestriktionen gegenüber Drittstaaten aufrecht, diese existierten jedoch bereits vor Abschluss der Assoziationsabkommen und resultieren nicht aus diesen.

V. Zwischenergebnis

Art. XXIV GATT ist eine Ausnahmevorschrift. Er ermöglicht, zum Zweck der Bildung einer Freihandelszone von den Grundprinzipien des GATT abzuweichen. Abkommen zur Bildung von Freihandelszonen müssen bestimmten Anforderungen genügen. Sie müssen gewährleisten, dass die Freihandelszone dem Handel mit Drittstaaten keine höheren Schranken setzt, dass der annähernd gesamte Handel zwischen den teilnehmenden Gebieten liberalisiert wird, und dass diese Liberalisierung innerhalb einer angemessenen Zeit gemäß einem vorgegebenen Plan erfolgt. Die ungenaue Fassung des Art. XXIV GATT hat immer wieder zu Diskussionen über die Interpretation der einzelnen zu erfüllenden Merkmale geführt. Sicher ist jedoch, dass sich die Liberalisierung innerhalb von zehn Jahren vollziehen soll und keinen Bereich des Handels auslassen darf.

Die Überprüfung der Assoziationsabkommen zwischen der EG und ihren Mitgliedstaaten einerseits sowie Marokko und Tunesien hinsichtlich Anforderungen des Art. XXIV GATT hat ergeben, dass die Bestimmungen in den Abkommen teilweise dem GATT widersprechen. Zwar werden die Auswirkungen der Freihandelszonen vermutlich nicht negativ für den Handel mit Drittstaaten sein, da die *trade creation* Effekte langfristig die *trade diversion* Effekte ausgleichen werden, dennoch bergen die zu schaffenden Freihandelszonen zwischen den Partnern die Gefahr, sich zu einem Präferenzraum zu entwickeln, der seine regionale Schutzpolitik fortsetzt.

---

426 Siehe oben Abschnitt B. II. 3. d) dieses Kapitels.

427 Vgl. dazu *Turkey-Textiles*, *WTO*: WT/DS34/AB/R.

Dies kann aufgrund der Bestimmungen über die Liberalisierung des Handels mit landwirtschaftlichen Produkten geschehen. Die Vorgaben bezüglich der Liberalisierung des Handels mit landwirtschaftlichen und Fischereiprodukten sind nicht konform mit Art. XXIV : 8 GATT. Die Abkommen mit Marokko und Tunesien schließen den Landwirtschaftssektor von planmäßigen und stufenweisen Liberalisierungsmaßnahmen aus. Die Partner der Abkommen erhalten Quoten und Einfuhrkalender aufrecht, innerhalb derer die Einfuhr von beispielsweise marokkanischen Zitrusfrüchten oder tunesischem Olivenöl möglich ist. Außerhalb dieser Quoten wird die Einfuhr mir hohen Zöllen belegt. Auch wenn es sich bei den Einschränkungen größtenteils um sogenannte Selbstbeschränkungsabkommen der Partnerländer handelt, sind dies dennoch vom GATT nicht erlaubte Schutzmaßnahmen. Die Ausnahme des Landwirtschaftssektors aus den Liberalisierungsmaßnahmen der Abkommen verstößt gegen die Anforderung, dass *„annähernd der gesamte Handel*" von der Freihandelszone umfaßt werden soll.

Daraus resultiert ein weiterer Verstoß der Abkommen mit Marokko und Tunesien gegen das GATT, nämlich der gegen Art. XXIV : 5 GATT. Für den Handel mit landwirtschaftlichen und Fischereiprodukten sehen die Abkommen keinen festgelegten Plan zur Abschaffung bestehender Handelshemmnisse vor. Im Gegensatz zu Industriegütern gibt es keinen bestimmten stufenweisen Abbau von Zöllen oder Quoten auf landwirtschaftliche Produkte. Vielmehr wird über eine weitere Liberalisierung des Landwirtschaftshandels in bestimmten Zeitabständen und meistens in Form eines Briefwechsels zwischen den Partnern der Abkommen verhandelt. Daher ist nicht abzusehen, ob die Liberalisierung des Handels im landwirtschaftlichen Sektor tatsächlich am Ende der Übergangszeit von zwölf Jahren erreicht wird. Dies widerspricht den Anforderungen des GATT an eine Freihandelszone. Die Assoziationsabkommen sind hinsichtlich der landwirtschaftlichen Bestimmungen nicht GATT-konform.

C. *Zusammenfassung*

Das GATT enthält Bestimmungen zur Liberalisierung des Welthandels. Die Grundsätze des GATT sind sachlich auf die Assoziationsabkommen zwischen der EG und ihren Mitgliedstaaten sowie Algerien, Marokko und Tunesien anwendbar. Eine wichtige Ausnahme von den Prinzipien des GATT bildet Art. XXIV GATT. Er ist bei der Bildung von Freihandelszonen, wie sie von den Vertragspartnern der Assoziationsabkommen angestrebt wird, zu beachten. Entsprechen die Abkommen den Anforderungen von Art. XXIV GATT, verringert sich die Gefahr, dass sich die Freihandelszone zu einer Zone entwickelt, die dem Handel mit Drittstaaten und damit der Liberalisierung des Welthandels abträglich ist.

Die Assoziationsabkommen zwischen der EG und ihren Mitgliedstaaten sowie Marokko und Tunesien erfüllen die Anforderungen des Art. XXIV GATT, insbesondere der Absätze 8 und 5, nicht. Zwar ist es wahrscheinlich, dass die direkten Auswirkungen auf den Handel mit Drittstaaten nicht negativ sind, im Gegensatz zum Industriesektor jedoch ist der Landwirtschaftssektor von der Liberalisierung des Handels weitestgehend ausgenommen. Die Partner haben sich dafür entschieden, auf die wichtigsten landwirtschaftlichen Produkte bei der Einfuhr Quoten, Kalender und Wertzölle beizubehalten. Für den Abbau dieser Handelsrestriktionen gibt es keinen festgelegten Plan und kein Programm. Es ist damit nicht gewährleistet, dass es zu einer (fast) vollständigen Handelsliberalisierung in diesem Bereich kommt. Die steht im Widerspruch zum GATT. Die Verstöße der Assoziationsabkommen zwischen der EG und ihren Mitgliedstaaten einerseits sowie Marokko und Tunesien anderseits sind damit nicht aufgrund der Ausnahmeregelung des Art. XXIV GATT gerechtfertigt.

Über das Abkommen mit Algerien kann zum jetzigen Zeitpunkt keine konkrete Aussage getroffen werden. Dessen Wortlaut und die jeweiligen Protokolle sind noch nicht bekannt. Glaubt man Verlautbarungen der europäischen Seite, haben sich die Integrationspartner zu einer sofortigen und vollständigen Liberalisierung des Handels mit landwirtschaftlichen Produkten entschlossen. Erklären könnte man dies mit dem nur geringen strukturellen Gewicht des landwirtschaftlichen Handels zwischen den Vertragspartnern. Werden die Ankündigungen so umgesetzt, könnte das Abkommen zwischen der EG und ihren Mitgliedstaaten einerseits sowie Algerien andererseits den Anforderungen des Art. XXIV GATT genügen.

Es ist im Weiteren zu prüfen, inwiefern der Verstoß der Abkommen gegen GATT-Grundsätze durch eine weitere Ausnahme im GATT, nämlich die zugunsten von Entwicklungsländern, gerechtfertigt sein könnte.

- Kapitel 6 -
Konformität der Abkommen mit der Ausnahme zugunsten Entwicklungsländer

Es wurde festgestellt, dass die Assoziationsabkommen zwischen der EG und ihren Mitgliedstaaten sowie Marokko und Tunesien Bestimmungen enthalten, die nicht GATT-konform und auch nicht durch die Ausnahme des Art. XXIV GATT zugunsten von Freihandelszonen gerechtfertigt sind. Nunmehr stellt sich die Frage, ob die im GATT enthaltenen Ausnahmen zugunsten von Entwicklungsländern die gegen das GATT verstoßenden Vorschriften in den Assoziationsabkommen rechtfertigen. Das wird im Folgenden geprüft.

A. *Ausnahme unter Teil IV GATT*

Das GATT verpflichtet nicht zu einer liberalen Handelspolitik, sondern zur fairen, das heißt zu einer offenen und nicht diskriminierenden Anwendung handelspolitischer Schutzmaßnahmen.[428] Wie bereits festgestellt, dienen die Ge- und Verbote des GATT vor allen Dingen der Verwirklichung der Prinzipien der Nichtdiskriminierung der offenen Märkte und des Fair Trade.[429] Die große Anzahl der VERTRAGSPARTEIEN im GATT sowie deren unterschiedlicher wirtschaftlicher Entwicklungsstand haben dazu geführt, dass zahlreiche Interessen innerhalb des GATT / der WTO divergieren. Deshalb sieht das GATT neben Art. XXIV weitere strukturelle oder zeitlich und sektoriell begrenzte Ausnahmen von seinen Grundsätzen und Geboten vor.[430]

Zu den wichtigsten strukturellen Ausnahmen zählen Art. XVIII sowie Teil IV GATT zugunsten von Entwicklungsländern. Der aus drei Artikeln und mehreren ergänzenden Bemerkungen bestehende vierte Teil des GATT bestimmt in Art. XXXVI die Grundsätze und Ziele der VERTRAGSPARTEIEN hinsichtlich ihrer Handelspolitik gegenüber den Entwicklungsländern. Art. XXXVI : 8 GATT führt den Grundsatz der Nichtreziprozität in das Vertragswerk ein.[431] Die Befreiung von der

---

428 *Berrisch*: Der völkerrechtliche Status der EWG im GATT, S. 23; *Tumlir*: GATT-Regeln und Gemeinschaftsrecht, in Hilf/Petersmann: GATT und Europäisches Gemeinschaftsrecht, S. 97.

429 Siehe oben Teil 3 Kapitel 5 A. III. dieser Arbeit.

430 *Beise*: Die Welthandelsorganisation, S. 49; *Tumlir*: GATT-Regeln und Gemeinschaftsrecht in: *Hilf/Petersmann*: GATT und Europäische Gemeinschaft, S. 96.

431 Er lautet: Die entwickelten Vertragsparteien erwarten keine Gewährung der Gegenseitigkeit für die von ihnen in Handelsverhandlungen übernommenen Verpflichtungen zum Abbau oder der Beseitigung von Zöllen und von sonstigen Beschränkungen des Handels der weniger entwickelten Vertragsparteien.

Pflicht zur Reziprozität wurde jedoch dahingehend relativiert, als dass Entwicklungsländer mit fortschreitender Entwicklung ihrer Wirtschaft verstärkt an den Rechten und Pflichten des GATT bzw. der WTO teilzunehmen haben.[432]

Gemäß Art. XXXVII : 1 GATT sollen die entwickelten VERTRAGSPARTEIEN zudem den Abbau von tarifären und nicht-tarifären Handelshemmnissen gegenüber Produkten aus Entwicklungsländern bevorzugt vorantreiben bzw. der Einführung solcher Hemmnisse unterlassen.[433] Die wirtschaftlich schwachen Länder können in den Genuss einer Vorzugsbehandlung kommen, die anderen VERTRAGSPARTEIEN nicht gewährt werden muss. Diese Ausnahme findet Anwendung auf Zölle und nichttarifäre Handelshemmnisse. Zur Zeit gewähren die meisten Industriestaaten den wirtschaftlich schwachen Ländern einen zollfreien Marktzugang für gewerbliche und industrielle Güter. Agrarprodukte sind in der Regel von der Vorzugsbehandlung ausgenommen.[434]

Darüber hinaus gesteht das GATT den Entwicklungsländern zu, die in Listen gebundenen Zölle nach eigenem Ermessen und ohne Zustimmung der übrigen Partner multilateraler Verträge erhöhen dürfen. Sie dürfen auch Schutzmaßnahmen anderer Art und aus anderen Gründen als Zahlungsbilanzdefizite ergreifen, sofern die übrigen Vertragspartner zustimmen. Dies entspricht einer Befreiung vom Prinzip der Inländergleichbehandlung.[435] Als Ergebnis der *Uruguay*-Runde wurden im Rahmen verschiedener Zusatzabkommen zum GATT weitere Privilegien für Entwicklungsländer erreicht.[436] Das GATT erkennt damit einige wesentliche Bedürfnisse der Entwicklungsländer an, etwa das Bedürfnis nach zunehmenden Einkünften durch den Export von Agrarprodukten, nach einer verstärkten Teilnahme am internationalen Handel, nach einem besseren Zugang ihrer Industrieerzeugnisse auf dem Weltmarkt oder nach finanzieller Unterstützung ihrer wirtschaftlichen Entwicklung durch die entwi-

---

432 *Senti*: GATT – WTO, S. 63, *Berrisch* in *Prieß/Berrisch*: WTO-Handbuch, S. 163.

433 *Westreicher*: Der Grundsatz der Gegenseitigkeit in den Handelsbeziehungen zwischen Industrie- und Entwicklungsländern, S. 83; *Hailbronner/Bierwagen*: Das GATT - Die Magna Charta des Welthandels, JA 88, 318 (323).

434 *Senti*: GATT – WTO, S. 63.

435 Zum Prinzip der Inländergleichbehandlung siehe oben Teil 3 Kapitel 5 A. III. dieser Arbeit.

436 Z. Bsp.: Art. 15 des Übereinkommen zur Durchführung des Art. VI GATT; Teil III des Übereinkommen zur Durchführung des Art. VII GATT; Teil VIII des Übereinkommen über Subventionen und Ausgleichsmaßnahmen; Art. 9 des Übereinkommen über Schutzmaßnahmen; Art. 9 des Übereinkommen über die Anwendung gesundheitspolizeilicher und pflanzenschutzrechtlicher Maßnahmen; Art. 6 des Übereinkommen über Textilwaren und Bekleidung; das Übereinkommen über die Landwirtschaft u.a.

ckelten Länder.[437] Die Prüfung der Voraussetzungen für die Einordnung eines Landes als Entwicklungsland obliegt nach Art. XVIII GATT den VERTRAGSPARTEIEN.

I. Definition des Begriffs Entwicklungsland

Was ein Entwicklungsland ist und was die Merkmale der Definition Entwicklungsland ausmachen, ist im Einzelnen umstritten. Das GATT enthält nur eine sehr weite Definition des Begriffs Entwicklungsland. Nach Art. XVIII : 1 GATT sind Entwicklungsländer solche VERTRAGSPARTEIEN,

> *„deren Wirtschaft nur einen niedrigen Lebensstandard zuläßt und sich in den Anfangsstadien der Entwicklung befindet."*

Anlage I zu Art. XVIII GATT enthält eine Präzisierung dieser Regelung. Sie stellt klar, dass bei der Bestimmung der genannten Kriterien auf die normale Lage der Wirtschaft des in Frage stehenden Landes Bezug zu nehmen und nicht auf außergewöhnliche Umstände abzustellen ist. Zusätzlich wird festgelegt, dass sich „*...in den Anfangsstadien der Entwicklung...*" nicht nur auf die VERTRAGSPARTEIEN bezieht, die ihre wirtschaftliche Entwicklung gerade erst begonnen haben, sondern auch auf VERTRAGSPARTEIEN, die ihre Wirtschaft industrialisieren, um eine übermäßige Abgängigkeit von der Grundstoffproduktion zu beseitigen.

Diese Präzisierung hilft allerdings nur wenig zu bestimmen, wann es sich um ein Entwicklungsland handelt. Sie schließt lediglich bestimmte Interpretationsweisen des Art. XVIII GATT aus, sagt aber nichts darüber aus, welche spezifischen Kriterien zur Bestimmung eines Entwicklungslandes herangezogen werden müssen.[438] Das haben die Begründer des GATT für nicht notwendig erachtet, wie aus dem Bericht des *GATT-Committee on Legal and Institutional Framework* von 1964 hervorgeht.[439] Bisher sind die Kriterien *niedriger Lebensstandard* und *in den Anfangsstadien der Entwicklung* nur einmal konkretisiert worden, und zwar im *Ceylon*-Fall

---

437 *Ünsal*: Die Ausnahmen von der Meistbegünstigungsklausel zugunsten der Entwicklungsländer im Rahmen des GATT, S. 78; *McGovern*: International Trade Regulations, S. 273; *WTO*: The World Trade Organization in Brief, S. 6; *Petersmann*: Das neue Recht des Nord-Süd-Handels, ZAöRV 72, S. 339 (358); *Benedek*: Die Entwicklungsländer in der WTO, ZEuS 2000, 41 (44).

438 *Verdirame*: The Definition of Developing Countries under GATT and other International Law, GYIL 39, 164 (176); *Bulajic*: A changing world calls for International Development Law, in *Savceric/van Houtte*: Legal issues in international trade, S. 16.

439 *GATT*: Analytical Index, S. 965.

im Jahr 1958[440]. Hier haben die VERTRAGSPARTEIEN zur Klassifizierung von *Ceylon* als Entwicklungsland als Indizien das Pro-Kopf-Einkommen und die Wirtschaftsstruktur herangezogen.[441]

Von Wirtschaftswissenschaftlern werden hauptsächlich ökonomische, von Entwicklungssoziologen primär sozio-kulturelle Kriterien und Bedingungen erfolgreicher wirtschaftlicher Entwicklung zur Bestimmung von Entwicklungsländern herangezogen. Die wichtigsten wirtschaftlichen Merkmale sind dabei ein niedriges Pro-Kopf-Einkommen; eine niedrige Spar- und Investitionstätigkeit; geringe Kapitalintensität, gemessen am Kapitalaufwand pro Beschäftigten; geringe Produktivität der Arbeit; niedriger technischer Ausbildungsstand, mangels *Know-how* sowohl in Unternehmen als auch bei Managern; die Vorherrschaft eines primären Wirtschaftssektors in Form der Beschäftigung eines überwiegenden Teils der Erwerbstätigen in der Landwirtschaft und der Dominanz weniger Produkte sowie mangelnde, nicht ausreichende materielle Infrastruktur. Internationale Gremien, wie etwa die Weltbank, der *Ausschuss für Entwicklungshilfe* oder das *United Nations Development Program* nehmen darüber hinaus zur Bestimmung soziale Indikatoren hinzu. Die wichtigsten davon sind die Lebenserwartung bei der Geburt und Kindersterblichkeitsrate bis zum 5. Lebensjahr für den niedrigen Gesundheitsstand; Kalorien- und Proteinaufnahme pro Tag für ungenügende Ernährung; Anteil des Analphabetismus unter der erwachsenen Bevölkerung und Desertionsquote für unzureichende Leistungen im Bereich der Erziehung.[442]

Zur Klassifizierung von Entwicklungsländern gibt es weiterhin ein Listensystem.[443] Die meisten der internationalen Organisationen, so auch die Vereinten Nationen, legen Listen fest, aus denen hervorgeht, wer jeweils als Entwicklungsland eingestuft wird. Eine einheitliche Liste gibt es aber

---

440 *Ceylon* beantragte eine Ausnahme unter Art. XVIII GATT.

441 Die Vertragsparteien haben entschieden, dass diese Ausnahme gewährt werden könne, da *Ceylon's GNP per capita (was) substantially below the figure of industrialized countries in Western Europe*, und *the share of manufacturing, mining and construction in the GNP* ein Faktor sei, der bei der Feststellung über den Entwicklungsstand der Industrie herangezogen werden könne; *GATT* Analytical Index, S. 462.

442 *Nohlen*: Lexikon Dritte Welt, S. 212, *Lothaller*: Entwicklungsland - was ist denn das?, S. 9.

443 *Verdirame*: The Definition of Developing Countries under GATT and other International Law, GYIL 39, 164 (173, 192); *Lothaller*: Entwicklungsland - was ist denn das?, S. 9.

nicht. Auch die UN-Konvention zum Klimaschutz macht von dieser Methode Gebrauch.[444]

Eine weitere Methode ist die der kollektiven Selbstbestimmung, die auch innerhalb der WTO Anwendung findet. Die Länder, die an dem Status eines Entwicklungslandes interessiert sind, beanspruchen diesen für sich im Rahmen einer bestimmten internationalen Maßnahme. Die anderen VERTRAGSPARTEIEN sind aber an diese Entscheidung nicht gebunden und können sie anfechten.[445]

Die Praxis innerhalb des GATT ist uneinheitlich und zeigt die Schwierigkeiten aufgrund des Mangels einer ausreichenden Definition. Als Beispiel sei hier zusätzlich zum Fall von *Ceylon* aus dem Jahre 1958 *Australien* genannt, dass im Jahre 1966 einen *Waiver* auf Grundlage des Art. XXV GATT und Teil IV des GATT beantragte und zuerkannt bekam. Dies erfolgte allerdings nicht aufgrund bestimmter, etwa o. g. Merkmale, sondern aufgrund Bezugnahme auf eine inoffizielle Liste von Entwicklungsländern, die das Ergebnis von Verhandlungen und Kompromissen zwischen verschiedenen Staaten war[446]. Auch Chile, Brasilien, Indien und Korea wurden als Entwicklungsländer im Rahmen des GATT anerkannt. Rückschlüsse für eine Definition des Begriffs Entwicklungsland können aus der Praxis des GATT jedoch keine gezogen werden.

Während der *Uruguay*-Runde wurde deutlich, dass es einer weiteren Kategorisierung von Entwicklungsländern bedarf. So unterscheidet beispielsweise das durch die *Uruguay*-Runde in das GATT 1994 neu eingefügte Übereinkommen über *Subsidies and Countervailing Measures* nunmehr auch die am wenigsten entwickelten Länder. Unter diesen Begriff, so legt Annex 7 des Art. 3. 1. A. dieses Übereinkommens fest, fallen solche Länder, die per Definition der Vereinten Nationen die am wenigsten entwickelten Länder und als solche Mitglieder der WTO sind. Beträgt beispielsweise das BIP pro Kopf und Jahr weniger als US $ 473, die Industriequote am BIP weniger als 10 % und die Analphabetenquote bei der Bevölkerungsgruppe über 15 Jahre mehr als 20 %, und sind zwei dieser

444 *Verdirame*: The Definition of Developing Countries under GATT and other International Law, GYIL 39, 164 (173); *Richter*: Die Assoziierung der osteuropäischen Staaten durch die EG, S. 235; *Bulajic*: A changing world calls for International Development Law, in *Savceric/van Houtte*: Legal issues in international trade, S. 16.

445 *WTO* auf www.wto.org/english/tratop_e/devel_e/diwho_e.htm (03.06.2003); *Benedek*: Die Entwicklungsländer in der WTO, ZEuS 2000, 41 (45).

446 *Verdirame*: The Definition of Developing Countries under GATT and other International Law, GYIL 39, 164 (178).

Faktoren nebeneinander erfüllt, dann stufen die Vereinten Nationen dieses Land als eines der am wenigsten entwickelten Länder ein.[447]

Damit bleibt festzustellen, dass es eine einheitlich anwendbare Definition und Praxis bezüglich des Begriffs Entwicklungsland nicht gibt. Bei der Bestimmung über die Einstufung eines Landes als Entwicklungsland spielen in erster Linie wirtschaftliche Indikatoren eine Rolle.

II. Einstufung der Maghrebstaaten

Sollen die Verstöße der Assoziationsabkommen durch die Ausnahmeregelung im GATT zugunsten von Entwicklungsländern gerechtfertigt sein, müssten Algerien, Marokko und Tunesien den Status eines Entwicklungslandes im Rahmen des GATT einnehmen. Die Maghrebstaaten müssten dann Länder sein, deren Wirtschaft nur einen niedrigen Lebensstandard zuläßt und sich in den Anfangsstadien der Entwicklung befindet.[448]

Hierfür gibt es, wie bereits festgestellt, keine genauen Definitionen, sondern lediglich Indikatoren, die man für die Einordnung heranziehen kann. Das Pro-Kopf-Einkommen betrug im Jahr 2002 in Algerien US $ 1.720, in Tunesien US $ 2.000, und in Marokko US $ 1.190.[449] Zum Vergleich: Das Pro-Kopf-Einkommen lag im selben Jahr in Deutschland bei US $ 22.670, in der Schweiz bei US $ 37.930, in Luxemburg bei US $ 38.830 und in Frankreich bei US $ 22.010. In den USA betrug das Pro-Kopf-Einkommen 2002 US $ 35.060 und in Japan US $ 33.550.[450] Das Pro-Kopf-Einkommen in den drei Maghrebstaaten beträgt im Durchschnitt weniger als ein Zehntel des Pro-Kopf-Einkommens ausgewählter westlicher Industrienationen. Algerien, Marokko und Tunesien erfüllen damit das von den VERTRAGSPARTEIEN im *Ceylon*-Fall herangezogene Kriterium, dass das Pro-Kopf-Einkommen wesentlich unter dem von westeuropäischen Industriestaaten liegen müsse.[451]

Auch die zweite von den VERTRAGSPARTEIEN im *Ceylon*-Fall in Bezug genommene Größe ist erfüllt: In Algerien hat der Erdgas- und Erdölsektor am BIP den größten Anteil, in Marokko der Bergbausektor. Es gibt eine nur geringe Diversifizierung der hergestellten Produkte. In Tunesien dominieren das Handwerk und der Tourismus als Industriezweige. Auch

447 Lothaller: Entwicklungsland - was ist denn das?, S. 9; UNCTAD: Least developed countries at a glance, www.unctad.org (03.06.2003).

448 Siehe dazu den vorangegangenen Abschnitt.

449 Worldbank unter http://devdata.worldbank.org/data-query (31.07.2003).

450 *Ibid.*

451 Siehe hierzu den vorangegangenen Abschnitt.

dort herrscht eine geringe industrielle Entwicklung vor. In allen drei Maghrebstaaten beschäftigt der landwirtschaftliche Sektor einen Großteil der arbeitsfähigen Bevölkerung. Die Landwirtschaft trägt in Algerien 9,8 % zum Bruttoinlandsprodukt bei, in Tunesien 11,6 % und in Marokko sogar 15,8 %.[452] Die gesamte Wirtschaft Algeriens, Marokkos und Tunesiens ist von einer geringen Arbeitsproduktivität geprägt.[453] Anhand dieser wirtschaftlichen Indikatoren gelangt man zu dem Ergebnis, dass Marokko, Tunesien und Algerien im Rahmen des GATT Entwicklungsländer sind.

Zu demselben Schluss kommt man bei Hinzuziehen und Auswerten der sozialen Indikatoren.[454] Analphabetentum und Kindersterblichkeitsrate waren in allen drei Maghrebstaaten im Jahr 2001 hoch, die Lebenserwartung deutlich geringer, als in den westlichen Industrienationen.

Tabelle 3: *Analphabeten-, Kindersterblichkeitsrate und Lebenserwartung im Maghreb 2001*

	Marokko	**Algerien**	**Tunesien**
Analphabetenrate (in %)	50,2	32,2	27,9
Kindersterblichkeitsrate unter 5 Jahren (pro 1000 Geburten)	39	49	27
Lebenserwartung (Jahre)	68,0	70,6	72,4

Quelle: World Development Indicators Database[455]

Im Vergleich dazu zeigt Tabelle 4 die Werte ausgewählter Industriestaaten.

Die drei Maghrebstaaten sind demnach im Rahmen des GATT / der WTO als Entwicklungsländer einzustufen.

Tatsächlich hat auch das GATT-Sekretariat im Rahmen seiner *Trade Policy Reviews* von Entwicklungsländern 1989 eine Studie von Marokko erstellt. Solche Studien gibt es bisher von Ländern wie etwa Brasilien, Bangladesch, Uruguay, Ghana oder Indonesien. Tunesien war nicht Ge-

452 *Worldbank* unter http://devdata.worldbank.org/data-query (31.07.2003).

453 Siehe oben Teil 1 Kapitel 1 B.

454 Siehe hierzu den vorangegangenen Abschnitt I.

455 http://devdata.worldbank.org/external/cpprofile.asp?CCODE=TUN(MAR,ALG)&PTYPE=CP (03.06.2003).

genstand einer Entwicklungslandstudie der WTO. Algerien konnte, da es weder VERTRAGSPARTEI des GATT war noch VERTRAGSPARTEI der WTO ist, nicht Gegenstand einer solchen Studie sein.

Tabelle 4: *Analphabeten-, Kindersterblichkeitsrate und Lebenserwartung in ausgewählten Industriestaaten 2001*

	Deutschland	**Frankreich**	**Japan**	**USA**
Analphabetenrate (in %)	0	0	0	0
Kindersterblickeitsrate unter 5 Jahren(pro 1000 Geburten)	6	5	5	8
Lebenserwartung (Jahre)	79	78	81	78

Quelle: World Development Indicators Database[456]

Auf den Entwicklungsland-Listen der Vereinten Nationen oder der Weltbank sind die drei Maghrebstaaten allerdings nicht zu finden. Bisher haben weder Marokko, noch Tunesien oder Algerien selbst eine Sonderbehandlung als Entwicklungsland verlangt oder diesen Status im Rahmen einer internationalen Maßnahme beansprucht.

Auch im Rahmen der neuen Assoziationsabkommen werden die Maghrebstaaten nicht als Entwicklungsländer behandelt.[457] Im Wortlaut dieser bilateralen Abkommen findet sich keine Rechtfertigung eventueller Abweichungen von den Grundprinzipien des GATT aufgrund Art. XVIII oder Teil IV GATT. Ein weiterer wichtiger Hinweis ist, dass die neuen Assoziationsabkommen mit den Maghrebstaaten erstmals die Reziprozität der Zollkonzessionen einführen und damit gerade nicht mehr unter die Kategorie der EG-Abkommen mit Entwicklungsländern fallen, in denen auf das Prinzip der Reziprozität zugunsten von Entwicklungsländern bewußt verzichtet wurde.[458]

456 http://devdata.worldbank.org/external/cpprofile.asp?CCODE=TUN(MAR,ALG)&PTYPE=CP (31.07.2003).

457 Im Gegenteil: erstmals verlangen die Abkommen von den nordafrikanischen Partnern reziproke Handelserleichterungen.

458 Wie etwa das Abkommen von *Lomé*.

Wohl aus politischen Gründen wurde die Einstufung der Maghrebstaaten als Entwicklungsländer nicht vorgenommen. Sie ist offensichtlich nicht erwünscht. Grund hierfür mag zum einen sein, dass die Regierungen von Marokko, Tunesien und Algerien ihre Länder selbst nicht gern auf der Stufe eines Entwicklungslandes sehen. Aber auch die langjährige Entwicklung der Beziehungen zwischen der EG und den Maghrebstaaten mit dem gegenseitigen Bemühen um Anerkennung und Weiterentwicklung sprechen gegen die Einstufung derselben als Entwicklungsländer. Die Behandlung von Marokko, Algerien und Tunesien als Entwicklungsland ist von den Partnern der Assoziationsabkommen nicht gewollt.

III. Zwischenergebnis

Algerien, Marokko und Tunesien erfüllen materiell zwar den Status eines Entwicklungslandes, werden im Rahmen der Abkommen jedoch nicht als solches behandelt. Die Ausnahmen des Teils IV GATT sind auf die Assoziationsabkommen daher streng genommen nicht anwendbar. Damit entfällt dieser Rechtfertigungsgrund für die Verstöße der Abkommen gegen die Grundprinzipien des GATT.

B. *Ausnahme aufgrund Zusammenwirkens von Teil IV und Art. XXIV GATT*

Die Maghrebstaaten erfüllen materiell durchaus den Entwicklungslandstatus im Rahmen des GATT/der WTO, werden jedoch im Rahmen der Assoziationsabkommen mit der EG und ihren Mitgliedstaaten lediglich formell nicht als solche behandelt. Vor diesem Hintergrund kommt in Betracht, dass vielleicht doch eine Ausnahme von den GATT-Bestimmungen möglich sein könnte, nämlich aufgrund des Zusammenwirkens von Teil IV und Art. XXIV GATT. Das wäre insbesondere dann der Fall, wenn Teil IV GATT mit seiner generellen Ausnahmebestimmung für Länder mit Entwicklungslandstatus die Vorgaben von Art. XXIV GATT verdrängen würde.

I. Entstehung der beiden Vorschriften

1. Art. XXIV GATT

Wirtschaftlicher Regionalismus ist keine Erscheinung der Neuzeit. Deutscher Zollverein, das britische Commonwealth und die frühen lateinamerikanischen Integrationsbemühungen zeugen für das Bestreben nach regionaler Integration aus den verschiedensten Motiven. Großbritannien gab schon während des zweiten Weltkrieges zu verstehen, dass es im Rahmen einer internationalen Zusammenarbeit an den Commonwealth-

Präferenzen festhalten wollte. Und auch die Verhandlungen zur Stellung des wirtschaftlichen Regionalismus in der neu zu schaffenden internationalen Welthandelsordnung wurden wesentlich von der Frage bestimmt, wie die besonderen Beziehungen der traditionellen Kolonialstaaten (Frankreich, Großbritannien, Niederlande) zu ihren überseeischen Ländern und Hoheitsgebieten in das neue System integriert werden sollten.[459] Nach zahlreichen Verhandlungen und redaktionellen Veränderungen fand Art. XXIV als Nachfolger von Art. 15 der *Havanna-Charta* und um die Freihandelszone ergänzt Eingang in das GATT.

2. Teil IV GATT

Die *Havanna-Charta* erwähnte bereits auch die Entwicklungsländer und deren Bedürfnis nach Sonderregelungen im Gefüge des internationalen Handels und zwar in dem Artikel, der als Art. XXIV in das GATT übernommen wurde. Allerdings blieben die Sonderregelungen zugunsten der Entwicklungsländer bei der Überleitung unberücksichtigt. Erst später wurde Art. XVIII in das GATT aufgenommen, weil mehrere Nicht-Industriestaaten damit drohten, die Handelskonferenz zu verlassen.[460]

Auf starkes Drängen der Entwicklungsländer wurde das GATT 1965 um Teil IV „Handel und Entwicklung" ergänzt, der spezielle Regelungen für Entwicklungsländer enthält und am 27. Juni 1966 in Kraft trat.[461] Er trägt dem unterschiedlichen Entwicklungsstand zwischen Industrie- und Entwicklungsländern durch eine Differenzierung von Rechtspflichten Rechnung.

Auf Basis von Teil IV des GATT entstand zudem das Allgemeine Präferenzsystem (*Generalized System of Preferences* – GSP), in dessen Rahmen die Industrieländer den Entwicklungsländern bestimmte Handelsprä-

---

459 Hilpold: Regionale Integrationszonen und GATT, RIW 1993, 657 (658).

460 *Berrisch* in *Prieß/Berrisch*: WTO-Handbuch, S. 162.

461 Gerade bei Gütern, bei deren Herstellung die Entwicklungsländer komparative Kostenvorteile haben (arbeitsintensive, mit wenig Know-how Einsatz gefertigte Produkte), wurden in den Handelsrunden so gut wie gar keine Zollgeständnisse erreicht. Im Gegenteil, schon früh wurde versucht, über eine Verfeinerung der Tarifpositionen und den Einsatz subtiler Verteidigungsmechanismen die besonders konkurrenzfähigen Produkte der Entwicklungsländer von den Märkten der Industrieländer fernzuhalten. Vgl. *Ohlinger*: Die Relevanz nicht-tarifärer Handelshemmnisse im internationalen Handel und ihre Wirkungen auf die Integration der Entwicklungsländer und die Weltwirtschaft, S. 21.

ferenzen gewähren.[462] Rechtliche Grundlage im GATT für diese Ausnahme vom Meistbegünstigungsprinzip bildete zunächst ein *Waiver* aus dem Jahre 1971, der für zehn Jahre ein Abweichen von der Meistbegünstigungsklausel zugunsten der Entwicklungsländer gestattete. Diese Ausnahmegenehmigung wurde am Ende der *Tokyo*-Runde in eine Ermächtigungsklausel (*Enabling Clause*) umgewandelt.[463] Diese Klausel spielt für die regionale Integration von Entwicklungsländern eine besondere Rolle. Ziel der Regelung ist es, den Entwicklungsländern eine differenzierte und günstigere Behandlung zu gewähren.

II. Das Zusammenwirken beider Vorschriften

Aufgrund der Ermächtigungsklausel ist zu prüfen, ob diese der Ausnahmebestimmung des Art. XXIV GATT insoweit vorgeht, als die Kriterien etwa zur gegenseitigen Beseitigung der Handelsbeschränkungen für den Großteil des Handels nicht mehr vorliegen muss. Dem Entwicklungsstand der Entwicklungsländer würde so entsprechend Rechnung getragen.

Eine Verdrängung von Art. XXIV GATT durch die Ermächtigungsklausel scheitert allerdings an zwei wesentlichen Gründen. Zum einen zeichnen sich die Bestimmungen des IV. Teils des GATT dadurch aus, dass sie nur neben die vorher geregelten GATT-Bestimmungen treten, ihnen aber keinesfalls vorgehen und damit von den dort festgelegten Kriterien befreien können.[464] Zum anderen erlaubt die Ermächtigungsklausel jedoch lediglich eine Süd-Süd-Integration. Aufgrund der Ermächtigungsklausel können sich Entwicklungsländer untereinander durch regionale oder weltweite Vereinbarungen beim gegenseitigen Handel bevorzugte Behandlung bezüglich der Höhe der Zölle und nicht-tarifärer Maßnahmen gewähren. Für Industrieländer gilt diese Ausnahmeregelung nicht. Regio-

---

462 *Hauser/Schanz*: Das neue GATT, S. 27, Richter: Assoziierung osteuropäischer Staaten durch die EG, S. 230; McGovern: International Trade Regulations, S. 276; *Bulajic*: A changing world calls for International Development Law, in *Savceric/van Houtte*: Legal issues in international trade, S. 7; *Carl*: Current Trade Problems of the Developing Nations, in *Savceric/van Houtte*: Legal Issues in International Trade, S. 105; *Petersmann*: Das neue Recht des Nord-Süd-Handels, ZAöRV 72, 339 (359 f.).

463 *Hauser/Schanz*: Das neue GATT, S. 28; *Richter*: Assoziierung osteuropäischer Staaten durch die EG, S. 230; *Long*: Law and its Limitations, S. 15; *Berrisch* in *Prieß/Berrisch*: WTO-Handbuch, S. 163; *Richter*: Die Assoziierung osteuropäischer Staaten durch die EG, S. 230; *Benedek*: Die Rechtsordnung des GATT aus völkerrechtlicher Sicht, S. 70 f.

464 Gängige Ansicht in der GATT-Praxis; vgl. *Becker-Celik*: EG-Marktordnungsrecht im Konflikt mit den GATT-Vorschriften, S. 79 m.w.N.; *Herrmann*: Das Institut der Assoziierung im Recht der Europäischen Gemeinschaft, S. 377 f.; *Hilpold*: Regionale Integrationszonen und GATT, RIW 93, 657 (665).

nale Integration zwischen Entwicklungsländern und Industriestaaten ist zwar möglich, von der Ermächtigungsklausel aber nicht abgedeckt.[465] Eine solche Nord-Süd-Integration hat sich an den Vorgaben von Art. XXIV GATT zu orientieren, die vollständig eingehalten werden müssen, soll sie GATT-konform sein.[466] Außerdem regelt Teil IV des GATT eine Bevorzugung von Entwicklungsländern im Handel mit Industriestaaten generell und rechtfertigt keine Differenzierung zwischen verschiedenen einzelnen Ländern mit Entwicklungslandstatus, wie etwa Tunesien und Marokko.[467]

Des weiteren wäre eine Berufung auf Teil IV GATT in diesem Zusammenhang auch nicht gerechtfertigt. Bei Abschluss der neuen Assoziationsabkommen haben die Vertragspartner bewußt auf die einseitige Beseitigung von Handelsbeschränkungen verzichtet und gegenseitige Verpflichtungen eingeführt. Dennoch die Ausnahmebestimmungen zugunsten von Entwicklungsländern heranziehen zu wollen, widerspräche dem Sinn der Abkommen, die Maghrebstaaten als gleichberechtigte Handelspartner in die Weltwirtschaft integrieren zu wollen. Zudem würde der Rückgriff auf Teil IV GATT nur dazu dienen, die Verstöße der Abkommen gegen die Bestimmungen des Art. XXIV GATT zu rechtfertigen, nicht aber eine Sonderstellung der Maghrebstaaten im Rahmen der Abkommen zu schaffen. Das ist unzulässig.

Die EG kann im Rahmen des Art. XXIV GATT dem geringen wirtschaftlichen Entwicklungsstand ihrer Vertragspartner dahingehend Rechnung tragen, dass die reziproke Liberalisierung unterschiedlich, etwa zeitlich langsamer, verläuft, oder dass die Liberalisierung insgesamt über einen längeren Zeitraum erfolgt. Die Auslegungsmöglichkeiten von Art. XXIV GATT lassen dies in gewissem Rahmen zu. Ein Rückgriff auf Teil IV GATT ist darüber hinaus nicht zulässig.

---

465 *Hilpold*: Regionale Integrationszonen und GATT, RIW 93, 647 (665); *Imhoof*: Les zones de libre échange, S. 117.

466 Das parallele Berufen auf Art. XXIV und Teil IV GATT stieß im GATT wiederholt auf Kritik, so etwa im Panel-Bericht „EC-Tariff Treatment on Imports of Citrus Products from Certain Countries in the Mediterranean Region“. Dort heißt es: „*...The Panel considered that Article XXIV and Part IV constituted distinct sets of rights and obligations and that measures taken under one could not be covered by the other. As these agreements had been presented under the specific provisions of Article XXIV, then, whatever the general impact of Part IV and the Enabling clause on the GATT as a whole, the agreements would in any event need to conform to the precise criteria of Article XXIV...*“ GATT-Report 1985 - vom Rat nicht angenommen. Zitiert nach *Hilpold*: Regionale Integrationszonen und GATT, RIW 93, 647 (666).

467 *Becker-Celik*: EG-Marktordnungsrecht im Konflikt mit den GATT-Vorschriften, S. 79.

III. Zwischenergebnis

Teil IV und Art. XXIV GATT wirken nicht dergestalt zusammen, dass sie einen Verstoß der Assoziationsabkommen zur Bildung bilateraler Freihandelszonen zwischen der EG und den Maghrebstaaten rechtfertigen. Teil IV GATT verdrängt nicht die Bestimmungen des Art. XXIV GATT, so dass etwa ein Abweichen von dem Erfordernis der Liberalisierung des annähernd gesamten Handels möglich wäre. Auch die aufgrund des Teils IV GATT eingeführte Ermächtigungsklausel vermag Verstöße gegen Art. XXIV GATT nicht zu rechtfertigen. Sie erlaubt ein Abweichen von dessen Grundsätzen lediglich im Rahmen der sogenannten Süd-Süd-Integration, also der Schaffung von Präferenzräumen zwischen Entwicklungsländern. Ein Rückgriff auf die Ausnahmebestimmungen zugunsten von Entwicklungsländern, insbesondere zur Rechtfertigung von Verstößen gegen Art. XXIV GATT, ist nicht möglich.

C. *Zusammenfassung*

Obwohl die Maghrebstaaten Algerien, Marokko und Tunesien materiell jeweils die GATT-Kriterien eines Entwicklungslandes erfüllen, ist der Verstoß der Assoziationsabkommen gegen Art. XXI : 8 GATT nicht durch Teil IV GATT als Ausnahme zugunsten von Entwicklungsländern gerechtfertigt. Grund hierfür ist, dass die Abkommen gerade nicht von den Entwicklungsländern einzuräumenden Präferenzen Gebrauch machen, etwa eine Abweichung vom Reziprozitätsprinzip. Vielmehr verlangen die Abkommen erstmals im Gegensatz zu ihren Vorgängern reziproke Zugeständnisse auch von den Maghrebstaaten. Ebenso enthalten die Abkommen keine speziell für Entwicklungsländer vorgesehenen Erleichterungen. Insbesondere sind die von Art. XXIV : 8 geforderte Liberalisierung des annähernd gesamten Handels sowie die Anforderung an einen konkreten Plan zum vollständigen Abbau von Handelshemmnissen keine Kriterien, von denen zugunsten von Entwicklungsländern abgewichen werden kann. Teil IV GATT verdrängt diese Vorschrift nicht. Ausnahmen von Art. XXIV GATT sind im Rahmen der Ermächtigungsklausel lediglich für die Süd-Süd-Integration möglich. Die Schaffung bilateraler Freihandelszonen zwischen der EG und den Maghrebstaaten (Nord-Süd-Handel) ist von dieser Ermächtigungsklausel nicht umfaßt. Der Verstoß der Assoziationsabkommen gegen Grundsätze des GATT ist somit auch nicht durch die Ausnahme im GATT zugunsten von Entwicklungsländern gerechtfertigt.

Teil 4 - Die Assoziationsabkommen vor dem Hintergrund der besonderen Rolle der Landwirtschaft

- Kapitel 7 -
Die besondere Rolle der Landwirtschaft als Rechtfertigungsgrund für die GATT-Widrigkeit?

Die Assoziationsabkommen zwischen der EG und ihren Mitgliedstaaten einerseits und den Maghrebstaaten Marokko und Tunesien[468] widersprechen dem GATT, was nicht durch die im GATT selbst vorgesehenen Ausnahmen gerechtfertigt ist. Insbesondere bei dem Verstoß gegen die in Art. XXIV : 8 GATT normierte Pflicht zur Liberalisierung des annähernd gesamten Handels fällt auf, dass die festgestellten Verstöße ausschließlich im Zusammenhang mit Regelungen bestehen, die Landwirtschaft betreffen. Die europäische und die nationale Landwirtschaft der Maghrebstaaten wird trotz der Abkommen zur Schaffung einer Freihandelszone vom Freihandel weitestgehend ausgenommen und damit weiterhin massiv geschützt. Zwar muss grundsätzlich davon ausgegangen werden, dass das Erfordernis des Art. XXIV : 8 GATT nicht erfüllt ist, wenn ein ganzer Sektor von der Liberalisierung ausgenommen ist[469]. Bei genauer Betrachtung fällt aber auf, dass es sich bei den meisten regionalen Integrationszonen in der Regel um den Landwirtschaftssektor handelt, der von der Liberalisierung ausgenommen ist. Berücksichtigt man, dass dieser, wie gleich aufgezeigt wird, in weiten Bereichen Sonderregeln unterliegt, erscheint die Angelegenheit womöglich in einem anderen Licht.

Seit jeher hat die Landwirtschaft eine besondere Rolle gespielt, weltweit, europaweit und in jedem einzelnen Staat. Die Nahrungsmittelversorgung gehörte als Notwendigkeit für die menschliche Existenz schon immer zu den ersten Anliegen der nationalen Regierungen. Um die elementaren Grundbedürfnisse zu befriedigen, haben die meisten Staaten die landwirtschaftliche Produktion gesteigert. Sie versuchten damit, ein gewisses Maß an Unabhängigkeit in diesem Bereich zu erlangen, um vor Erpressung durch andere Staaten sicher und von Lebensmittelimporten unabhängig zu sein. Dies galt vor allem in Krisen- und Kriegszeiten.[470] Auch die besonderen Marktbegebenheiten des Agrarsektors, wie etwa das schwer vorher zu sagende Angebot, die begrenzte Haltbarkeit und

468 Zu Algerien siehe oben Teil 3 Kapitel 5 C.

469 Siehe dazu obenTeil 3 Kapitel 5 B. III. 1.

470 *Eichenberg*: Die Instrumente der gemeinsamen Marktorganisation zur Steuerung der Einfuhr von landwirtschaftlichen Drittlandserzeugnissen in die Gemeinschaft, S. 16 f.; *Ipsen/Haltern*: Landwirtschaft und internationaler Handel - Beschert die Gemeinsame Agrarpolitik der EG dem GATT eine Mißernte?, EuZW 91, 464 (466).

Lager- bzw. Transportfähigkeit der Produkte[471] mögen dazu beigetragen haben, dass alle Staaten, vor allem die der industrialisierten Welt, eine interventionistische und protektionistische Politik in diesem Wirtschaftssektor verfolgen.[472]

Die starke Isolation der nationalen Preise für landwirtschaftliche Produkte geht in erster Linie auf die wirtschaftliche Depression der 1930er Jahre zurück. Insbesondere nach dem Zweiten Weltkrieg waren die Regierungen bestrebt, die nationale landwirtschaftliche Produktion zu erhöhen, um ihre wachsende Bevölkerung ernähren zu können. Damit einher ging das Bestreben nach einer Ausgewogenheit zwischen den Einkommen der städtischen und ländlichen Bevölkerung.[473] Zu diesem Zweck setzte man vor allem auf das Mittel der Marktstützung durch Interventionspreise. Die daraus resultierenden Überschüsse wurden mit Hilfe von Ausfuhrsubventionen auf Drittlandsmärkten abgesetzt. Das hatte einen weltweiten Verfall der Weltmarktpreise für landwirtschaftliche Produkte zur Folge und verfälschte deren weltweiten Handel erheblich.[474]

Welche Auswirkungen dies noch heute hat, soll im folgenden kurz dargestellt werden, um anschließend prüfen zu können, ob diese besondere Rolle der Landwirtschaft ein Grund sein könnte, der den Verstoß der Assoziationsabkommen gegen GATT-Grundsätze rechtfertigt.

A. *Das GATT und die Landwirtschaft*

Aufgrund der genannten Besonderheiten spielt die Landwirtschaft auch im GATT eine besondere Rolle. Theoretisch hatte das GATT 1947 kein spezielles Regime für den Handel mit landwirtschaftlichen Produkten[475] vorgesehen.[476] Praktisch enthielt es jedoch bis zum Inkrafttreten des

---

471 *Ipsen/Haltern*: Landwirtschaft und internationaler Handel - Beschert die Gemeinsame Agrarpolitik der EG dem GATT eine Mißernte?, EuZW 91, 464 (466); *Thiele* in *Calliess/Ruffert*: EUV, Art. 32 Rz. 3.

472 *Ohlinger*: Die Relevanz nicht-tarifärer Handelshemmnisse im internationalen Handel und ihre Wirkungen auf die Integration der Entwicklungsländer und die Weltwirtschaft, S. 100.

473 *WTO*: Trade policies prior to the WTO, www.wto.org/English/tratop_e/agric_e/ag_intro01_e.htm (12.11.2002); *Prieß/Pitschas* in *Prieß/Berrisch*: WTO-Handbuch, S. 171.

474 *Pitschas*: Ausfuhrförderung von Agrarprodukten nachdem WTO-Übereinkommen über die Landwirtschaft, in Ehlers/Wolffgang/Pünder: Rechtsfragen der Ausfuhrförderung, S. 163.

475 Der hat in der zweiten Hälfte der neunziger Jahre etwa 10 % des weltweiten Güterhandels ausgemacht, vgl. *Senti*: WTO, S. 468; *Yüksel*: Welthandelsorganisation, S. 219.

476 *Senti*: WTO, S. 464 f.; *Erler*: Zollpräferenzen im GATT, S. 108.

Landwirtschaftsübereinkommens 1995[477] materielle Ausnahmeregelungen. Das waren zum einen die Marktzutrittsregel nach Art. XI : 2 (c) GATT und zum anderen die Exportkonkurrenzregel des Art. XVI : 3 GATT. Nach diesen Normen waren mengenmäßige Beschränkungen sowie Exportsubventionen im Handel mit landwirtschaftlichen Produkten, wenn auch nur unter bestimmten Voraussetzungen, erlaubt. Dies widersprach nicht nur den übrigen Regeln und Zielsetzungen des GATT, sondern hat in der Praxis auch dazu geführt, dass jede VERTRAGSPARTEI praktisch unbegrenzt Exportsubventionen für Agrarprodukte gewähren, Exportsubventionen unproblematisch durch heimische Subventionen ersetzen konnte, und dass sich der Handel mit den bedeutendsten landwirtschaftlichen Produkten weitaus höheren Barrieren ausgesetzt sieht, als dies in anderen Sektoren üblich ist.[478] In der Praxis spielen diese Normen jedoch, weil häufig nicht angewendet oder durch generelle *Waiver* ersetzt[479], keine bedeutende Rolle. Vielmehr dominieren weltweit Grauzonenmaßnahmen, freiwillige Selbstbeschränkungsabkommen[480], variable Einfuhrabschöpfungen oder der Einsatz von sanitären oder phytosanitären Maßnahmen den Handel mit Agrarprodukten[481]. Das hat erhebliche Verzerrungen auf den Agrarmärkten hervorgerufen[482] und im Laufe der Jahrzehnte zu spürbaren Wohlfahrtseinbußen geführt.

Insbesondere die Entwicklungsländer haben ihre komparativen Vorteile neben Industrierohstoffen und arbeitsintensiven Fertigwaren überwiegend bei der Produktion von Agrarprodukten. Sie leiden daher besonders unter

---

477 Das Übereinkommen über die Landwirtschaft wurde im Rahmen der *Uruguay*-Handelsrunde ausgehandelt und trat gemeinsam mit dem WTO-Übereinkommen am 01.01.1994 in Kraft. Abgedruckt im ABl. EG L 336 v. 23.12.1994, S. 22.

478 *Ipsen/Haltern*: Landwirtschaft und internationaler Handel - Beschert die Gemeinsame Agrarpolitik der EG dem GATT eine Mißernte?, EuZW 91, 464 (465); WTO: Trade policies prior to the WTO, www.wto.org/English/tratop_e /agric_e/ag_intro01_e.htm (12.11.2002); Prieß/Pitschas in Prieß/Berrisch: WTO-Handbuch, S. 170; Stancanelli: Developing Countries and Liberalization of Agricultural Trade, in Dicke/Petersmann: Foreign trade in the present and a new international economic order; S. 208 (209).

479 Wie beispielsweise an die USA 1955, auf den die USA mitunter noch heute zurückgreift; *Pitschas*: Ausfuhrförderung von Agrarprodukten nachdem WTO-Übereinkommen über die Landwirtschaft, in *Ehlers/Wolffgang/Pünder*: Rechtsfragen der Ausfuhrförderung, S. 163.

480 Siehe dazu oben Teil 3 Kapitel 5 B. III. 2. dieser Arbeit.

481 *Eichenberg*: Die Instrumente der gemeinsamen Marktorganisation zur Steuerung der Einfuhr von landwirtschaftlichen Drittlandserzeugnissen in die Gemeinschaft, S. 86; *Ipsen/Haltern*: Landwirtschaft und internationaler Handel - Beschert die Gemeinsame Agrarpolitik der EG dem GATT eine Mißernte?, EuZW 91, 464 (465); *Prieß/Pitschas* in *Prieß/Berrisch*: WTO-Handbuch, S. 171.

482 Mehr als 70 % der Streitverfahren im Rahmen des GATT hatten mit landwirtschaftlichen und Lebensmittelprodukten zu tun, vgl. hierzu *Thomas/Meyer*: The new rules of global trade, S. 71; *Yüksel*: Welthandelsorganisation, S. 219.

einer geringen Einkommenselastizität der Exportnachfrage und einer großen Substitutionskonkurrenz ihrer wichtigsten Exportprodukte. Dadurch sind sie in eine ungünstige Einkommensposition geraten. Da vor allem die Primärgüterproduktion der Landwirtschaft die Liberalisierungsmaßnahmen im Rahmen des GATT bis heute weitgehend unbeschadet überstanden hat, ist es gerade den noch immer auf diesen Bereichen spezialisierten Entwicklungsländern nicht möglich gewesen, ihre komparativen Kostenvorteile am Weltmarkt voll zur Geltung zu bringen.[483]

Dem wollten die VERTRAGSPARTEIEN des GATT mit dem Abschluss des Übereinkommens über die Landwirtschaft entgegenwirken.[484] Die Präambel des Übereinkommens über die Landwirtschaft weist auf das langfristige Ziel hin, ein faires und marktorientiertes Agrarhandelssystem zu schaffen, in dem die Stützungs- und Schutzmaßnahmen für die Landwirtschaft innerhalb eines bestimmten Zeitraums schrittweise gesenkt werden sollen, um Beschränkungen und Verzerrungen auf den Weltagrarmärkten zu korrigieren bzw. zu verhüten.[485] Im Verlauf der *Uruguay*-Runde wurden daher zwei Konzepte entwickelt, mittels derer der Handel mit landwirtschaftlichen Produkten wieder in das GATT reintegriert werden soll.[486]

Dies ist zum einen das *aggregate measurement of support system*[487], zum anderen das System der *tariffication*[488]. Ersteres sieht einen einzigen Index für das Gesamtvolumen der jeweiligen innerstaatlichen Stützungsprogramme im landwirtschaftlichen Sektor vor und macht damit die Werte vergleichbar und Reformen möglich. Das System der *tariffication* ergänzt das *aggregate measurement of support system* und sieht vor, dass sämtliche nichttarifäre Maßnahmen im Agrarbereich durch Zölle ersetzt werden. Das Übereinkommen sieht Maßnahmen zur schrittweisen Umset-

483 *Ohlinger*: Die Relevanz nicht-tarifärer Handelshemmnisse im internationalen Handel und ihre Wirkungen auf die Integration der Entwicklungsländer und die Weltwirtschaft, S. 65; *Yüksel*: Welthandelsorganisation, S. 220 f.

484 Der Abschluss eines separaten Übereinkommens zeigt, dass sich die Vertragsparteien zwar auf einige Gemeinsamkeiten, nicht jedoch auf eine völlige Integration des Agrarhandels in das GATT einigen konnten. Dann wäre ein separates Übereinkommen nicht nötig gewesen. So zutreffend *Senti*: WTO, S. 486.

485 Siehe die Präambel des Übereinkommens über die Landwirtschaft, vgl. auch *Prieß/Pitschas* in *Prieß/Berrisch*: WTO-Handbuch, S. 172.

486 *WTO*: WTO Agriculture Negotiations - The issues, and where we are now, S. 11; *Senti*: WTO, S. 464.

487 Teil IV des Landwirtschaft-Übereinkommens. Das *aggregate measurement of support system* erfasst die jährlich einem Landwirt zukommenden geldwertmäßigen Hilfen für jedes einzelne Agrarerzeugnis. Es handelt sich um die Summe aller produktgebundenen Zuwendungen in Form von Preis- und Absatzgarantien, siehe *Senti*: WTO, S. 482.

488 Art. 4.2 des Landwirtschaft-Übereinkommens.

zung dieser beiden Systeme vor. Es ist als integraler Bestandteil der WTO-Übereinkommen [489] für alle VERTRAGSPARTEIEN verbindlich. Hauptbestandteile des Übereinkommens sind die Bestimmungen über den Marktzugang[490], den Exportwettbewerb[491] und über interne Stützungsmaßnahmen[492]. Analog zum GATT 1947 enthält auch die neue Agrarmarktordnung eine Schutzklausel für den Fall, dass Importerleichterungen zu einem unverhältnismäßig starken Anstieg der Importmenge oder zu einem Importpreiseinbruch führen.[493]

Der gegenständliche Anwendungsbereich des Übereinkommens umfaßt landwirtschaftliche Erzeugnisse mit Ausnahme von „Fischen und Erzeugnissen daraus“. Damit sind sowohl landwirtschaftliche Grund- als auch Verarbeitungserzeugnisse von dem Abkommen erfasst.[494] Weitere multilaterale Verhandlungsrunden für diesen Sektor werden folgen.

Aus Sicht der Entwicklungsländer hat das Landwirtschaftsübereinkommen kaum Verbesserungen gebracht. Das Ausgangsniveau der Zölle und Unterstützungsmaßnahmen der Industriestaaten war so hoch, dass die vereinbarten Reduktionen in der Realität kaum etwas verändert haben. Zudem wurde die Klassifizierung der Agrarstützungsmaßnahmen so vorgenommen, dass viele Subventionen als „handelsneutral“ galten und damit weiterhin erlaubt blieben.[495] Die Industrienationen haben ihre landwirtschaftlichen Stützungssysteme tatsächlich stark umstrukturiert. Sie haben die inneren Agrarpreise gesenkt und zahlen den Landwirten direkte Einkommensübertragungen. Im Gegensatz zu den bisherigen Preisstüt-

---

489 Vgl. Art. II des WTO-Übereinkommens.

490 Teil III des Landwirtschaft-Übereinkommens. Der Marktzugang erfordert von den Vertragsparteien eine Umwandlung von mengenmäßigen Restriktionen, variablen Importabgaben (Abschöpfungen), Mindestpreisvorschriften, Importlizenzen, Staatshandelsmaßnahmen und freiwilligen Handelsbeschränkungen in völkerrechtlich gebundene Zölle bei gleichzeitiger Möglichkeit der Beibehaltung eines national als notwendig erachteten Grenzschutzes in Form von Zöllen. Zusätzlich verlangt die WTO eine weitere Marktöffnung auf 5 % des durchschnittlichen Gesamtverbrauchs zwischen 1986 - 1988 bis zum Ende der Reformperiode.

491 Teil V des Übereinkommens. Exportsubventionen sollen um 36 % auf der Basis 1986 bis 1990 innerhalb von 6 Jahren abgebaut werden.

492 Teil IV des Übereinkommens. Sämtliche produktgebundene Stützungen sollen um 20 % auf der Basis 1986 bis 1988 global abgebaut werden. Darunter fallen preis- und absatzsichernde Maßnahmen sowie produktgebundene Direktzahlungen. Allerdings ist die Ausnahmepalette für Produkte so vielfältig, dass jedes Land seine Landwirtschaft im Prinzip im bisherigen Ausmaß unterstützen kann, wenn auch nach einem anderen System.

493 *Senti*: GATT - WTO, S. 70 f.

494 *Prieß/Pitschas* in *Prieß/Berrisch*: WTO-Handbuch, S. 173.

495 *Forum Umwelt & Entwicklung*: Der internationale Agrarhandel und die Entwicklungsländer, S. 9.

zungsmaßnahmen und Marktinterventionen entspricht dies den Anforderungen der WTO, weil die Maßnahmen zusätzlich mit Flächenstilllegungsauflagen einhergingen.[496]

B. *Die Gemeinschaftliche Agrarpolitik*

Die gemeinschaftliche Agrarpolitik der EG findet ihre Grundlage in den Art. 32 ff. EGV. Bereits seit den Anfängen der Gemeinschaft war vorgesehen, dass der Gemeinsame Markt auch die Landwirtschaft und den Handel mit landwirtschaftlichen Erzeugnissen umfassen sollte.[497]

Es wurde ein gemeinschaftliches Konzept geschaffen, das die Besonderheiten der landwirtschaftlichen Produkte und ihrer Marktbedingungen, dem Verlangen der Sicherstellung der Ernährung der Bevölkerung sowie den Erfordernissen des Landschaftsschutzes Rechnung tragen sollte.[498] Die Grundprinzipien der Gemeinschaftlichen Agrarpolitik sind die Schaffung eines gemeinsamen Binnenmarktes für landwirtschaftliche Produkte[499], ein gemeinsames Agrarpreissystem und ein gemeinschaftlicher Außenschutz.[500] Hierbei gilt das Prinzip der Gemeinschaftspräferenz, das in gewissen Grenzen die Bevorzugung landwirtschaftlicher Erzeugnisse aus der EG gegenüber Agrarprodukten aus Drittländern gewährleistet.[501]

Der Außenschutz der Gemeinschaft im Agrarbereich wird hauptsächlich durch die Erhebung von Abgaben bei der Einfuhr von Drittlandserzeugnissen sichergestellt. Die EG hat auf diesem Gebiet einen hochprotektionistischen Binnenmarkt aufgebaut, der anfangs die Selbstversorgung anvisierte und dann zu einer subventionierten Überproduktion führte.[502] Seit Inkrafttreten des Landwirtschaftsübereinkommens 1995[503]

496 *Sharma*: WTO und Landwirtschaft: ein Beispiel für Selbstbetrug, www.shareinternational-de.org/hefte_2002/0205_wto.htm (25.11.2003); *Forum Umwelt & Entwicklung*: Der internationale Agrarhandel und die Entwicklungsländer, S. 10.

497 *Eichenberg*: Die Instrumente der gemeinsamen Marktorganisationen zur Steuerung der Einfuhr von landwirtschaftlichen Drittlanderzeugnissen in die Gemeinschaft, S. 22.

498 *Borchardt* in *Lenz*: EG-Vertrag, Art. 32 Rz. 4; *Gilsdorf* in *Grabitz/Hilf*: EUV, Art. 38 Rz. 1; zu den Grundlagen der Markt- und Preispolitik der EG im Agrarbereich siehe *Ahner*: Gemeinsame Agrarpolitik - Herzstück und Sorgenkind, in *Röttinger/Wyringer*: Handbuch der Europäischen Integration, S. 846 (850 f.).

499 Vgl. Art. 34 EGV.

500 *Borchardt* in *Lenz*: EG-Vertrag, Art. 32 Rz. 7 f.; *Gilsdorf* in *Grabitz/Hilf*: EUV, Art. 38 Rz. 1.

501 *Eichenberg*: Die Instrumente der gemeinsamen Marktorganisationen zur Steuerung der Einfuhr von landwirtschaftlichen Drittlanderzeugnissen in die Gemeinschaft, S. 24 f.; *Borchardt* in *Lenz*: EG-Vertrag, Art. 32 Rz. 10; EuGH: Rs. C-353/92 (*Griechische Republik ./. Rat der Europäischen Union*), Urt. v. 14.07.1994, Slg. 1994, I-3436, *para*. 50.

502 *Yüksel*: Welthandelsorganisation, S. 218.

503 Siehe dazu den Abschnitt A. dieses Kapitels.

wendet die EG gegenüber Drittstaaten bei Einfuhren von landwirtschaftlichen Erzeugnissen feste Zolläquivalente an. Diese sind allerdings aufgrund der hohen Interventionspreise und der niedrigen Weltmarktpreise im Berechnungszeitraum von 1986 bis 1988 sehr hoch ausgefallen. Das hält die Importe aus Drittstaaten auf einem Preisniveau, das noch immer über dem der gemeinschaftlichen Produkte liegt. Damit ist ein Preiswettbewerb mit Drittlandserzeugnissen nach wie vor ausgeschlossen.[504] In vielen Fällen sind Hersteller in Entwicklungs-ländern nicht in der Lage, mit den künstlich niedrig gehaltenen EG-Marktpreisen für landwirtschaftliche Produkte zu konkurrieren.[505]

Um die Exportanteile auf dem Weltmarkt zu halten oder zu steigern und um die EG-Lagerbestände der Überschussproduktionen zu regulieren, bedient sich die EG zusätzlich interner Stützungsmaßnahmen wie Ausfuhrbeihilfen (Subventionen).[506]

Grundsätzlich steht die Gemeinschaftliche Agrarpolitik damit im Widerspruch zu den Bekenntnissen sowohl der Entwicklungspolitik als auch zu einer freien Marktwirtschaft und damit zu den Zielen der WTO.[507] Zwar ist die EG nicht generell gegen eine Liberalisierung des Marktes oder die Verringerung der Unterstützung für die Landwirte. Das soll jedoch nur gelten, solange die Hilfen aufrechterhalten werden, die der EG-Landwirtschaft die Befriedigung der Gesellschaftsansprüche ermöglichen.[508]

C. *Prüfung des Rechtfertigungsgrundes*

Es ist nunmehr zu prüfen, ob die beschriebene besondere Rolle der Landwirtschaft im Rahmen des Welthandels bzw. der Gemeinschaftlichen Agrarpolitik als Rechtfertigungsgrund für die Verstöße der Assoziationsabkommen gegen die Meistbegünstigungsklausel und das Verbot der mengenmäßigen Beschränkungen in Frage kommen, da die festgestellten

---

504 *Eichenberg*: Die Instrumente der gemeinsamen Marktorganisationen zur Steuerung der Einfuhr von landwirtschaftlichen Drittlanderzeugnissen in die Gemeinschaft, S. 105;

505 *Schreuer*: Promotion of Economic Development by International Law at the Universal and/or Regional Level, in *Wolfrum et al.*: Strengthening the World Order: Universalism v. Regionalism, S. 84.

506 *Walter*: Die Auswirkungen der EU-Agrarsubventionen auf die Landwirtschaft der Entwicklungsländer am Beispiel der Getreideexporte nach Afrika, S. 44.

507 *Eiselstein*: Die Europäische Gemeinschaft in der Weltwirtschaftsordnung, S. 122.

508 *Fischler*: Europe's position in the WTO farm trade talks, http://europa.eu.int/comm /agriculture/external/ wto/index_en.htm (12.11.2002); *ders.*: Der Barcelona-Prozess - ein Fall für die Landwirtschaft?, S. 3 f.; "Kommissar Lamy fordert größere Bereitschaft der EU zur Marktöffnung", FAZ v. 01.09.2003.

Verstöße ausschließlich im Bereich des Handels mit landwirtschaftlichen Erzeugnissen auftreten.[509]

I. Die Stellung der Landwirtschaft im Welthandel als Rechtfertigungsgrund

Die nicht ausreichende Liberalisierung des Handels mit landwirtschaftlichen Produkten zwischen der EG und ihren Mitglied-staaten einerseits sowie den Maghrebstaaten Tunesien und Marokko andererseits wäre dann gerechtfertigt, wenn die nicht planmäßigen Zoll-senkungen sowie das Aufrechterhalten von mengenmäßigen Beschrän-kungen in den Assoziationsabkommen von der WTO anerkannte Maß-nahmen wären, die sich im Rahmen des Landwirtschaftsübereinkommens bewegen.

Erlaubt sind nach dem Landwirtschaftsübereinkommen Zollerhebungen bei der Einfuhr von landwirtschaftlichen Erzeugnissen in die EG sowie interne Subventionen mit anderem Ziel als der Preisunterbietung ausländischer Produkte. Zollerhebungen auf die Agrarprodukte aus den Maghrebstaaten sind dem Grunde nach möglich. Dies entspricht auch dem allgemeinen Grundsatz des GATT, Zölle als Schutzmaßnahmen einsetzen zu dürfen. Nicht gerechtfertigt sind allerdings Einfuhrkalender und mengenmäßige Beschränkungen, die nach wie vor den Handel zwischen der EG und den Maghrebstaaten im landwirtschaftlichen Sektor bestimmen.[510] Auch die nicht planmäßige Liberalisierung des Agrarhandels widerspricht dem Anliegen der WTO, im Bereich der Landwirtschaft eine schrittweise Reduzierung der handelsbeschränkenden Maßnahmen zu erreichen. Eine schrittweise Liberalisierung ist in den Abkommen gerade nicht vorgesehen, vielmehr soll diese zwischen den Partnern jeweils ausgehandelt werden. Das garantiert allerdings keinen tatsächlichen Abbau der Protektion, insbesondere, wenn diese Verhandlungen scheitern. Das ist nicht im Einklang mit den Vorgaben der WTO und kann daher auch die Beschränkungen des landwirtschaftlichen Handels der EG mit den Maghrebstaaten nicht rechtfertigen.

II. Die Gemeinschaftliche Agrarpolitik als Rechtfertigungsgrund

Ähnlich verhält es sich mit der Gemeinschaftlichen Agrarpolitik als Rechtfertigung für die in den Assoziationsabkommen aufrecht erhaltenen mengenmäßigen Beschränkungen im Handel mit landwirtschaftlichen Produkten. Mengenmäßige Beschränkungen sind nach der Gemeinschaft-

509 Siehe hierzu oben Teil 3 Kapitel 5 B. III. dieser Arbeit.

510 Siehe oben Teil 1 Kapitel 3 A. II. sowie Teil 3 Kapitel 5 B. III. dieser Arbeit.

lichen Agrarpolitik kein zulässiges Mittel, um ihre Ziele durchzusetzen. Das trifft auch auf die durch die EG an die Landwirte geleisteten Subventionen zu. Diese führen nach wie vor dazu, dass landwirtschaftliche Produkte aus Drittstaaten preislich nicht mit den künstlich niedrig gehaltenen Preisen auf dem EG-Markt konkurrieren können. Daher ist die Gemeinschaftliche Agrarpolitik zumindest teilweise mit dafür verantwortlich, dass Entwicklungsländer bisher nicht in der Lage waren, eine profitable Landwirtschaft zu entwickeln.[511] Insbesondere der in den Abkommen mit Marokko und Tunesien genommene Bezug auf die innergemeinschaftlichen Beihilferegelungen[512] spricht dafür, dass die Ausfuhrbeihilfen im Verhältnis zu diesen Staaten unzulässig sind.[513]

Bereits in ihrem *Trade Policy Review* 2000 hat die WTO die Gemeinschaftliche Agrarpolitik kritisiert. Im Mittelpunkt der Kritik standen dabei vor allem der hohe Durchschnittszollsatz von 17,3 % und die hohen Subventionen im Agrarbereich, die nach Angaben der WTO 1999 45 % des EG-Gesamthaushaltes ausgemacht haben.[514] Im *Trade Policy Review* der WTO von 2002 werden im Wesentlichen dieselben Punkte kritisch angesprochen. Der durchschnittliche Zollsatz auf land-wirtschaftliche Produkte wurde im Jahr 2002 zwar auf 16,1 % gesenkt, ist jedoch immer noch mehr als viermal so hoch wie in anderen Bereichen. Die Subventionen für die Landwirtschaft wurden umstrukturiert, betrugen nach Angaben der WTO im Jahr 2002 aber noch immer 44 % des EG-Gesamthaushaltes.[515]

Diese restriktive Gemeinschaftliche Agrarpolitik gegenüber allen Drittstaaten beschränkt nach wie vor erheblich den Zugang nicht-europäischer Agrarprodukte auf den Markt. Die in den Assoziationsabkommen beibehaltenen Protektionsmaßnahmen wie Quoten, Einfuhrkalender und Zollkontingente sind mengenmäßige Beschränkungen, die auch nach der Gemeinschaftlichen Agrarpolitik unzulässig sind.

---

511 *Ohlinger:* Die Relevanz nicht-tarifärer Handelshemmnisse im internationalen Handel und ihre Wirkungen auf die Integration der Entwicklungsländer und die Weltwirtschaft, S. 322; „Kommissar Lamy fordert größere Bereitschaft der EU zur Marktöffnung“, FAZ v. 01.09.2003.

512 Art. 36 Abs. 2 des Abkommens mit Marokko.

513 *Müller-Ibold*: Ausfuhrförderung aus Sicht der Europäischen Gemeinschaft, in *Ehlers/Wolffgang/Püner*: Rechtsfragen der Ausfuhrförderung, S. 55 f.

514 *WTO*: Trade policy review - European Union 2000, www.wto.org/english/tratop_e/tpr_e/tp137_e.htm (25.11.2003).

515 *WTO*: Trade policy review - European Union 2002, www.wto.org/english/tratop_e/tpr_e/tp198_e.htm (25.11.2003).

D. *Zwischenergebnis*

Die Landwirtschaft spielt sowohl im Rahmen der WTO als auch in der Politik der Europäischen Gemeinschaft eine besondere Rolle. Diese besondere Rolle ermächtigt die einzelnen Staaten, bestimmte restriktivere Handelsmaßnahmen in diesem Sektor aufrecht zu erhalten. Darunter fallen etwa höhere Zölle als in anderen Bereichen oder bestimmte Subventionen. Allerdings sollen diese Zölle schrittweise verringert und die zu reduzierenden Subventionen nicht dazu verwendet werden, die Binnenpreise unfair unter das Weltniveau zu drücken. Nicht zu diesen zulässigen Maßnahmen zählen jedenfalls mengenmäßige Beschränkungen oder das Aufrechterhalten von hohen Zöllen ohne deren planmäßige Verringerung.

Die von der EG gegenüber den Maghrebstaaten im Rahmen der Assoziationsabkommen festgelegten Zölle auf landwirtschaftliche Waren halten sich im von der WTO vorgegebenen Rahmen. Nicht gerechtfertigt ist jedoch, dass es keinen Plan zur Reduzierung dieser Zölle gibt, sondern eine weitere Liberalisierung dem ungewissen Ausgang von Verhandlungen zwischen den jeweiligen Vertragspartnern unterworfen wird. Nicht gerechtfertigt sind in jedem Fall auch die weiterhin aufrecht erhaltenen mengenmäßigen Beschränkungen in Form von Quoten- und Exportkalendern und Zollkontingenten. Die von der EG im Agrarbereich angewandten Maßnahmen gehen über das hinaus, was sowohl die WTO als auch die EG im Rahmen ihrer Politik dem Handel mit Agrarprodukten aufgrund der unbestrittenen Sonderrolle der Landwirtschaft zugestehen. Diese Sonderrolle der Landwirtschaft stellt somit keinen Rechtfertigungsgrund für die Verstöße der Assoziationsabkommen gegen das Meistbegünstigungsgebot und das Verbot mengenmäßiger Beschränkungen dar.

Teil 5 - Ergebnis, Stellungnahme und Lösungsvorschläge

- Kapitel 8 -
Ergebnis und Stellungnahme

A. *Ergebnis*

Die Prüfung der Assoziationsabkommen zur Gründung bilateraler Freihandelszonen zwischen der EG und ihren Mitgliedstaaten einerseits sowie Algerien, Marokko und Tunesien andererseits hat ergeben:

Die Assoziationsabkommen mit den drei Maghrebstaaten sind mit dem Recht der EG vereinbar.

Die Assoziationsabkommen mit Tunesien und Marokko sind nicht vereinbar mit dem GATT 1994. Sie verstoßen gegen das Meistbegünstigungsgebot und das Verbot mengenmäßiger Beschränkungen.

Dieser Verstoß ist nicht durch die im GATT vorgesehene Ausnahme zugunsten regionaler Wirtschaftsintegrationen, Art. XXIV GATT, gerechtfertigt. Die Bestimmungen in den Abkommen mit Marokko und Tunesien über die Liberalisierung des Handels mit landwirtschaftlichen Erzeugnissen verstoßen gegen Art. XXIV Abs. 5 und Abs. 8 GATT. Die in diesen Paragrafen genannten Anforderungen an die Liberalisierung des annähernd gesamten Handels sowie an eine planmäßige Liberalisierung des Handels zwischen den Vertragspartnern werden im Bereich der landwirtschaftlichen Erzeugnisse nicht erfüllt.

Bezüglich des Abkommens mit Algerien könnte man möglicherweise zu einem anderen Ergebnis gelangen. Nach bisherigen Informationen haben sich die Vertragspartner zu einer weitestgehenden sofortigen und umfassenden Liberalisierung des Handels mit landwirtschaftlichen Erzeugnissen entschlossen. Hintergrund hierfür ist die geringe Relevanz der algerischen landwirtschaftlichen Exporte im Vergleich zu den algerischen Exporten von Rohöl oder Erdgas. Dies muss jedoch anhand des genauen Wortlauts des Abkommens, insbesondere der Protokolle und Anhänge, überprüft werden, sobald dieser bekannt ist.

Der Verstoß der Abkommen mit Marokko und Tunesien gegen Grundprinzipien des GATT ist auch nicht durch die vom GATT selbst vorgesehene Ausnahme zugunsten von Entwicklungsländern gerechtfertigt. Marokko und Tunesien werden im Rahmen der Assoziationsabkommen formell nicht als Entwicklungsländer behandelt, obwohl sie die materiellen

Kriterien für die Einordnung als Entwicklungsland im Rahmen des GATT erfüllen. Im Gegenteil, die Anforderungen an die Liberalisierung des Handels sind zum ersten Mal in den Beziehungen zwischen den Vertragspartnern reziproker Natur. Wenn die Partner eine Freihandelszone errichten wollen, die mit Art. XXIV GATT übereinstimmen soll, dann ist gleichzeitig eine Berufung auf die Ausnahmebestimmungen für Entwicklungsländer, namentlich Teil IV das GATT, nicht möglich. Dies gilt umso mehr, als dieses Argument insbesondere dazu benutzt würde, um Verstöße gegen Art. XXIV GATT zu rechtfertigen.

Auch die besondere Rolle der Landwirtschaft sowohl im Gefüge des GATT als auch auf europäischer Ebene rechtfertigt den Verstoß der Abkommen gegen die Grundsätze des GATT und Art. XXIV GATT nicht. Zwar gibt es bezüglich des Handels mit landwirtschaftlichen Erzeugnissen sowohl im Rahmen des GATT als auch auf europäischer Ebene seit langem Sonderbestimmungen. Die in den Abkommen vorgesehenen Quoten, Mengenkontingente und Importkalender sind aber selbst in diesen Sonderbestimmungen nicht als legitime Mittel vorgesehen, den landwirtschaftlichen Handel zu steuern.

B. *Stellungnahme*

Die Assoziationsabkommen zwischen der EG und ihren Mitgliedstaaten einerseits sowie Marokko und Tunesien andererseits entsprechen nicht den Vorgaben des internationalen Wirtschaftsrechts, respektive dem GATT. Die vermuteten Auswirkungen der Abkommen sind zudem, zumindest kurz- und mittelfristig, für die betroffenen zu assoziierenden Staaten nicht von Vorteil. Im Gegenteil: sie erfordern politisch schwierige, kostenintensive Reformen und ziehen außerdem, zumindest vorübergehend, negative soziale und fiskalische Folgen nach sich.[516] Es stellt sich daher die Frage, warum die betroffenen Staaten dennoch zum Abschluss dieser Abkommen bereit waren. Der Grund hierfür mag zum einen darin liegen, dass die politischen Führungskräfte in den Maghrebstaaten Angst hatten, im Rahmen der Globalisierung und der Annäherung der osteuropäischen Staaten an Europa ins Hintertreffen zu geraten. Die aktuellen Abkommen garantieren zumindest über einen gewissen Zeitraum, dass sich die EG auch mit den südlichen Anrainern des Mittelmeeres beschäftigen muss. Hinzu kommt, dass die Abkommen im wesentlichen auch die finanzielle Unterstützung aufrecht erhalten, die den Maghrebstaaten in

516 Für Algerien kann noch keine Prognose gestellt werden. Es ist jedoch wahrscheinlich, dass die Folgen des Inkrafttretens des Assoziationsabkommens in etwa dieselben sein werden, wie in den anderen beiden Maghrebstaaten.

der Vergangenheit zuteil geworden ist, und auf die sie dringend angewiesen sind.

In erster Linie aber geben die Abkommen den Maghrebstaaten die reale Chance, ihre Wirtschaften und internen monetären, sozialen und fiskalischen Strukturen denen der Weltwirtschaft anzunähern, konkurrenz- und damit weltmarktfähig zu werden. Langfristig ist das der einzige Weg hin zu einer nachhaltigen Entwicklung. Nur dies kann den Maghrebstaaten aus ihren wirtschaftlichen und sozialen Schwierigkeiten heraushelfen.

Sicher sind die Abkommen dafür ein Kompromiss, der, würde er GATT-konform umgesetzt, nicht einmal zu negativ für die Maghrebstaaten wäre. Eine graduelle Liberalisierung der Landwirtschafts- und Fischereimärkte würde einen wesentlich höheren Beitrag zu schneller und nachhaltiger Entwicklung dieser Länder beitragen. Andererseits wäre es den Maghrebstaaten nicht oder nur sehr schwer möglich, eine solche Entwicklung und aus eigener Kraft anzustrengen und zu finanzieren. Insofern bieten die Abkommen, auch wenn sie nicht optimal für die Maghrebstaaten sind, einen Anreiz und Impuls.

- Kapitel 9 -
Lösungsvorschläge und Ausblick

A. *Lösungsmöglichkeiten*

Im Folgenden wird nach Lösungsmöglichkeiten gesucht, die den Vertragspartnern helfen könnten, die GATT-Konformität der Assoziationsabkommen herzustellen und somit deren Rechtswidrigkeit zu überwinden. Dabei geht es zum einen um Maßnahmen, die von den Vertragspartnern direkt ergriffen werden können. Bekanntermaßen existieren die in dieser Arbeit aufgezeigten Probleme jedoch nicht spezifisch allein bei den Assoziationsabkommen zwischen der EG und den Maghrebstaaten, sondern bei fast allen anderen Abkommen zur Schaffung einer regionalen Integrationszone. Daher soll hier zum anderen auch aufgezeigt werden welche generellen Maßnahmen innerhalb des Systems der WTO durchgesetzt werden sollten, damit die Probleme im Zusammenhang mit den Abkommen über die Bildung regionaler Integrationen in Zukunft verringert werden können.

I. Lösungsmöglichkeiten für die Vertragspartner der Assoziationsabkommen

1. Befreiung nach Artikel XXIV : 10 GATT

Vorhaben zur Bildung von regionalen Wirtschaftszusammenschlüssen müssen grundsätzlich den Anforderungen des Artikels XXIV Absätze 4 bis 9 GATT genügen. Das gilt jedoch nicht ausnahmslos. Vorhaben, die die genannten Bedingungen nicht vollständig erfüllen, können gemäß Art. XXIV Abs. 10 GATT von den VERTRAGSPARTEIEN der WTO mit einer Zweidrittelmehrheit gebilligt werden. Er erlaubt den VERTRAGSPARTEIEN nicht nur, regionale Integrationen zu bilden, die nicht vollständig den Anforderungen des Art. XXIV : 8 (a) und (b) sowie Abs. 5 (a) und (b) GATT entsprechen, sondern bietet auch den Staaten eine Möglichkeit zur regionalen Integration, deren Plan und Programm im Rahmen ihres Interimsabkommens über die Errichtung einer Freihandelszone nicht mit Art. XXIV Abs. 5 (c) GATT übereinstim-men.[517] Voraussetzung hierfür ist aber, dass die Abkommen sicher zur Bildung einer Zollunion oder Freihandelszone führen. Letztere Einschränkung stellt klar, dass von den Zielen, die mit Artikel XXIV GATT verfolgt werden, nicht abgewichen werden kann. Nur solche Abweichungen sind möglich,

---

517 *Imhoof*: Le GATT et les zones de libre échange, S. 104.

die die Verwirklichung einer Zollunion oder Freihandelszone nicht grundsätzlich in Frage stellen.[518] In der Praxis des GATT spielte Abs. 10 bisher keine bedeutende Rolle. Diese Chance aber könnten die Vertragspartner der bilateralen Assoziationsabkommen nutzen.

Ob eine Befreiung tatsächlich erteilt würde, hängt im Wesentlichen von zwei Faktoren ab: zum einen müssten die Vertragspartner darlegen, dass sie aufgrund der Abkommen die Errichtung einer Freihandelszone tatsächlich und ernsthaft anstreben, zum anderen müsste die Zweidrittelmehrheit erreicht werden. Das Anliegen der Vertragspartner, eine Freihandelszone gründen zu wollen, kann nach dem Wortlaut und nach der bisherigen Umsetzung der Abkommen nicht bezweifelt werden. Es kann davon ausgegangen werden, dass sowohl Tunesien und Marokko als auch Algerien eine Freihandelszone mit der EG und ihren Mitgliedstaaten tatsächlich errichten wollen. Das gilt ebenso für die EG und ihre Mitgliedstaaten. Bezüglich des Handels mit Industriegütern ist das eindeutig, dies ist bereits teilweise erreicht oder wird am Ende der Übergangszeit erreicht sein. Einziges Problem ist der Handel mit Agrarprodukten. Freizügigkeit des Handels in diesem Bereich ist begrenzt aufgrund der protektionistischen Haltung der jeweiligen Vertragspartner. Dennoch sollte an dem Willen der Vertragspartner, auch in diesem Bereich Freihandel zu erreichen, nicht gezweifelt werden. Verhandlungen sind vorgesehen und werden durchgeführt, Zugeständnisse erreicht. Daher ist dies nur eine Frage der Zeit. Da diese Übergangsfrist aber noch sehr lange dauern kann und deshalb schwer zu bestimmen ist, greift gerade die Befreiungsvorschrift des Art. XXIV : 10 GATT.

Ob allerdings die nötige Zweidrittelmehrheit erreicht würde, kann nur Spekulation sein. Vermutlich aber würden die VERTRAGSPARTEIEN der WTO die Befreiung erteilen, da sie sich ausschließlich auf Art. XXIV GATT bezieht und keine generelle Ausnahmeklausel darstellt. Zudem wäre dies auch für die WTO eine gute Möglichkeit zu zeigen, dass ihr an der korrekten Umsetzung des Art. XXIV GATT gelegen ist und sich Verstöße gegen diese Vorschrift nicht fortsetzen. Im eigenen Interesse wäre die Erteilung einer Befreiung gemäß Art. XXIV : 10 GATT daher erstrebenswert. Die Vertragspartner der Assoziationsabkommen hätten demnach gute Chancen, für ihre Abkommen eine Ausnahmegenehmigung bezüglich der Anforderungen von Artikel XXIV : 8 (a) und (b) sowie Absatz 5 (a) und (b) GATT zu erhalten.

518 *Huber*: Präferenzielle Abkommen der EG mit dritten Staaten und die Frage ihrer Vereinbarkeit mit dem GATT, S. 40.

2. *Waiver* gemäß Art. XXV : 5 GATT

Eine weitere Möglichkeit, den Verstoß gegen das Meistbegünstigungsprinzip und das Verbot mengenmäßiger Beschränkungen zu rechtfertigen, wäre Art. XXV : 5 GATT. Es handelt sich hierbei um eine universelle Ausnahmeregelung. Durch diesen sogenannten *Waiver* können die VERTRAGSPARTEIEN

> *„unter außergewöhnlichen, in diesem Abkommen nicht anderweitig vorgesehenen Umständen ... eine VERTRAGSPARTEI von einer der ihr durch dieses Abkommen auferlegten Verpflichtung befreien, vorausgesetzt, dass ein solcher Beschluss mit Zweidrittelmehrheit der abgegebenen Stimmen gebilligt wird, und dass diese Mehrheit mehr als die Hälfte der VERTRAGSPARTEIEN umfasst"*[519].

Obwohl von dieser Vorschrift gefordert, wurde in der Praxis des GATT / der WTO bisher nicht geprüft, ob solche außergewöhnlichen Umstände vorlagen.[520] Ebenso wurde in der Praxis nicht festgestellt, ob ein im GATT vorgesehener anderer Umstand nicht greift. *Waiver* wurden daher beispielsweise auch in solchen Fällen erteilt, in denen eine Genehmigung nach Art. XXIV : 10 GATT möglich gewesen wäre.[521] Demnach war bisher einziges Kriterium das Erreichen der Zweidrittelmehrheit.

Ob ein solcher *Waiver* zugunsten der EG und ihrer Vertragspartner bezüglich der Regelungen in den Assoziationsabkommen tatsächlich gewährt würde, hängt auch hier wieder vom Zustandekommen der erforderlichen Mehrheit der VERTRAGSPARTEIEN ab[522]. Im Gegensatz zur Erteilung einer Ausnahmegenehmigung gemäß Art. XXIV : 10 GATT[523] erscheint das in diesem Fall aber als eher unwahrscheinlich. Zum einen handelt es sich hierbei um einen *Waiver* genereller Art, zum anderen haben die VERTRAGSPARTEIEN im Rahmen der *Uruguay*-Runde die Rein-

---

519 Art. XXV Abs. 5 Satz 1 GATT.

520 Es mangelt auch diesbezüglich wieder an einer Definition. Dennoch wurde das Institut des *Waivers* in vielfältiger Weise eingesetzt. So erhielt die USA 1955 einen umfangreichen *Waiver*, ebenso die Bundesrepublik Deutschland im Zusammenhang mit der Wiedervereinigung bezüglich der Zolleinfuhren aufgrund mit der ehemaligen DDR geschlossener Abkommen. Vgl. auch *Erler*: Zollpräferenzen im GATT, S. 119 f.

521 Im Dezember 1995 erteilten die Vertragsparteien der EG einen *Waiver* zur Vorzugsbehandlung von AKP-Waren. *Becker-Celik*: EG-Marktordnungsrecht im Konflikt mit den GATT-Vorschriften und deutschem Verfassungsrecht, S. 82; Zum Verhältnis zwischen Art. XXV und Art. XXIV : 10 GATT siehe *Erler*: Zollpräferenzen im GATT, S. 129 f.

522 Aus dem Abschluss der *Uruguay*-Runde hat sich ergeben, dass zur Gewährung eines *Waivers* jetzt eine Dreiviertelmehrheit erforderlich ist, und dass im Prinzip auch die unbefristeten *Waiver* abgeschafft werden. Ziff. 1 der Vereinbarung über die Gewährung der *Waiver* nach dem GATT 1994, *Uruguay* Round, Final Act.

523 Siehe dazu den vorhergehenden Abschnitt.

tegration des Agrarhandels in das GATT beschlossen. Die Maßnahmen, die nach dem Landwirtschaftsübereinkommen erlaubt sind, würden durch einen *Waiver* dieser Art erneut ausgehöhlt, insgesamt würde er die Umsetzung des Landwirtschaftsübereinkommens verzögern oder verhindern. Zudem würden die VERTRAGSPARTEIEN einen Präzedenzfall schaffen, der die mühsam errungenen Kompromisse der *Uruguay*-Runde und späterer Verhandlungen[524] untergraben könnte.

Es bleibt festzustellen, dass die Vertragspartner der Abkommen zwar einen *Waiver* gem. Art. XXV : 5 GATT beantragen könnten, um eine Rechtfertigung für den Verstoß gegen das Meistbegünstigungsgebot aufgrund der Regelungen bezüglich des Handels mit Agrarerzeugnissen zu erlangen. Es ist aber nicht sehr wahrscheinlich, dass die hierfür nötige Dreiviertelmehrheit unter den VERTRAGSPARTEIEN erreicht würde.

Im Übrigen mag der Umstand, dass die EG trotz der ihr bekannten Problematik keinen *Waiver* beantragte, verdeutlichen, dass die EG selbst nicht an das Erreichen der Zweidrittelmehrheit glaubte. Zudem wäre die Beantragung eines solchen *Waivers* ein Eingeständnis gewesen, dass die EG die Bestimmungen der Assoziationsabkommen selbst als nicht GATT-konform einstuft. Sie hat es daher möglicherweise auch aus politischen Gründen unterlassen.

3. Das Streitschlichtungsverfahren der WTO

Darüber hinaus gibt es für die einzelnen Vertragspartner der Assoziationsabkommen auch die Möglichkeit, im Rahmen eines Streitschlichtungsverfahrens der WTO eine Vereinbarkeit des jeweiligen Abkommens mit dem GATT zu erreichen.

Der Streitbeilegungsmechanismus hat seine Rechtsgrundlage in Art. XXII GATT („Konsultationen“) und Art. XXIII GATT („Zunichtemachung oder Schmälerung von Vertragsnutzen“). Das ursprüngliche Streitbeilegungsverfahren[525] wurde nach einem langen Weg zwischen-

---

524 *Doha*-Konferenz und Handelsrunde von *Cancun*.

525 Das GATT 1947 sah keine spezielle Institution für Streitschlichtung vor. Es gab lediglich bilaterale Konsultationen innerhalb des GATT. Kam es zu keinem Konsens zwischen den Parteien, konnten die übrigen Vertragsparteien Empfehlungen aussprechen. Später etablierten sich sogenannte *Panels* aus drei oder fünf unabhängigen Experten. Die Vorschläge dieser *Panels* mussten einstimmig angenommen werden. Hierin lag auch das Problem: Da bei dieser Entscheidung auch die Konfliktparteien vertreten waren, konnten diese die Annahme des Panelberichts blockieren.

staatlicher Vermittlungsverfahren [526] von den VERTRAGS-PARTEIEN im Rahmen der *Uruguay*-Runde durch die Annahme des Dokuments „*Understanding on Rules and Procedures Governing the Settlement of Disputes*“[527] grundlegend verbessert. Nunmehr gibt es ein beim GATT-Rat angesiedelten und der Ministerkonferenz unterstelltes eigenständiges Organ für die Streitschlichtung, das die Konsultationen und Streitschlichtung verwaltet, den *Dispute Settlement Body*[528].

a) Das Streitbeilegungsverfahren im Überblick

Das Streitbeilegungsverfahren [529] wird in Gang gesetzt, wenn eine VERTRAGSPARTEI einer anderen Zuwiderhandlung gegen das GATT vorwirft. Den betroffenen Staaten wird die Möglichkeit bilateraler Konsultationen gegeben[530]. Kommt es zu keiner einvernehmlichen Lösung, kann der Antragsteller des Konsultationsverfahrens die Einsetzung eines *Panels* und damit die Untersuchung des Falles beantragen.[531] Der *Dispute Settlement Body* entscheidet über die Einberufung eines *Panels* nach dem Prinzip des umgekehrten Konsenses.[532] Das *Panel* erstellt nach der Prüfung des Falles einen Bericht und gibt Empfehlungen zur Streitbeilegung. Der *Dispute Settlement Body* entscheidet wieder nach dem Prinzip des umgekehrten Konsens', ob dieser Bericht angenommen wird.[533] Die betroffenen Streitparteien haben die Möglichkeit, dagegen Berufung vor dem *Standing Appellate Body* zu erheben.[534] Die betroffene Partei hat die Empfehlungen umzusetzen, was vom *Dispute Settlement Body* überwacht wird.[535] Ist die betroffene Partei nicht in der Lage oder willens, die Emp-

---

526 *Cottier*: Durchsetzung der Prinzipien und Beschlüsse der WTO: Das Streitbeilegungsverfahren und seine Auswirkungen, in *FIfWW*: Die Bedeutung der WTO für die europäische Wirtschaft, S. 121 (123); *Siebold*: Die Welthandelsorganisation und die Europäische Gemeinschaft, S. 132.

527 Annex 2 zum *Marrakesch*-Übereinkommen, im folgenden DSU genannt.

528 Art. 2 DSU.

529 Das Streitbeilegungsverfahren wird nur kurz dargestellt. Auf Einzelheiten und bestehende Besonderheiten, wie etwa die Fristen, die Stellung der Entwicklungsländer, die Zulassung von Drittparteien oder sogenannten "non-violation cases" wird nicht eingegangen. Siehe dazu ausführlicher *Sittmann*: Das Streitbeilegungsverfahren der WTO, RIW 97, 749 ff.; *Yüksel*: Welthandelsorganisation, S. 31 ff.; *Becker-Celik*: EG-Marktordnungsrecht im Konflikt mit den GATT-Vorschriften und deutschem Verfassungsrecht, S. 116 ff.

530 Art. 4 DSU.

531 Art. 4 Ziff. 2 DSU. Die Zusammensetzung des *Panels* ist in Art. 8 DSU festgelegt.

532 Das heißt, eine Ablehnung ist nur möglich, wenn sich das Gremium einstimmig dagegen ausspricht, Art. 6 Ziff. 1 DSU.

533 Art. 16 DSU.

534 Art. 17 DSU.

535 Art. 21 DSU.

fehlungen umzusetzen, können die Parteien über eine Kompensation verhandeln. Im Falle des Scheiterns dieser Verhandlungen kann die geschädigte Partei die Aussetzung von GATT-Konzession gegenüber der anderen Partei beantragen.[536] Dieses Verfahren wäre also auch für die Vertragspartner der Assoziationsabkommen eine Alternative.

b) Das Verfahren im Hinblick auf die Assoziationsabkommen

Realistischerweise wird man davon ausgehen können, dass die EG ein solches Verfahren nicht anstrengen wird. Sie müsste dann wiederum eingestehen, dass sie die Abkommen selbst als nicht konform mit dem GATT betrachtet. Als Initiator eines Streitbeilegungsverfahrens kämen daher nur Marokko oder Tunesien in Frage. Diese Länder sind von der mangelnden Liberalisierung des Handels mit landwirtschaftlichen Waren wesentlich stärker betroffen, als die EG. Die Vorteile diese Länder aus den Abkommen werden durch die Verletzung des GATT wesentlich geschmälert.

Auch hier stellt sich wieder die Frage, ob ein solches Verfahren Aussicht auf Erfolg hätte. Sollte diese Frage bejaht werden, müsste überlegt werden, warum es bisher nicht zu einem solchen Verfahren gekommen ist.

(1) Aussicht auf Erfolg

Wie oben bereits festgestellt, verletzen die Bestimmungen der Assoziationsabkommen mit Marokko und Tunesien aus dem GATT resultierende Verpflichtungen. Rechtfertigungsgründe hierfür gibt es nicht.[537] Sollte es zu einer Überprüfung der Abkommen durch ein *Panel* kommen, würde dieses *Panel* zu demselben Ergebnis gelangen müssen. Die Annahme eines die EG verurteilenden Berichts könnte die EG nicht mehr verhindern.[538] Die EG müsste dann möglichen Empfehlungen des *Panels* folgen.[539]

---

536 Art. 22 DSU.

537 Siehe dazu oben Teil 3 Kapitel 5 und 6 sowie Teil 4 dieser Arbeit.

538 Im Gegensatz zum früheren Verfahren, in dem der *Panel*bericht einstimmig angenommen werden musste und damit der betroffene Staat die Möglichkeit hatte, dies durch Stimmenthaltung oder Gegenstimme zu verhindern.

539 Zutreffend stellt *Becker-Celik* fest, dass die EG die Maßnahmen des *Panels* auch befolgen wird, da sie nicht einerseits das Steitschlichtungsverfahren selbst in Anspruch nehmen und auf die Vollziehung einer für sie günstigen Entscheidung drängen, andererseits aber für sie ungünstige Entscheidungen ignorieren kann. *Becker-Celik*: EG-Marktordnungsrecht im Konflikt mit den GATT-Vorschriften und deutschem Verfassungsrecht, S. 128.

Ein Streitbeilegungsverfahren bezüglich der Assoziationsabkommen im Rahmen der WTO hätte auf den ersten Blick Aussicht auf Erfolg.

(2) Wahrscheinlichkeit eines Streitbeilegungsverfahrens

Allerdings sind hierbei zwei wesentliche Faktoren zu berücksichtigten. Erstens erhalten die Abkommen auch zugunsten von Marokko und Tunesien nach wie vor GATT-widrige protektionistische Maßnahmen im Handel mit landwirtschaftlichen Produkten aufrecht. Die Staaten müssten sich demnach in einem Streitbeilegungsverfahren dieselben Vorwürfe von der EG gefallen lassen und möglicherweise selbst Sanktionen befürchten. Der zweite Faktor ist eher politischer Natur. Die Maghrebstaaten sind an einer engeren Partnerschaft mit der EG und der damit verbundenen finanziellen Förderung so stark interessiert, dass sie es kaum wagen werden, dem wirtschaftlich stärkeren Partner derartige öffentliche Vorwürfe zu machen und Gefahr zu laufen, Vorteile aus den Abkommen, die zweifelsohne vorhanden sind[540], zu verlieren. Aus diesem Grund werden bestehende Nachteile[541] in Kauf genommen mit dem Blick und in der Hoffnung auf eine langsame und stetige Weiterentwicklung der Abkommen selbst, aber auch der weltweiten Reintegration der Landwirtschaft in das GATT sowie eine Anpassung der europäischen Agrarpolitik an diese veränderten Bedingungen. Dieses Verhalten erscheint zum jetzigen Zeitpunkt im Interesse einer stärkeren Integration der Maghrebstaaten in die Weltwirtschaft jedenfalls auch geeigneter als das Heraufbeschwören einer juristischen Auseinandersetzung.

II. Lösungsmöglichkeiten im Rahmen des GATT / der WTO

Wie bereits angedeutet, bestehen die Probleme hinsichtlich der Auslegung und Umsetzung von Art. XXIV GATT, von ein paar Ausnahmen abgesehen[542], nicht erst seit jüngster Zeit und nicht ausschließlich im Hinblick auf die Assoziationsabkommen zwischen der EG und den Maghrebstaaten. Art. XXIV GATT ist zu unbestimmt formuliert, die Auslegung seiner einzelnen Vorgaben sind den Parteien der jeweiligen Abkommen und schlussendlich den VERTRAGSPARTEIEN überlassen. Art. XXIV GATT ist in sich nicht konsequent. In dieser Hinsicht hat er

540 Siehe dazu oben Teil 3 Kapitel 5, insbesondere Abschnitt B. III. d) dieser Arbeit.

541 *Ibid.*

542 Etwa der gemeinsame Markt für die fünf mittelamerikanischen Länder, dem *Central American Common Market* (CACM), der *Southern African Customs Union* (SACU) oder der Zollunion zwischen der Tschechischen und der Slowakischen Republik.

auch in der *Uruguay*-Runde keine Verbesserung erfahren[543] Die Vorschläge bezüglich der Interpretation sind weiter relativ unpräzise.

Weiterhin haben die VERTRAGSPARTEIEN bei der Redaktion des GATT die integrationspolitische Entwicklung in den vergangenen Jahrzehnten nicht vorhersehen können. Integrationsblöcke haben sich entwickelt und entwickeln sich mehr und mehr zur Binnenmarkträumen, die gegenüber Drittstaaten nicht-tarifäre Handelshemmnisse in Form unterschiedlicher Umweltbestimmungen, Normen und Standardvorschriften oder geänderter Fiskalvorschriften anwenden, bei Ausschluss gegenseitiger Rechtsanerkennung.[544] Daraus ergeben sich jedoch Benachteiligungen von Drittstaaten durch den Verlust faktischer Marktanteile. Dem hat die *Uruguay*-Runde zwar Rechnung getragen, indem in Art. XXIV : 4 GATT nunmehr von „negativen Auswirkungen" statt von „zollbedingten Handelseffekten" gesprochen wird, dennoch sind auch diese negativen Auswirkungen nicht quantifizierbar. Daraus ergibt sich eine wesentliche Schwäche von Art. XXIV GATT: Es ist nahezu unmöglich, die Auswirkungen des Integrationsraumes auf den Handel mit Drittstaaten festzustellen und daraus den Schluss auf dessen Vereinbarkeit mit dem GATT zu ziehen. Hinzu kommt, dass Art. XXIV GATT seinem Wortlaut nach ausschließlich auf die Bildung von Freihandelszonen und Zollunionen anwendbar ist, nicht aber auf deren Durchführung und weiteren Verlauf. Gerade in diesem Stadium der Umsetzung aber entwickeln sich regionale Standards oder andere Maßnahmen.[545]

Eine weitere Präzisierung der einzelnen Voraussetzungen des Art. XXIV GATT ist daher unabdingbar. Insbesondere sollte es nach dem heutigen wirtschaftswissenschaftlichen Kenntnisstand möglich sein, eine Methode festzulegen, mit Hilfe derer die Auswirkungen von wirtschaftlichen Integrationszonen auf den Welthandel *einheitlich* berechnet werden können. Konkrete Faktoren für diese Berechnung müssten von den VERTRAGSPARTEIEN festgelegt werden.

Art. XXIV GATT ist zudem in bezug auf die Freihandelszonen zu strikt, um als Mittel der Förderung des Nord-Süd-Handels und des Handels zwi-

---

543 *Senti*: Im Widerstreit zwischen GATT und Integration, S. 18, *ders.*: WTO, S. 461 f.; *Benedeck*: Handbuch der österreichischen GATT-Praxis, S. 241.

544 *Senti*: Im Widerstreit zwischen GATT und Integration, S. 19; *ders.*: WTO, S. 462; *Boonekamp*: The changing landscape of RTAs, S. 9; *Supper*: Regionalismus und die WTO, in *FIfWW*: Die Bedeutung der WTO für die europäische Wirtschaft, S. 101.

545 *Cho*: Toward Synergistic Building Blocs, Präsentationsfolie Nr. 8 (http://www.wto.org/english/tratop_e/region_e/sem_nov03_e/sungjooncho_e.ppt, 14.07.2004); *Supper*: Regionalismus und die WTO, in *FIfWW*: Die Bedeutung der WTO für die europäische Wirtschaft, S. 102.

schen Entwicklungsländern geeignet zu sein.[546] Zwar kann innerhalb des Auslegungsspielraums von Art. XXIV GATT Rücksicht auf einen unterschiedlichen Entwicklungsstand der jeweils an der Freihandelszone beteiligten Staaten genommen werden, etwa durch eine entsprechende Gestaltung des Zeitplans zur Abschaffung der Handelshemmnisse. Es ist jedoch kaum möglich, innerhalb der nunmehr festgelegten 10jährigen Übergangsfrist solche großen Entwicklungsunterschiede zu überbrücken, wie sie etwa zwischen den Maghrebstaaten und der EG vorherrschen. Es ist jedoch Anliegen des GATT, gerade solche weniger entwickelten Staaten an die Weltwirtschaft heran zu führen. Bedeutet aber die Überschreitung der 10jährigen Übergangsfrist einen Verstoß gegen die Bestimmungen von Art. XXIV GATT, ist die Bildung von Freihandelszonen zwischen Industrie- und Entwicklungsländern GATT-konform praktisch nicht möglich. Andererseits sollten die VERTRAGSPARTEIEN bei Verstößen gegen Art. XXIV GATT strikter durchgreifen, um dessen effektivere Umsetzung zu gewährleisten. Dieser Widerspruch könnte dadurch gelöst werden, dass im Rahmen des Aufbaus regionaler Wirtschaftsintegrationen zwischen Industrie- und Entwicklungsländern bezüglich konkreter Bestimmungen doch von den Zulässigkeitsvoraussetzungen des Art. XXIV GATT abgewichen werden kann. Diese konkreten Bestimmungen müssten von den VERTRAGSPARTEIEN vorgegeben und definiert werden. Wie die Praxis gezeigt hat, ist auch der Befreiung nach Art. XXIV : 10 GATT kein ausreichendes Instrument, um diesem Problem Rechnung zu tragen. Würde obige Lösung umgesetzt, erübrigte sich auch die Erteilung diesbezüglicher *Waiver* gem. Art. XXV : 5 GATT für regionale Nord-Süd-Wirtschaftsintegrationen, die in der Praxis zu weitreichend waren und oftmals zu einer dauerhaften Ausnahme von den GATT-Bestimmungen führten.

Weiterhin sollte die Stellung regionaler Zusammenschlüsse innerhalb der WTO auf eine gleichberechtigte Grundlage gestellt werden. Obwohl solche regionalen Wirtschaftsintegrationen weltweit mehr als die Hälfte des Handelsvolumens abdecken[547], gelten sie bisher lediglich als Ausnahme von den Regelungen des GATT. Diesem Umstand sollten die VERTRAGSPARTEIEN dahingehend Rechnung tragen, als dass solche Inte-

546 *Ünsal*: Die Ausnahmen von der Meistbegünstigungsklausel zugunsten der Entwicklungsländer im Rahmen des GATT, S. 64.

547 Zum Umfang und Inhalt der der WTO notifzierten Freihandelszonen oder Zollunionen siehe *Boonekamp*: The changing landscape of RTAs.

grationszonen als legale Erscheinungen des Welthandels anerkannt werden und dies im GATT-Text seinen Niederschlag findet.[548]

Nicht zuletzt ist es zur Sicherstellung der Umsetzung sowohl der Bestimmungen des Art. XXIV GATT als auch der Empfehlungen des *Committee on Regional Trade Agreements* sowie des *Dispute Settlement Body* zwingend notwendig, ein effektives Kontroll- und Überwachungssystem einzurichten, welches sich auch auf die Nachgründungsphase solcher Zusammenschlüssen erstreckt.[549] Bisher ist das Komitee auf die Angaben der an dem jeweiligen regionalen Zusammenschluss beteiligten Parteien angewiesen und bei der Menge der ihr notifizierten Integrationen auch nicht in der Lage, eine Nachprüfung effizient zu gestalten. Zwar ist mit der Etablierung des neuen Streitbeilegungssystems in der WTO der Grundstein für eine bessere Umsetzung der GATT-Vorschriften geschaffen[550], jedoch mangelt es beispielsweise noch immer an wirksamen Durchsetzungsmechanismen für Sanktionen. Dies wird nicht von heute auf morgen umsetzbar sein. Die VERTRAGSPARTEIEN sollten jedoch die begonnene Entwicklung fortsetzen und auf eine schnelle Umsetzung der Ziele hinwirken. Nur dann kann gewährleistet werden, dass sich die bereits bestehenden und noch entstehenden regionalen Wirtschaftsintegrationen in Zukunft an den Vorgaben des GATT orientieren und damit einen effektiven Beitrag zur weltweiten Liberalisierung des Handels leisten.

B. *Ausblick*

Die Assoziationsabkommen zwischen der EG und ihren Mitgliedstaaten einerseits sowie Marokko und Tunesien anderseits sind zunächst nicht mehr als ein Ausgangspunkt für eine Integration der Maghrebstaaten in den Weltmarkt. Die juristischen Möglichkeiten zur Herstellung der GATT-Konformität der Abkommen sind gegeben, politisch aber nicht unbedingt umsetzbar. Daher wird sich zunächst am Inhalt der Abkommen nichts ändern, insbesondere im Hinblick auf die Liberalisierung des Handels mit landwirtschaftlichen Produkten. Was sollten die Partner der Abkommen tun, damit sie dennoch so weit wie möglich profitieren und die gesteckten Ziele im Laufe der Zeit verwirklichen können?

---

548 Mit den oben angesprochenen Ausnahmen zugunsten des Nord-Süd-Handels und Süd-Süd-Handels.

549 *Quereshi*, Implementing international trade, S. 160.

550 Zur bisherigen GATT-Praxis, in der es selten zu einer klaren Aussage bezüglich der GATT-Konformität regionaler Integrationszonen kam, siehe *Jäger*: Streitbeilegung und Überwachung als Mittel zur Durchführung des GATT, S. 181, insbesondere S. 186 f.; *Benedeck*: Handbuch der österreichischen GATT-Praxis, S. 241, 243.

Unzweifelhaft würden die Vertragspartner gewinnen, wenn sie ihren Agrarhandel auf multilateraler Basis liberalisieren und die frei werdenden Ressourcen in produktivere Bereiche investieren würden. Eine tragbare Lösung wäre es, den Handel von unsubventionierten landwirtschaftlichen Produkten zuzulassen. Gleichzeitig sollten die Exportquoten gestrichen werden für unbedeutende aber subventionierte Güter, die ihre Ursache in ineffizienter Herstellung oder falscher Planung der Landwirte aufgrund der Unterstützungspolitik haben.[551] Die EG müsste von ihren verbalen Bekräftigungen zur einer wirklichen Marktöffnung übergehen. Für Marokko und Tunesien gilt es aber zu erkennen, dass die Marktöffnung der EG und die mit den Abkommen angestrebte verstärkte Integration in die internationale Arbeitsteilung kein Ersatz, sondern nur eine Ergänzung weiterer nationaler Entwicklungsanstrengungen sein kann. Das wird nicht zu einer raschen Verbesserung ihrer wirtschaftlichen Lage zur Folge haben, wohl aber deren nachhaltige Entwicklung mit langfristigen positiven Effekten. Die EG sollte weiterhin den Wettbewerb mit den Maghrebstaaten marktnäher, also unverfälschter, ablaufen lassen. Nur so wird sie sich dem Vorwurf entziehen können, dass der Abschluss der Assoziationsabkommen mit den Maghrebstaaten in erster Linie der Verfolgung eigener Interessen gedient habe.

Ein weiterer wichtiger Schritt wäre die Integration des gesamten Mittelmeerraums in die Weltwirtschaft und die Schaffung einer europäisch-mediterranen Freihandelszone auf multi- statt auf bilateraler Ebene. Hierfür wären gegenseitige Anerkennung auf möglichst vielen Gebieten, einheitliche *rules of origin*, die Annahme ähnlicher Mechanismen administrativer Zusammenarbeit der Mittelmeerländer untereinander und die Verringerung der Zölle zwischen den Mittelmeerländern erforderlich.[552] Dabei sollte der aktuelle Entwicklungsstand der Maghrebstaaten berücksichtigt und in Zukunft auf deren Bedürfnisse vermehrt eingegangen werden. Nur dann ist auch dem Anliegen des GATT und der WTO Genüge getan, für alle VERTRAGSPARTEIEN mehr Wohlstand zu erreichen.

---

551 *Curzon*: The Essentials of Economic Integration, S. 21.

552 *Tovias*: The impact of the European Free Trade Area on Mediterranean non-member Countries, in *Gillespie*: The Euro-Mediterranean Partnership, S. 121; *Handoussa/Reiffers*: On the Evolution of the Structure of Trade and Investments between the European Union and its Mediterranean Partners, S. 4, 7.

ZUSAMMENFASSUNG

Die drei in dieser Arbeit betrachteten Maghrebstaaten Algerien, Marokko und Tunesien und die EG haben enge geographische und historische Gemeinsamkeiten. Geographisch sind der Maghreb und die EG durch das Mittelmeer miteinander verbunden, historisch waren die Maghrebstaaten bis über die Mitte des 20. Jahrhunderts hinaus Kolonien bzw. Protektorate Frankreichs.

Diese beiden Faktoren haben die langjährigen Beziehungen zwischen den Maghrebstaaten und der EG nachhaltig beeinflusst und wirken sich noch heute aus. Sowohl in Algerien als auch in Marokko und Tunesien gibt es große wirtschaftliche Probleme, die auf Missmanagement, geringe Diversifikation von Produktion und Exporten, dem hohen Anteil und strukturellen Wert der Landwirtschaft am BIP sowie der hohen Abhängigkeit der Länder von den Weltmarktpreisen für Erdöl/Erdgas (Algerien) oder Phosphat (Marokko), von Getreideimporten und dem Import von *Know-how* zurück zu führen sind. Daraus resultieren eine hohe Auslandsverschuldung, starke soziale Probleme und hohe Unsicherheiten für Investoren, die durch nur gering voranschreitende Reformen wirtschaftlicher, struktureller und legislativer Art bisher nicht behoben werden konnten und in naher Zukunft auch nicht behoben werden können. Die nationalen Wirtschaften der Maghrebstaaten entsprechen nicht den Weltmarktbedingungen.

Bereits seit Gründung der Europäischen Gemeinschaft bemühen sich beide Seiten um wirtschaftliche Zusammenarbeit. Dies führte zunächst zum Abschluss von Handelsabkommen 1969 mit Marokko und Tunesien (Algerien bekleidete zu diesem Zeitpunkt noch eine Sonderrolle), und 1976 zum Abschluss bilateraler Kooperationsabkommen zwischen der EG und allen drei Maghrebstaaten. Diese Abkommen regelten in erste Linie den Handel mit Industriegütern, enthielten aber auch Regelungen zur finanziellen Unterstützung der drei Staaten. Maghrebinische Industriegüter haben seitdem freien Zugang auf den europäischen Markt. Dies galt nicht reziprok für europäische Produkte, für die die Märkte Algeriens, Marokkos und Tunesiens nicht geöffnet wurden. Maghrebinische Textil- und landwirtschaftliche Produkte blieben vom freien Zugang auf den EG-Markt weitestgehend ausgenommen. Die Kooperationsabkommen sahen die Bildung eines Kooperationsrates vor, der ermächtigt war, Entscheidungen zu treffen und Resolutionen zu formulieren. Er wurde durch Kooperationskomitees unterstützt. Dennoch erhielten die Maghrebstaaten aufgrund diese Abkommen nur ungenügend Anreize, ihren Handel schrittweise zu liberalisieren. Neben der weiter bestehenden Asymmetrie im Hinblick auf den Marktzugang bestanden die ungenügende Exportdiversifikation auf Seiten der Maghrebstaaten sowie der Handelsüberschuss auf Seiten der EG fort.

Aufgrund unterschiedlicher Entwicklungen Ende der 1980er und Anfang der 1990er Jahre (Ende des Kalten Krieges, EG-Erweiterung, Inkrafttreten des einheitlichen europäischen Marktes) überarbeitete die Europäische Gemeinschaft ihre Politik gegenüber allen südlichen Mittelmeerstaaten und entschied sich zu einer *Neuen Mittelmeerpolitik*. Im Rahmen dieser Partnerschaft schlossen die EG und ihre Mitgliedstaaten mit Tunesien, Marokko und Algerien neue bilaterale Assoziationsabkommen ab. Das Abkommen mit Tunesien trat 1998 in Kraft, das mit Marokko 2000. Das Abkommen mit Algerien muss noch von den Europäischen Mitgliedstaaten sowie vom algerischen Parlament ratifiziert werden.

Die Assoziationsabkommen sehen die Schaffung jeweils einer Freihandelszone zwischen den Vertragspartnern über einen Zeitraum von zwölf, maximal 15 Jahren in Übereinstimmung mit den Vorschriften des GATT vor. Die meisten industriellen Waren aus den Maghrebstaaten erhalten sofortigen zollfreien Zugang zum europäischen Markt. Für Industriegüter aus der EG gelten je nach Sensibilität des Produkts gestaffelte Zollsenkungen bis zur endgültigen Abschaffung der Zollsätze. Erstmals gibt es in den Abkommen eine reziproke Verpflichtung für die Maghrebstaaten zur Beseitigung von Zöllen und anderen handelshemmenden Maßnahmen auf Importe aus der EG. Die Liberalisierung des Handels mit Gütern der landwirtschaftlichen oder textilen Produktion bzw. des Fischereisektors ist allerdings weiterhin stark beschränkt. Exportkalender, Quoten, freiwillige Selbstbeschränkungen Marokkos und Tunesiens und andere Protektionsmaßnahmen limitieren den Zugang maghrebinischer Produkte dieser Sektoren auf den europäischen Markt. Eine weitergehende Liberalisierung ist durch Verhandlungen der Vertragspartner vorgesehen, die zumeist im Rahmen von Briefwechseln durchgeführt werden. Für Algerien können diesbezüglich noch keine konkreten Aussagen getroffen werden. Möglicherweise erlaubt das Assoziationsabkommen mit Algerien eine weitergehende Liberalisierung des landwirtschaftlichen Handels, da dieser Sektor von nur untergeordneter Relevanz für die EG ist.

Die Assoziationsabkommen sehen die Einrichtung eines Assoziationsrates und Assoziationsausschusses vor. Sie enthalten außerdem Regelungen bezüglich der Niederlassungsfreiheit, der Freiheit des Zahlungsverkehrs und des Wettbewerbs sowie zur Förderung von Demokratie und Menschenrechten. Im Rahmen des *MEDA*-Programms hält die EG finanzielle Mittel für die Umstrukturierung der Wirtschaft in den Maghrebstaaten bereit. Tunesien und Marokko haben planmäßig mit dem Zollabbau und ersten Umstrukturierungsmaßnahmen begonnen. Im Bereich der landwirtschaftlichen Liberalisierung wurden bisher keine nennenswerten Fortschritte erreicht.

Die Rechtsgrundlagen für den Abschluss der Assoziationsabkommen zwischen der EG und den Maghrebstaaten finden sich im EGV. Als Völkerrechtssubjekt kann die EG im Rahmen der ihr von den Mitgliedstaaten zugewiesenen Kompetenzen Assoziationsverträge mit Drittstaaten abschließen und bestimmte Bereiche durch solche Abkommen regeln. Besonders wichtig sind hierfür Art. 310 und 133 EGV. In den Bereichen, in denen die Gemeinschaft keine ausschließliche Kompetenz hat, verbleibt es bei der Zuständigkeit der Mitgliedstaaten. Die Assoziationsabkommen mit den Maghrebstaaten enthalten auch Regelungen, die in die Kompetenz der Mitgliedstaaten fallen. Daher mussten diese Abkommen als sogenannte gemischte Abkommen geschlossen und sowohl von der EG als auch von den einzelnen Mitgliedstaaten unterzeichnet werden. Kompetenzen und Vorgaben des EGV wurden bei Abschluss der Assoziationsabkommen eingehalten, die Abkommen sind EG-rechtskonform.

Auf dem Gebiet des internationalen Handelsrechts bildet das GATT die Rechtsgrundlage für die Handelsregelungen in den Assoziationsabkommen zwischen der EG und den Maghrebstaaten. Ursprünglich als Übergangsregelung bis zur Gründung einer Welthandelsorganisation gedacht, entwickelte sich das GATT zu einem multilateralen Übereinkommen. Das GATT hat die Liberalisierung des Welthandels zum Ziel. Nach Gründung der WTO 1994 wurde das GATT ein integraler Bestandteil der neuen Welthandelsordnung. An seinen Grundsätzen hat sich dadurch allerdings nichts geändert. Die wichtigsten davon sind Meistbegünstigung, Nichtdiskriminierung, Gegenseitigkeit, Beseitigung aller nicht-tarifärer Handelsbeschränkungen, das Verbot mengenmäßiger Beschränkungen und Zollgebühren als einzig zulässige Schutzmaßnahme. Das GATT findet sowohl subjektiv auf die EG und die Maghrebstaaten als auch sachlich auf den in den Assoziationsabkommen geregelten Handel mit Waren Anwendung.

Die Überprüfung der Assoziationsabkommen führt zu dem Ergebnis, dass bestimmte Regelungen betreffend den Handel mit landwirtschaftlichen Produkten gegen den Grundsatz der Meistbegünstigung sowie gegen das Verbot mengenmäßiger Beschränkungen verstoßen. Diese Verstöße könnten jedoch gerechtfertigt sein. Das GATT selbst sieht nämlich Ausnahmen von seinen Grundsätzen vor, insbesondere für Entwicklungsländer und regionale Wirtschaftsintegrationen.

Ausnahmen zugunsten regionaler Wirtschaftsintegrationen, wie die Freihandelszone, sind gem. Art. XXIV GATT zulässig, wenn aufgrund der Abschaffung der Zölle und nicht-tarifärer Handelsschranken für annähernd den gesamten Handel zwischen den teilnehmenden Gebieten anhand eines Plans und Programms innerhalb einer angemessenen Zeitspanne eine nahezu vollständige Handelsliberalisierung erreicht wird. Dabei dürfen dem Handel mit Drittstaaten keine höheren Schranken gesetzt werden, als vor Schaffung dieser Integration bestanden haben. Die handelsschaffenden müssen die handelsablenkenden Effekte übersteigen. Zwischen den VERTRAGSPARTEIEN gab es immer wieder Unstimmigkeiten bezüglich der Auslegung der oben genannten Merkmale. Einigkeit wurde nunmehr zumindest dahingehend erzielt, dass „ annähernd der gesamte Handel“ eine quantitative und eine qualitative Betrachtung verlangt und den Ausschluss eines gesamten Sektors von der Liberalisierung nicht gestattet, und dass die "angemessene Zeitspanne" zehn Jahre nicht überschreiten soll. Bei der Interpretation der Voraussetzungen des Art. XXIV GATT sind die speziellen Begebenheiten und wirtschaftlichen Bedingungen der jeweiligen Vertragspartner zu berücksichtigen.

Die Assoziationsabkommen zwischen der EG und ihren Mitgliedstaaten einerseits sowie Marokko und Tunesien andererseits erfüllen, soweit die Bestimmungen über den Handel mit landwirtschaftlichen Produkten betroffen sind, die Voraussetzungen des Art. XXIV GATT nicht. Die weiterhin bestehenden Quoten, Selbstbeschränkungsabkommen, Wertzölle oder Kalender bezüglich der Einfuhr bestimmter landwirtschaftlicher Produkte in die EG führen zu einer fast völligen Ausnahme des landwirtschaftlichen Sektors von der Handelsliberalisierung. Dies genügt nicht der Anforderung des Art. XXIV : 8 (b) GATT, "annähernd den gesamten Handel" liberalisieren zu müssen. Dasselbe gilt für das Merkmal "entsprechend einem Plan und Programm" in Art. XXIV : 5 GATT. Für eine Liberalisierung des Handels mit Agrarprodukten im Rahmen der Assoziationsabkommen existiert kein Plan oder Programm. Die Verhandlungen über eine weitere Liberalisierung der Handelsbestimmungen in diesem Sektor im Rahmen eines unregelmäßigen Briefwechsels zwischen den Vertragspartnern unterliegen zu vielen Unwägbarkeiten, als dass von einer Planmäßigkeit gesprochen werden könnte. Damit sind die Verstöße der Assoziationsabkommen zwischen der EG und ihren Mitgliedstaaten einerseits sowie Marokko und Tunesien andererseits nicht durch die Ausnahmeregelung des Art. XXIV GATT gerechtfertigt. Bezüglich des Abkommens mit Algerien kann mangels endgültigen Wortlauts noch keine Aussage getroffen werden. Da die EG gegenüber Algerien im Bereich des Agrarhandels möglicherweise weitere Zugeständnisse als gegenüber Tunesien und Marokko gemacht hat, könnte sich bei Prüfung des Abkommens auf seine Vereinbarkeit mit Art. XXIV GATT durchaus ein anderes Ergebnis ergeben.

Möglicherweise rechtfertigt aber die Ausnahme im GATT zugunsten von Entwicklungsländern den Verstoß der Assoziationsabkommen gegen die Grundsätze des GATT. Teil IV GATT ermöglicht es, von bestimmten Anforderungen an die VERTRAGSPARTEIEN abzuweichen, wenn es sich bei diesen um ein Entwicklungsland handelt. Über die Einordnung eines Staates als Entwicklungsland im Rahmen des GATT entscheiden die VERTRAGSPARTEIEN. Jedoch gibt es innerhalb der WTO keine einheitliche Praxis oder eine Definition zur Bestimmung eines Entwicklungslandes. Vielmehr werden Listen oder wirtschaftliche oder soziale Indikatoren zur Bestimmung herangezogen. Marokko und Tunesien erfüllen aufgrund dieser wirtschaftlichen und sozialen Indikatoren die Voraussetzungen für die Einordnung als Entwicklungsland im Rahmen des GATT. Dennoch werden diese Staaten im Rahmen der Assoziationsabkommen formell nicht als solche behandelt. Dies ist weder von den Partnern vorgesehen noch in den Abkommen geregelt. Im Gegenteil, erstmals werden von den Maghrebstaaten reziproke Liberalisierungsmaßnahmen verlangt. Die Maghrebstaaten sollen gerade nicht wie Entwicklungsländer, sondern als gleichberechtigte Partner behandelt werden. Die Verstöße gegen die GATT-Grundsätze der Meistbegünstigung und der Beseitigung der mengenmäßigen Beschränkung sind daher nicht durch die Ausnahme zugunsten von Entwicklungsländern gerechtfertigt.

Die Verstöße der Abkommen sind auch nicht durch ein Zusammenwirken der Ausnahmetatbestände zugunsten von Entwicklungsländern und zugunsten von regionalen Wirtschaftsintegrationen gerechtfertigt. Teil IV GATT und Art. XXIV GATT wirken nicht dergestalt zusammen. Weder verdrängt Teil IV GATT Art. XXIV GATT, so dass etwa ein Abweichen von dem Erfordernis der Liberalisierung des annähernd gesamten Handels möglich wäre, noch vermag die aufgrund Teil IV GATT eingeführte *Enabling Clause* Verstöße gegen Art. XXIV GATT rechtfertigen.

Auch die von der WTO anerkannte Sonderrolle der Landwirtschaft, die sich in einer sehr protektionistischen EG-Agrarpolitik widerspiegelt, rechtfertigt die Verstöße der Assoziationsabkommen mit Marokko und Tunesien nicht. Diese Sonderrolle ermöglicht den VERTRAGSPARTEIEN das Aufrechterhalten bestimmter restriktiver Handelsmaßnahmen im Landwirtschaftssektor. Daher sind bestimmte Schutzmaßnahmen, etwa höhere Zölle als in anderen Bereichen oder bestimmte interne Subventionen in diesem Sektor erlaubt. Diese sollen im Rahmen der Reintegration der Landwirtschaft in das GATT schrittweise verringert und abgebaut werden.

Für die von der EG gegenüber Tunesien und Marokko festgelegten Zölle ist in den Abkommen jedoch keine schrittweise Verringerung vorgesehen. Das ist nicht mit den Vorgaben der WTO konform. Weiterhin zählen die mit den Assoziationsabkommen aufrecht erhaltenen Zollkontingente, Importkalender und mengenmäßige Beschränkungen nicht zu den aufgrund der Sonderrolle der Landwirtschaft zulässigen handelshemmenden Maßnahmen. Die Verstöße der Assoziationsabkommen gegen Grundsätze des GATT, die sich ausschließlich auf den landwirtschaftlichen Sektor beziehen, sind damit auch nicht durch die Sonderrolle der Landwirtschaft im Rahmen des Welthandels gerechtfertigt.

Um eine Konformität der Abkommen mit dem GATT zu erreichen, können die Partner eine Befreiung von den in Art. XXIV GATT genannten Anforderungen gemäß Art. XXIV : 10 GATT erlangen. Das wäre möglich, wenn die VERTRAGSPARTEIEN mit einer Zweidrittelmehrheit der Überzeugung wären, dass die Partner den festen Willen zur Schaffung einer vollständigen Integration haben und die Assoziationsabkommen trotz dieser zu gewährenden Ausnahme sicher zur Bildung der Freihandelszonen führen. Die Partner der Assoziationsabkommen hätten gute Chancen, diese Befreiung zu erhalten. Zum einen wäre der Nachweis, eine vollständige Integration erreichen zu wollen, nicht schwer zu führen, da auch der Handel mit landwirtschaftlichen Produkten weitgehend liberalisiert werden soll, dieser Prozess aber sehr lange dauern wird. Zum anderen könnten die VERTRAGSPARTEIEN mit der Erteilung einer Ausnahmegenehmigung nach Art. XXIV : 10 GATT unter Beweis stellen, dass ihnen an einer zukünftigen korrekten Umsetzung von Art. XXIV GATT gelegen ist, dessen Missbrauch verringert werden soll und somit Art. XXIV : 10 GATT zu größerer Relevanz in der Praxis verhelfen.

Eine weitere Möglichkeit wäre die Erlangung einer universellen Ausnahmegenehmigung unter Art. XXV : 5 GATT. Hierfür ist nunmehr eine Dreiviertelmehrheit der Stimmen der VERTRAGSPARTEIEN erforderlich. Die Erteilung eines solchen *Waivers* ist jedoch nicht wahrscheinlich. Denn die Reintegration des Agrarhandels in das GATT würde damit erneut verhindert, Maßnahmen nach dem Landwirtschaftsübereinkommen verzögert oder ausgehöhlt. Es ist kaum vorstellbar, dass die VERTRAGSPARTEIEN mit der Erteilung eines solchen generellen *Waivers* zugunsten der restriktiven Agrarpolitik der EG einen Präzedenzfall schaffen, der die mühsam errungenen Kompromisse der *Uruguay*-Runde und aller weiteren Landwirtschaftsverhandlungen untergräbt.

Weiterhin bietet die WTO den durch die Assoziationsabkommen benachteiligten Partnern nunmehr die Möglichkeit, die Nachteile durch die Rechtswidrigkeit der Abkommen im Rahmen eines Streitbeilegungsverfahrens geltend zu machen und Sanktionen gegen den anderen Partner zu erwirken. Dieses Verfahren hätte Aussicht auf Erfolg, da die oben genannten Verstöße von den VERTRAGSPARTEIEN festgestellt würden. Realistischerweise muss aber davon ausgegangen werden, dass keiner der Partner der Assoziationsabkommen ein solches Streitbeilegungsverfahren anstrengen wird. Zum einen müssten beide Seiten wegen der aufrecht erhaltenen unzulässigen Handelsmaßnahmen im Agrarsektor Sanktionen befürchten, zum anderen sprechen politische Gründe gegen die Initiierung eines solchen Verfahrens. Insbesondere die Maghrebstaaten sind an einer Partnerschaft mit der EG so stark interessiert, dass sie es nicht riskieren werden, die wirtschaftlich stärkere Gemeinschaft Vorwürfen auszusetzen. Sie würden dabei möglicherweise Gefahr laufen, Vorteile aus den Abkommen zu verlieren. Bestehende Nachteile werden daher in Kauf genommen.

Um zukünftig die seit langem bekannten Schwierigkeiten bei der Schaffung regionaler Integrationszonen zu beseitigen, bedarf es einer weiteren Präzisierung der Vorgaben in Art. XXIV GATT. Zudem sollte eine Methode und die für sie anzuwendenden Faktoren festgelegt werden, die es ermöglicht, die Auswirkungen einer regionalen Integration auf den Handel mit Drittstaaten einheitlich zu berechnen. Art. XXIV GATT sollte darüber hinaus mehr Möglichkeiten vorsehen, wie im Rahmen der Schaffung von Integrationszonen dem unterschiedlichen Entwicklungsstand der jeweiligen Vertragspartner Rechnung getragen werden kann. Eine gleichberechtigte Integration zwischen industriell stark und industriell schwach entwickelten Ländern ist unter den Vorgaben des Art. XXIV GATT zur Zeit fast unmöglich und kann im Zweifel nur unter einer Ausnahmegenehmigung erreicht werden. Verstöße gegen das GATT bei der Schaffung von Freihandelszonen im Nord-Süd-Handel sind so fast vorprogrammiert. Ein erster Schritt wäre es, regionale Wirtschaftsintegrationen nicht mehr als Ausnahme, sondern als Bestandteil des Welthandels zu betrachten.

Nicht zuletzt bedarf es der weiteren Sicherstellung eines effektiven Kontroll- und Überwachungssystems, das sich auch auf die Nachgründungsphase einer regionalen Wirtschaftsintegration erstreckt. Auch wirksamere Durchsetzungsmechanismen für Sanktionen bei Verstößen gegen das GATT könnten dazu beitragen, dass sich die Partner einer regionalen Integration verstärkt an die Vorgaben des GATT halten und dennoch benachteiligte Partner ein Streitbeilegungsverfahren anstrengen. Solange aber die genannten Lösungsmöglichkeiten im Rahmen des GATT nicht umgesetzt werden, bleiben insbesondere den wirtschaftlich schwächeren Vertragspartnern regionaler Handelsintegrationen kaum Möglichkeiten, Verstöße der sie bindenden Abkommen zu rügen und Nachteile zu kompensieren.

Das gilt auch für Marokko und Tunesien. Es darf allerdings nicht übersehen werden, dass die Assoziationsabkommen dennoch einen weiteren Beitrag dazu leisten, dass die Wirtschaften dieser Länder schrittweise an den Welthandel herangeführt werden. Langfristig werden durch die Abkommen Vorteile in den Maghrebstaaten erwartet, die sonst nicht hätten erreicht werden können. Marokko und Tunesien erhalten eine reale Chance, ihre industriellen, monetären, sozialen, fiskalischen Strukturen zu verändern und damit konkurrenz- und weltmarktfähig zu machen. Das würde den Maghrebstaaten aus eigener Kraft sicher nicht so ohne weiteres gelingen. Dennoch sind und bleiben die Assoziationsabkommen hierfür ein Kompromiss. Die Vertragspartner sollten weiter daran arbeiten, den Agrarhandel zu liberalisieren und dadurch frei werdende Ressourcen in produktivere Bereich zu investieren. Zudem sollten eine europäischmediterrane Freihandelszone geschaffen werden, in dem auch der Handel der arabischen Mittelmeeranrainer untereinander liberalisiert wird. Hierzu können sowohl die EG und ihre Mitgliedstaaten als auch Tunesien und Marokko durch eine entsprechende aktive Politik beitragen.

LITERATURVERZEICHNIS

Lehrbücher, Monographien, Kommentare

Agarwal, Jamuna Prasad	*Die Assoziierung der überseeischen Staaten und Gebiete mit der Europäischen Wirtschaftsgemeinschaft und die Auswirkung dieser Assoziierung auf die Ausfuhr der nichtassoziierten Entwicklungsländer in diese Gemeinschaft.* Kieler Studien Bd. 77, Tübingen 1966.
Allan, James Jay	*The European Common Market and the GATT.* Washington 1960.
Alston, Philip (Hrsg.)	*The EU and Human Rights.* Oxford 1999.
Anderson, Kym / Blackhurst, Richard (Hrsg.)	*Regional Integration and the Global Trading System.* New York London Toronto Sydney Tokyo Singapur 1993.
Antalovsky, Eugen / König, Karen / Perchinig, Bernhard / Vana, Heinrich	*Assoziierungsabkommen der EU mit Drittstaaten.* Wien 1998.
Baldwin, Richard E. (Hrsg.)	*Market integration, regionalism and the global economy.* Cambridge 1999.
Basfao, Kacem / Henry, Jean-Robert (Hrsg.)	*Le Maghreb, l'Europe et la France.* Études de l'Annuaire de l'Afrique du Nord, Paris 1992.
Baur, Jürgen F. / Watrin, Christian (Hrsg.)	*Recht und Wirtschaft der Europäischen Union.* Schriftenreihe des Rechtszentrums für Europäische und Internationale Zusammenarbeit Bd. 6, Berlin New York 1998.
Becker-Çelik, Astrid	*EG -Marktordnungsrecht im Konflikt mit den GATT-Vorschriften und deutschem Verfassungsrecht.* Eine Untersuchung am Beispiel der EG-Verordnung Nr. 404/93 des Rates vom 13. Februar 1993 über die gemeinsame Marktorganisation für Bananen. Frankfurt am Main 1996.
Beise, Marc	*Die Welthandelsorganisation (WTO).* Baden-Baden 2001.

Benedek, Wolfgang (Hrsg.) — *Essays in honour of Konrad Ginther on the occasion of his 65th birthday.* Frankfurt am Main 1999.

ders. — *Die Rechtsordnung des GATT aus völkerrechtlicher Sicht.* Beiträge zum ausländischen öffentlichen Recht und Völkerrecht, Heidelberg Barcelona 1990.

ders. — *Handbuch zur österreichischen GATT-Praxis.* Einführung zu den Artikeln des GATT 1994. Die Österreichische Praxis zum GATT. Nationale und europäische Rechtsquellen. Wien 1998.

Berrisch, Georg Matthias — *Der völkerrechtliche Status der Europäischen Wirtschaftsgemeinschaft im GATT.* Eine Untersuchung der Sukzession der EWG in die Stellung ihrer Mitgliedsstaaten als Vertragspartei einer internationalen Organisation am Beispiel des GATT. Europarecht - Völkerrecht Bd. 38, München 1992.

ders. — *Neuerungen im Außenhandelsrecht der Gemeinschaft - Die Umsetzung der multilateralen Handelsabkommen der Uruguay-Runde.* Vorträge, Reden und Berichte aus dem Europa-Institut Nr. 327, Saarbrücken 1995.

Blumenwitz, Dieter / Zieger, Gottfried (Hrsg.) — *Menschenrechte und wirtschaftliche Gegenleistung - Aspekte ihrer völkerrechtlichen Verknüpfung.* Köln 1987.

Borrmann, Axel/ Fischer, Bernhard/ Jungnickel, Rolf/ Koopmann, Georg/ Scharrer, Hans-Eckart — *Regionalismustendenzen im Welthandel. Erscheinungsformen, Ursachen und Bedeutung für Richtung und Struktur des internationalen Handels.* Veröffentlichungen des HWWA-Instituts für Wirtschaftsforschung Hamburg, Bd. 15, Baden-Baden 1995.

Breitenmoser, Stephan / Bühler, Stefan — *Praxis des Europarechts.* Zürich 1996.

Brößkamp, Marcus — *Meistbegünstigung und Gegenseitigkeit im GATT.* Studien zum öffentlichen Wirtschaftsrecht Bd. 13, Köln Berlin Bonn München 1990.

Cafruny, Alan / Peters, Patrick — *The Union and the World - The Political Economy of a Common European Foreign Policy.* Den Haag 1998.

Callies de Salies, Bruno — *Le Maghreb en Mutation. Entre tradition et modernité.* Paris 1999.

Calliess, Christian / Ruffert, Matthias — *Kommentar zu EU-Vertrag und EG-Vertrag.* 2. Aufl., Neuwied 2002.

Curzon, Victoria — *The Essentials of Economic Integration. Lessons of EFTA Experience.* London 1974.

Dam, Kenneth W. — *The GATT: law and international economic organization.* Chicago 1970.

Dicke, Detlev Chr. / Petersmann, Ernst-Ulrich (Hrsg.) — *Foreign Trade in the Present and a New International Economic Order.* Progress and Undercurrents in Public International Law Bd. 4, Fribourg 1988.

Doeker, Günther (Hrsg.) — *Regionalismus und regionale Integration: zur Theorie der regionalen Integration.* Völkerrecht und internationale Politik, Bd. 4. Frankfurt 1981

Dunning, John H. / Hamdani, Khalil A. (Hrsg.) — *The New Globalism and Developing Countries.* Tokyo New York Paris 1997.

Duric, Hans-Peter — *Die Freihandelsabkommen EG - EFTA: die rechtliche Problematik.* Nomos Universitätsschriften Bd. 46, Baden-Baden 1991.

Ehlers, Dirk / Wolffgang, Hans-Michael / Pünder, Hermann (Hrsg.) — *Rechtsfragen der Ausfuhrförderung.* Tagungsband zum 7. Münsteraner Außenwirtschaftsrechtstag 2002, Heidelberg 2003.

Eichenberg, Christian H. — *Die Instrumente der gemeinsamen Marktorganisationen zur Steuerung der Einfuhr von landwirtschaftlichen Drittlanderzeugnissen in die Gemeinschaft.* Berliner Europa-Studien Bd. 6, Berlin 1997.

Eiselstein, Claus	*Die Europäische Gemeinschaft in der Weltwirtschaftsordnung. Zu den allgemeinen Rechtsgrundsätzen, Standards und Charakteristika im Außenwirtschaftsrecht der Europäischen Gemeinschaft.* Tübinger Schriften zum internationalen und europäischen Recht Bd. 15, Berlin 1987.
Emiliou, Nicholas / O'Keeffe, David (Hrsg.)	*The European Union and World Trade Law - After the GATT Uruguay Round.* Chichester 1996.
Estrella Faria, José Ângelo	*Selbstbeschränkungsabkommen im GATT und im EWG-Wettbewerbsrecht.* Saarbrücken 1989.
Evtimov, Eric	*Rechtsprobleme der Assoziierung der mittel- und osteuropäischen Länder und der Voraussetzungen für ihren Beitritt zur Europäischen Union: unter besonderer Berücksichtigung Bulgariens.* Europäische Hochschulschriften Bd. 2487, Bern Berlin Frankfurt a. M. Wien 1999.
Faath, Sigrid	*Tunesien. Die politische Entwicklung seit der Unabhängigkeit 1956 - 1986 - Kommentar und Dokumentation.* Mitteilungen des Dt. Orient-Instituts, Hamburg 1986.
Fernandez, Alvaro	*Die Assoziierung der afrikanischen Staaten und Madagaskar (AASM) mit der Europäischen Gemeinschaft (EWG) und das afrikanische Streben nach wirtschaftlicher Integration.* Freiburg i. Br. 1974.
Fischer, Roger A.	*Das Assoziationsrecht der Europäischen Gemeinschaften.* Bonn 1994.
Fontagné, Lionel / Péridy, Nicolas	*The EU and the Maghreb.* Paris 1997.
Forschungsinstitut für Wirtschaftsverfassung und Wettbewerb (Hrsg.)	*Die Bedeutung der WTO für die europäische Wirtschaft.* Köln 1997.
Gillespie, Richard (Hrsg.)	*The Euro-Mediterranean Partnership - Political and Economic Perspectives.* London 1997.

ders. *Mediterranean Politics.* Bde. 1 und 2, London 1994 und 1996.

Gilsdorf, Peter *Assoziierungsabkommen der Europäischen Wirtschaftsgemeinschaft: Entwicklung und Perspektiven.* Vorträge, Reden und Berichte aus dem Europa-Institut Bd. 220, Saarbrücken 1990.

Grabitz, Eberhard / Hilf, Meinhard *Das Recht der Europäischen Union. Kommentar.* Band II, München 2002.

dies. *Das Recht der Europäischen Union (Maastrichter Fassung). Kommentar.* Band I-1, 3. Aufl., München 2001.

Griller, Stefan / Weidel, Birgit (Hrsg.) *External Relations and Foreign Policy in the European Union.* Schriftenreihe des Forschungsinstituts für Europafragen der Wirtschaftsuniversität Wien, Bd. 20, Wien, New York 2002.

Guechi, Djamel Edine *L'Union du Maghreb Arabe. Intégration Régionale et développement économique.* Algier 2002.

Guerrieri, Paolo / Scharrer, Hans-Eckart *Global Governance, Regionalism and the International Economy.* HWWA-Studies Bd. 58, Baden-Baden 2000.

Hauser, Heinz / Schanz, Kai-Uwe *Das neue GATT – Die Welthandelsordnung nach Abschluss der Uruguay-Runde.* München Wien 1995.

Heller, Christian *Die Außenpolitik der Demokratischen Volksrepublik Algerien 1979 bis 1992. Eine Untersuchung zu Ära Chadli am Beispiel der Außenbeziehungen Algeriens.* Marburg 1995.

Hengsbach, Friedhelm *Die Assoziierung afrikanischer Staaten an die Europäischen Gemeinschaften: eine Politik raumwirtschaftlicher Integration?* Baden-Baden 1977.

Hennebelle, Guy (Hrsg.) *Marie le Maghreb à L'Union Europénne ?* Panoramiques, St. Denis 1999.

Herdegen, Matthias *Internationales Wirtschaftsrecht.* München 1993.

Herrmann, Jürgen — *Das Institut der Assoziierung im Recht der Europäischen Gemeinschaft – Eine Untersuchung der Assoziierungs- und Präferenzpolitik der Europäischen Gemeinschaft unter besonderer Berücksichtigung ihrer GATT-Konformität.* Wiesbaden 1975.

Hesberg, Walter — *Die Freihandelszone als Mittel der Integrationspolitik.* Frankfurt am Main 1960.

Herzog, Werner — *Algerien: Zwischen Demokratie und Gottesstaat.* München 1995.

Hilf, Meinhard / Petersmann, Ernst-Ulrich (Hrsg.) — *GATT und Europäische Gemeinschaft.* Schriftenreihe des Arbeitskreises für Europäische Integration e.V. Bd. 22, Baden-Baden 1986.

Hilf, Meinhard / Tomuschat Christian (Hrsg.) — *EG und Drittstaatenbeziehungen nach 1992.* Schriftenreihe des Arbeitskreises Europäische Integration e.V. Bd. 31, Baden-Baden 1991.

Hilpold, Peter — *Die EU im GATT/WTO-Sytem. Aspekte einer Beziehung "sui generis".* Europäische Hochschulschriften Reihe II Bd. 2559, Frankfurt am Main Berlin Bern Brüssel New York Oxford Wien 2000.

Hoffmeister, Frank — *Menschenrechts- und Demokratieklauseln in den vertraglichen Außenbeziehungen der Europäischen Gemeinschaft = Human rights and democracy clauses in EC Agreements with third states.* Beiträge zum ausländischen öffentlichen Recht und Völkerrecht Bd. 132, Berlin Heidelberg 1998.

Huber, Jürgen Gerhard — *Die präferenziellen Abkommen der EG mit dritten Staaten und die Frage ihrer Vereinbarkeit mit dem GATT.* München 1981.

Hummer, Waldemar / Weiss, Friedl — *Vom GATT '47 zur WTO '94.* Baden-Baden 1997.

Imhoof, Rodolphe S. — *Le GATT et les zones de libre échange.* Genf 1979.

Jacobs, Francis G. (Hrsg.) — *The external relations of the European Communities.* Oxford 1996.

Jaeger, Franz — *GATT, EWG und EFTA.* Bern 1970.

Jäger, Thomas — *Streitbeilegung und Überwachung als Mittel zur Durchführung des GATT.* Schriftenreihe des Instituts für Internationales Recht und Internationale Beziehungen Bd. 55, Basel Frankfurt am Main 1992.

Jürgensen, Carsten — *Demokratie und Menschenrechte in der arabischen Welt.* Hamburg 1994.

Kebaili, Mohand A. — *Die Mittelmeerpolitik der EG und der Nord-Süd-Konflikt am Beispiel der Beziehungen Algeriens zur EG.* Frankfurt am Main 1988.

Kistenfeger, Hartmut — *Maghreb-Union und Golfrat - Regionale Kooperation in der arabischen Welt.* Arbeitspapiere zur Internationalen Politik Bd. 89, Bonn 1994.

Koppensteiner, Hans-Georg (Hrsg.) — *Rechtsfragen der Freihandelsabkommen der Europäischen Wirtschaftsgemeinschaft mit den EFTA-Staaten.* Schriften zum gesamten Recht der Wirtschaft Bd. 14, Wien 1987.

Lawrence, Robert Z. — *Regionalism, multilateralism, and deeper integration.* Washington D.C. 1996.

Lenz, Carl Otto (Hrsg.) — *EU- und EG-Vertrag. Kommentar.* 3. Aufl., Köln 2003.

Lister, Majorie — *The European Union and the South - Relations with developing countries.* London New York 1997.

Long, Olivier — *Law and its Limitations in the GATT Multilateral Trade System.* Dordrecht 1985.

Ludlov, Peter (Hrsg.) — *Europe and the Mediterranean.* London 1994.

Mathis, James H. — *Regional Trade Agreements in the GATT/WTO.* Cambridge 2002.

Martin, Christian W. — *Regionalismus und Mulitlaterlismus: Grundlagen. Die Politische Ökonomie konkurrierender Integrationsräume.* Konstanz 2002.

McGoldrick, Dominic — International Relations - Law of the European Union. London New York 1997.

McGovern, Edmond — *International Trade Regulation - GATT, the United States and the European Community*. Exeter 1986.

McMahon, Joseph — *The Development Co-operation Policy of the EC*. International Economic Development Law Series Bd. 7, London 1998.

Müller, Elmar — *Das GATT und die Entwicklungsländer. Die Handelsprobleme der Dritten Welt und ihre blockierte Lösung*. Europäische Hochschulschriften Reihe V Volks- und Betriebswirtschaft Bd. 473, Frankfurt Bern New York 1983.

Müller, Lorenz — *Islam und Menschenrechte. Sunnitische Muslime zwischen Islamismus, Säkularismus und Modernismus*. Hamburg 1996.

Müller-Graff, Peter-Christian (Hrsg.) — *Die Europäische Gemeinschaft in der Welthandelsorganisation – Globalisierung und Weltmarktrecht als Herausforderung für Europa*. Schriftenreihe des Arbeitskreises für Europäische Integration e.V. Bd. 47, Baden-Baden 1999/2000.

Nohlen, Dieter (Hrsg.) — *Lexikon Dritte Welt. Länder, Organisationen Theorien, Begriffe, Personen*. Hamburg 1994.

Nohlen, Dieter / Nuscheler, Franz (Hrsg.) — *Handbuch der 3. Welt - Band 6: Nordafrika und Naher Osten*. Bonn 1996.

Oehmichen, Alexander — *Die unmittelbare Anwendbarkeit der völkerrechtlichen Verträge der EG. Die EG-Freihandels- und Assoziierungsverträge und andere Gemeinschaftsabkommen im Spannungsfeld von Völkerrecht, Gemeinschaftsrecht und nationalem Recht*. Europäische Hochschulschriften Bd. 1263, Frankfurt am Main 1992.

Ohlinger, Hans A. — *Die Relevanz nicht-tarifärer Handelshemmnisse im internationalen Handel und ihre Wirkungen auf die Integration der Entwicklungsländer in die Weltwirtschaft.* Europäische Hochschulschriften Reihe 5 Bd. 741, Frankfurt am Main 1986.

Oppermann, Thomas — *Europarecht.* 2. Auflage, München 1999.

Pomfret, Richard — *Mediterranean Policy of the European Community - A Study of Discrimination in Trade.* London 1986.

Prieß, Hans-Joachim / Berrisch, Georg M. — *WTO Handbuch.* München 2003.

Quereshi, Asif H. — *The World Trade Organisation - Implementing International Trade Norms.* Manchester 1996.

Regul, Rudolf (Hrsg.) — *Die Europäischen Gemeinschaften und die Mittelmeerländer.* Baden-Baden 1977.

Richmond, John (Hrsg.) — *The External Relations of the European Community - The International Response to 1992.* London 1992.

Richter, Stefan — *Die Assoziierung osteuropäischer Staaten durch die Europäischen Gemeinschaften.* Berlin Heidelberg 1997.

Ritson, Christopher / Harvey, David (Hrsg.) — *The Common Agricultural Policy and the World Economy.* Oxon 1991

Röttinger, Moritz / Weyringer, Claudia (Hrsg.) — *Handbuch der Europäischen Integration. Strategie - Struktur - Politik der Europäischen Union.* 2. Aufl., Wien 1996.

Savceric, Petar / van Houtte, Hans — *Legal Issues in International Trade.* London 1990.

Schön, Cordula — *Der rechtliche Rahmen für Assoziierungen der Europäischen Gemeinschaft vor dem aktuellen Hintergrund der Annäherungs- und Mitgliedschaftswünsche der mittel- und osteuropäischen Staaten.* Europäische Hochschulschriften Bd. 1505, Frankfurt am Main 1994.

Schumacher, Tobias — *Die Maghreb-Politik der Europäischen Union - Gemeinschaftliche Assoziierungspraxis gegenüber Algerien, Marokko und Tunesien.* Wiesbaden 1998.

Schwarze, Jürgen (Hrsg.) — *EU-Kommentar.* Baden-Baden 2000.

Schweitzer, Michael / Hummer, Waldemar — *Europarecht.* 5. Aufl., Neuwied Kriftel Berlin 1996.

Senti, Richard — *GATT – WTO: Die neue Welthandelsordnung nach der Uruguay-Runde.* Zürich 1994.

ders. — *EG, EFTA, Binnenmarkt. Organisation, Funktionsweisen, Perspektiven.* 2. Aufl., Zürich 1992

ders. — *WTO. System und Funktionsweise der Welthandelsordnung.* Zürich 2000.

Siebold, Dagmar I. — *Die Welthandelsorganisation und die Europäische Gemeinschaft. ein Beitrag zur globalen wirtschaftlichen Integration.* Berlin 2003.

Stein, Klaus D. — *Der gemischte Vertrag im Recht der Außenbeziehungen der Europäischen Gemeinschaft.* Schriften zum Völkerrecht Bd. 84, Berlin 1986.

Steinberger, Helmut — *GATT und regionale Wirtschaftszusammenschlüsse.* Heidelberg 1963.

Stetter, Ernst — *Die Assoziierung der afrikanischen, karibischen und pazifischen Staaten (AKP-Staaten) an die Europäische Gemeinschaft unter besonderer Berücksichtigung des Systems der Stabilisierung der Export-Erlöse (Stabex).* Heidelberg 1980.

Thomas, Jeffrey S. / Meyer, Michael A. — *The new Rules of Global Trade.* Scarborough Ontario 1997.

Ünsal, Demet — *Die Ausnahme von der Meistbegünstigungsklausel zugunsten der Entwicklungsländer im Rahmen des GATT.* München 1999.

Weidenfeld, Werner (Hrsg.) — *Herausforderung Mittelmeer.* Internationale Politik Nr. 2/96, Berlin 1996.

Weidnitzer, Eva — *Die Union du Maghreb Arabe: Probleme maghrebinischer Zusammenarbeit und die Suche nach einer neuen Partnerschaft mit der EG.* Deutsches Institut für Entwicklungspolitik, Berlin 1991.

Weissenberg, Paul — *Die Kompetenz der Europäischen Wirtschaftsgemeinschaft zum Abschluss von Handels- und Kooperationsabkommen.* Schriftenreihe zum Internationalen Recht Bd. 9, Berlin 1978.

Westreicher, Eduard — *Der Grundsatz der Gegenseitigkeit in den Handelsbeziehungen zwischen Industrie- und Entwicklungsländern unter besonderer Berücksichtigung des GATT, der Vereinten Nationen und der EWG-AKP-Beziehungen.* Berlin 1984.

Wolfrum, Rüdiger (Hrsg.) — *Strengthening the World Order: Universalism vs. Regionalism.* Berlin 1990.

Yüksel, Sait Ali — *GATT/WTO-Welthandelssystem unter besonderer Berücksichtigung der Außenwirtschaftsbeziehungen der Europäischen Union.* Frankfurt 1996.

ders. — *Welthandelsorganistation WTO (GATT): Aufgaben/Aktivitäten/EU-Beziehungen.* Frankfurt am Main 2001.

Zimmer, Reinhard — *Zollpräferenzen im GATT.* Studien zum internationalen Wirtschaftsrecht und Atomenergierecht Bd. 32. Göttingen 1967.

Zippel, Wulfdiether (Hrsg.) — *Die Mittelmeerpolitik der EU.* Schriftenreihe des Arbeitskreises für Europäische Integration Bd. 44, Baden-Baden 1999.

Aufsätze

Aouadi, Sami — *La Zone de Libre-Echange Tunisio-Européenne et les Contraintes de L'insertion au Libre-Echangisme Mondial.* Revue Tunisienne d'Economie Nr. 8, 1998; S. 51 – 83.

Arnold, Rainer — *Der Abschluß gemischter Verträge durch die Europäischen Gemeinschaften.* AVR 1980/81, S. 419 - 456.

Benedek, Wolfgang — *Die Entwicklungsländer in der WTO.* ZEuS 2000, S. 41 - 60.

Benazzi, Lakhdar — *Le développement constitutionnel au Maghreb.* Recht in Afrika. Zeitschrift der Gesellschaft für afrikanisches Recht 1989, S. 136 - 168.

Bleckmann, Albert — *Der gemischte Vertrag im Europarecht.* EuR 1976, S. 301 -312.

Bogdandy, Armin von / Makatsch, Tilman — *Kollision, Koexistenz oder Kooperation?* EuZW 2000, S. 261 - 268.

Bogdandy, Armin von — *Rechtsgleichheit, Rechtssicherheit und Subsidiarität im transnationalen Wirtschaftsrecht.* EuZW 2001, S. 357 - 365.

Cottier, Thomas / Evtimov, Erik — *Präferenzielle Abkommen der EG: Möglichkeiten und Grenzen im Rahmen der WTO.* ZEuS 2000, S. 477 - 505.

Cremona, Marise — *Rhetoric and Reticence: EU External Commercial Policy in a Multilateral Context.* CMLRev. 2001, S. 359 - 396.

Dillman, Bradford — *Facing the Market in North Africa.* The Middle East Journal, Spring 2001, Vol. 55, 2002, S. 1 - 16.

Englert, Walter — *Algeriens Wirtschaft – Wieder Licht am anderen Ende des Tunnels?* Afrika-Post 9-10/97, S.

Geiger, Rudolf — *Vertragsschlusskompetenzen der EG und auswärtige Gewalt der Mitgliedsstaaten.* JZ 1995, S. 973 - 982.

Gilsdorf, Peter — *Die Außenkompetenzen der EG im Wandel - Eine kritische Auseinandersetzung mit Praxis und Rechtsprechung.* EuR 1996, S. 145 - 166.

Hailbronner, Kay / Bierwagen, Rainer — *Das GATT - Die Magna Charta des Welthandels.* JA 1988, S. 318 - 328.

Hakura, Fadi S. — *The Euro-Mediterranean Policy: The Implications of the Barcelona Declaration.* CMLRev. 34 (1997), S. 337 - 366.

Harraga, Hassan — *Les dimensions de l'espace commercial et financier du Maghreb après les accords de Maastricht.* RISA 4/1995, S. 701 – 721.

Hauser, Heinz / Zimmermann, Thomas A. — *Regionalismus oder Multilaterismus? Die* Volkswirtschaft 5 - 2001, S. 4 - 8.

Henson, Penny — *Workshop report "The European Union and the Mediterranean", 17./18. Juni 1994 in Reading.* Deutsche Zeitschrift für Politik und Wirtschaft des Orients 1994, S. 531 - 538.

Herrmann, Christoph W. — *Grundzüge der Welthandelsordnung. - Institutionen, Strukturen und Bezüge zum Europäischen Gemeinschaftsrecht.* ZEuS 2001, S. 453 - 497.

Hilpold, Peter — *Regional Integration According to Article XXIV GATT - Between Law and Politics.* Max Planck Yearbook of United Nations Law, Vol. 7, 2003, S. 219 - 260.

ders. — *Regionale Integrationszonen und GATT. Die Neuerungen der Uruguay-Runde.* RIW 1993, S. 657 - 668.

ders. — *Konditionalität in den Beziehungen zwischen der EU und den AKP-Saaten: Menschenrechte, Demokratie, Rechtsstaatlichkeit und verantwortungsvolle Regierungsführung.* ZEuS 2002, S. 239 - 254.

Hoffmeister, Frank — *Les clauses des droits de l'homme et leurs implications pour les relations euro-maghrébins.* REMALD 2003.

Ipsen, Knut / Haltern, Ulrich R. — *Landwirtschaft und internationaler Handel - Beschert die Gemeinsame Agrarpolitik der EG dem GATT eine "Mißernte?"* EuZW 1991, S. 464 -469.

Jbili, Abdelali / Enders, Klaus	*The Association Agreement Between Tunisia and the European Union.* Finance & Development, Vol. 33, Nr. 3, September 1996, S. 18 - 20.
Karabadji, Faical	*Die Marktwirtschaft der algerischen Handelsmafia.* Le monde diplomatique Nr. 5632 v. 11.09.1998, S. 10 - 11.
Kuschel, Dieter	*Das neue Lomé-Abkommen zwischen der EG und den AKP-Ländern.* Europa-Archiv 1990, S. 333 - 340.
Langguth, Gerd	*Außenpolitische Chancen der Europäischen Integration.* Europa-Archiv 1992, S. 222 - 230.
Lavranos, Nikolaos	*Die Rechtswirkung von WTO panel reports im Europäischen Gemeinschaftsrecht sowie im deutschen Verfassungsrecht.* EuR 1999, S. 289 - 308.
Nsouli, Saleh N. / Bisat, Amer / Kanaan, Oussama	*The European Union's New Meditarrenean Strategy.* Finance & Development, Vol. 33, No. 3, September 1996
Oppermann, Thomas	*Die Europäische Gemeinschaft und Union in der Welthandelsorganisation (WTO).* RIW 1995, S. 919 - 928.
Petersmann, Ernst-Ulrich	*Struktur und aktuelle Rechtsfragen des Assoziationsrechts.* ZaöRV 1973, S. 266 - 311.
ders.	*Das neue Recht des Nord-Süd-Handels.* ZAöRV 1972, S. 339-393.
Ress, Georg	*Die Europäische Union und die neue juristische Qualität der Beziehungen zu den Europäischen Gemeinschaften.* JuS 1992, S. 985 - 991.
Sack, Jörn	*Die Europäische Union in den Internationalen Organisationen. Bedeutung der Beteiligung sowie Aktion und Einfluss von Gemeinschaft und Mitgliedstaaten in diesen Gremien.* ZEuS 2001, S. 267 -284.

Salah, Mezdour — *Les relations économiques Maghreb-CEE: Suggestions pour une nouvelle politique.* Revue du Marché Commun 1992, S. 300 - 306.

Schroeder, Werner / Selmayr, Martin — *Die EG, das GATT und die Vollzugslehre.* JZ 1998, S. 344 - 349.

Sid Ahmed, Abdelkader — *Le Maghreb: Rencontre avec le troisième millénaire: L'impératif de Barcelone. Rapport introductif.* Annuaire de L'Afrique du Nord 1996, S. 1 - 31.

Sittmann, Jörg — *Das Streitbeilegungsverfahren der World Trade Organization (WTO) - "Understanding on Rules and Procedures Governing the Settlement of Disputes."* RIW 1997, S. 749 - 752.

Swinbank, Alan / Ritson, Christopher — *The common Agricultural Policy, Customs Unions and the Mediterranean Basin.* Journal of Common Market Studies 1988, S. 95 - 111.

Verdirame, Guliamo — *The definition of Developing Countries under GATT and other International Law.* German Yearbook of International Law, 39 (1996), S. 164 - 197.

Vogel, Wolfgang — *Die Abkommen der Europäischen Wirtschaftsgemeinschaft mit den Maghreb- und Maschrekländern.* Europa-Archiv 1977, S. 53 - 60.

Zaim, Fouad — *La dette extérieure des pays du Maghreb. Enjeux et perspectives.* Il Debito Internazionale 1998, S. 99 – 105.

Materialien

Agence Europe prométhée — *Les relations CEE – Maghreb: L'épreuve de l'élargissement.* Brüssel 1985.

Außenwirtschaftsorganisation der Wirtschaftskammer Österreichs — *Länderreport Algerien.* L 79/April 2001.

Länderreport Marokko. L 104/April 2001.

Länderreport Tunesien. L 127/Mai 2001.

Bakli, Abdelhamid — *L'Union du Maghreb Arabe - Dimensions, bilan et perspectives (ou l'intégration régionale comme instrument du devélopement).* Nicht publizierte Dissertation, Universität V Paris - René Descartes, 1998.

Bayar, Ali H. — *Fiscal Challenges of the Euro-Mediterranean Agreements.* Femise Report, Marseille 2001.

Bayar, Ali H. / Ben-Ahmed, Ghazi / Diao, Xinshen / Yeldan Eric A. — *Agriculture en Méditerranée: An intertemporal, multi-regional equilibrum analysis of agricultural trade liberalization in the South Mediterranean NIC's, Turkey, and the European Union.* Report zur 2. Femise Konferenz, Marseille 2001.

Cetima, Moheddine Hadhri — *La Grande Zone Arabe de Libre échange et les Perspectives d'intégration Sud-Sud en Méditerranée.* Femise Research Programme Report, Marseille 2001.

Ben-David, Dan / Loewy, Michael B. — *Free Trade and long-run growth.* CEPR Discussion Paper No. 1183, London 1995.

Beckmann, Rainer / Hebler, Martin / Kösters, Wim / Neimke, Markus — *Theoretische Konzepte zum Europäischen Integrationsprozess: Ein aktueller Überblick.* Bochum 2000.

Boonekamp, Clem — *The changing landscape of RTAs.* Seminarunterlage für das WTO-Seminar Regional Trade Agreements and the WTO, Genf 2003.

Cadot, Oliver / de Melo, Jaime / Olarreaga, Marcelo — *Can Bilaterlism Ease the Pains of Mulitlateral Trade Liberalization?* WTO Staff Working Paper ERAD-98-02, Genf 1998.

Cho, Sungjoon — *Toward Synergistic Building Blocks: Social Regulations under RTAs and Their Ramifications to the Global Trading System.* Präsentation anlässlich des WTO-Seminars Regionalism and the WTO, Genf 2003.

Cetima, Mohieddine Hadhri — *La Grande Zone Arabe de Libre échange et les Perspectives d'intégration Sud-Sud en Méditerranée.* Femise Report, Marseille 2001.

Crawford, Jo-Ann / Laird, Sam — *Regional Trade Agreement and the WTO.* Centre for Research in Economic Development and International Trade Reseach Paper 00/3, Nottingham 2000.

DeMelo, Jaime / Panagariya, Arvind / Rodrik, Dani — *The new regionalism: a country perspective.* Centre for Economic Policy Research, Discussion Paper Series, London 1992.

Ethier, Wilfried J. — *Regionalism in A Multilateral World.* Sonderforschungsbereich 178 "Internationalisierung der Wirtschaft", Diskussionsbeiträge, Serie II Nr. 314, Konstanz 1996.

Europäische Gemeinschaft — *Amtsblatt der Europäischen Gemeinschaften.*

Fischler, Franz — *zzDer Barcelona-Prozess - ein Fall für die Landwirtschaft? Rede zur Mittelmeerkonferenz über die Landwirtschaft.* Strasbourg 2001.

ders. — *Europe's position in the WTO farm trade talks - In favour of a balanced agreement on agricultural trade.* Brüssel 2002.

Forum Umwelt & Entwicklung — *Der internationale Agrarhandel und die Entwicklungsländer.* Bonn 2000.

General Agreement on Tariffs and Trade — *Guide to GATT Law and Practice. Analytical Index.* Genf 1994.

Activities: 1969/70, 1989, 1994/95, 1996. Genf.

Agreement between the European Communities and Algeria. Report of the Working Party 1977, L/4559. Genf 1978.

Agreement between the European Communities and Morocco. Report of the Working Party 1977, L/4560. Genf 1978.

Agreement between the European Communities and Tunisia. Report of the Working Party 1977, L/4558. Genf 1978.

Trade Policy Review - Tunisia. Vol. 1, Genf 1994.

Basic Instruments and Selected Documents - Twenty-fourth Supplement. Protocols, Decisions, Reports 1976 - 1977 - Thirty-third Session. Genf 1978.

Ghesquiere, Henri — *Impact of European Union Association Agreements on Mediterranean Countries.* IMF Working Paper WP/98/116, Brüssel 1998.

Hamdouch, Bachir / Chater Insea, Mohammed — *Les échanges Euro-Méditerranéens: Impact des accords de libre-échange Euro-Méditerannéens - Cas du Maroc.* Femise Report, Marseille 2001.

Handoussa, Heba / Reiffers, Jean-Louis — *On the Evolution of the Structure of Trade and Investments Between the European Union and its Mediterranean Partners.* Femise Report, Marseille 2001.

Havrylyshyn, Oleh — *A global integration strategy for the Mediterranean countries: open trade and market reforms.* IMF Veröffentlichung, Washington 1997.

Helmschrott, Helmut (Hrsg.) — *Perspektiven der EG-Assoziierung aus europäischer und afrikanischer Sicht.* ifo-forschungsberichte der afrika-studienstelle 49. Referate und Diskussions-beiträge der ADAF-Tagung vom 5.-7. Dezember 1973 in Berlin. München 1973

Hoekman, Bernard / Djankov, Simeon — *Catching up with Eastern Europe? The European Union's Mediterranean Free Trade Initiative.* World Bank Research Policy Paper Nr. 1562, Washington 1995.

Hoekman, Bernard M. / Leidy, Michael P. — *Holes and loopholes in integration agreements: history and prospects.* Centre for Economic Policy Research, Discussion Paper Series, London 1992.

Hoekman, Bernard M. / Konan, Denise Eby — *Deep Integration, Nondiscrimination, and Euro-Mediterranean Free Trade.* World Bank - Country Economics Department Paper, Washington 1999.

House of Lords — *Eleventh Report - Relations between the EU and the Maghreb Countries.* London 1995.

International Monetary Fund — *Algeria: Recent Economic Developments.* IMF Staff Country Report 00/105, Washington, D.C. 2000.

Kaiser, Robert — *Über Bananen, Hormonfleisch und Fernsehserien - zum Verhältnis von regionaler und multilateraler Wirtschaftsintegration: Die Europäische Gemeinschaft (EG und die Welthandelsorganisation (WTO).* Beitrag zur Vortragsreihe "Zukunft der europäischen Integration" des Studiengangs Politikwissenschaft an der Universität Bremen, Düsseldorf 1999.

Kommission der Europäischen Gemeinschaften — *Bericht der Kommission an den Rat und das Europäische Parlament.* Brüssel 2001.

The European Union in a Changing World. Luxemburg 1998.

The European Community and Mediterranean Countries. Luxemburg 1991.

The European Union and its Partners in the Mediterranean. Luxemburg 1997.

European Economy - The European Union as a world trade partner. Brüssel 1998.

Negotiations on EU-Algeria Association Agreement concluded – Politicial Background. Presseerklärung IP/01/1867 v. 19.12.2001.

Globalansatz für die Mittelmeerpolitik der Europäischen Gemeinschaft. Die Vorschläge der Kommission vom 22. September 1972. Europa-Archiv 1972, S. D 509 - D 519.

Lorca, Aljandro / Vicéns, José — *Agriculture en Méditerranée: L'impact de la libéralisation commercial Euro-Mediterranéenne dans les échanges agricoles.* Report zur 2. Femise Konferenz, Marseille 2001.

Lothaller, Harald — *Entwicklungsland - was ist denn das?* Seminararbeit, Universität St. Gallen 2000.

Organisation für wirtschaftliche Zusammenarbeit und Entwicklung (OECD) — *Regionalism and its place in the multilateral trading system.* Paris 1996.

Regional Integration and the Multilateral Trading System – Synergy and Divergences. Paris 1995.

Rutherford, Thomas / Rutstrom, E. E. / Tarr, David — *Morocco's Free Trade Agreement with the European Community: A quantitative assessment.* World Bank Policy Research Paper 1173, Genf 1993.

Schlotter, Peter — *Freihandel + Demokratisierung = Entwicklung? Zur Maghrebpolitik der Europäischen Union.* HSFK-Report 8/1998, Frankfurt 1998.

Senti, Richard — *Im Widerstreit zwischen GATT und Integration.* Art. XXIV GATT und die Entwicklung der wirtschaftlichen Integrationsräume. Institut für Wirtschaftsforschung der ETH Zürich, Arbeitspapier Nr. 92/115, Zürich 1993.

Trachtmann, Joel P. — *Toward Open Recognition? Standardization and Regional Integration Under Article XXIV of GATT.* Beitrag zum WTO Seminar: The Changing Architecture of the Global Trading System: Regionalism in the WTO. Massachusetts 2002.

Walter, Bernhard — *Die Auswirkungen der EU-Agrarsubventionen auf die Landwirtschaft der Entwicklungsländer am Beispiel der Getreideexporte nach Afrika.* Studie der Fachstelle Entwicklungspolitische Bildungsarbeit auf dem Lande in der EKD, Materialien 1/94, Waldenburg 1994.

Welthandelsorganisation — *Trade Policy Review - European Union 2000.* Genf 2000.

Trade Policy Review - European Union 2002. Genf 2002.

Trade Policy Review - Morocco 1996. Genf 1996.

The World Trade Organization in Brief. Genf 1999.

Regional Trade Integration under Transformation. Genf 2002.

	Synposis of "Systemic" Issues related to Regional Trade Agreements. WT/REG/W/37, Genf 2000.
	*Compendium of Issues related to Regional Trade Agreements.*_TN/RL/W/8/Rev.1, Genf 2002.
	Systemic Issues related to "Substantially All The Trade. WT/REG/W/21/Rev.1, Genf 1998.
	Annotated Checklist of Systemic Issues. WT/REG/W/16, Genf 1997.
Zimmermann, Thomas A.	*Die Stellung der Schweiz im Europäischen Integrationsprozess.* Seminararbeit, Universität Bamberg 1997.

LISTE DER ZITIERTEN RECHTSSACHEN DES EUGH

Rechtssache	Datum	Fundstelle
26/62 (*van Gend & Loos*)	Urt. v. 05.02.1963	Slg. 1963, 1
6/64 (*Costa/E.N.E.L.*)	Urt. v. 15.07.1964	Slg. 1964, 1253
57/65 (*Lütticke*)	Urt. v. 16.06.1966	Slg. 1966, S. 257
22/70 (*AETR*)	Urt. v. 31.03.1971	Slg. 1971, 263
Verb. 21-24/72 (*International Fruit Company*)	Urt. v. 12.12.1972	Slg. 1972, 1219
1/75 (*Lokale Kosten*)	Gutachten v. 11.11.1975	Slg. 1975, 1355
1/76 (*Kramer*)	Urt. v. 14.07.1976	Slg. 1976, 1279
41/76 (*Donckerwolke*)	Urt. v. 15.12.1976	Slg. 1976, 1921
1/78 (*Internationales Naturkautschuk-Übereinkommen*)	Gutachten v. 04.10.1979	Slg. 1979, 2871
266/81 (*SIOT*)	Urt. v. 16.03.1983	Slg. 1983, 731
12/86 (*Demirel*)	Urt. v.30.09.1987	Slg. 1987, 3719
45/86 (*Allgemeines Präferenzsystem*)	Urt. v. 26.03.1987	Slg. 1987, 1493
30/88 (*Griechenland ./. Kommission*)	Urt. v. 14.11.1989	Slg. 1989 3711
C-192 (*Sevince*)	Urt. v. 20.09.1990	Slg. 1990, I – 3461
2/91 (*ILO-Konvention*)	Gutachten v. 19.03.1993	Slg. 1993, I – 106
C-237/91 (*Kus*)	Urt. v. 16.12.1992	Slg. 1992, I – 6781
2/92 (*OECD-Gutachten*)	Gutachten v. 24.03.1995	Slg. 1885, I – 521

C-58/93 (*Yousfi*)	Urt. v. 20.04.1994	Slg. 1994, I – 1353
C-355/93 (*Eroglu*)	Urt. v. 05.10.1994	Slg. 1994, I – 5113
1/94 (*WTO*)	Gutachten v. 15.11.1994	Slg. 1994, I – 5267

TABELLENVERZEICHNIS

ANHANG I

EUROPA-MITTELMEER-ABKOMMEN
zur Gründung einer Assoziation zwischen den Europäischen Gemeinschaften und ihren Mitgliedstaaten einerseits und dem Königreich Marokko andererseits

DAS KÖNIGREICH BELGIEN,
DAS KÖNIGREICH DÄNEMARK,
DIE BUNDESREPUBLIK DEUTSCHLAND,
DIE GRIECHISCHE REPUBLIK,
DAS KÖNIGREICH SPANIEN,
DIE FRANZÖSISCHE REPUBLIK,
IRLAND,
DIE ITALIENISCHE REPUBLIK,
DAS GROSSHERZOGTUM LUXEMBURG,
DAS KÖNIGREICH DER NIEDERLANDE,
DIE REPUBLIK ÖSTERREICH,
DIE PORTUGIESISCHE REPUBLIK,
DIE REPUBLIK FINNLAND,
DAS KÖNIGREICH SCHWEDEN,
DAS VEREINIGTE KÖNIGREICH GROSSBRITANNIEN UND NORDIRLAND,
Vertragsparteien des Vertrags zur Gründung der Europäischen Gemeinschaft und des Vertrags über die Gründung der Europäischen Gemeinschaft für Kohle und Stahl, im folgenden "Mitgliedstaaten" genannt, und

DIE EUROPÄISCHE GEMEINSCHAFT,
DIE EUROPÄISCHE GEMEINSCHAFT FÜR KOHLE UND STAHL,
im folgenden "Gemeinschaft" genannt, einerseits, und

DAS KÖNIGREICH MAROKKO,
im folgenden "Marokko" genannt, andererseits,

IN ANBETRACHT der auf historischen Bindungen und gemeinsamen Werten beruhenden Nähe und gegenseitigen Abhängigkeit zwischen der Gemeinschaft, ihren Mitgliedstaaten und dem Königreich Marokko,

IN DER ERKENNTNIS, daß die Gemeinschaft, die Mitgliedstaaten und Marokko diese Bindungen stärken und auf der Grundlage der Gegenseitigkeit, der Solidarität, der Partnerschaft und der Entwicklungszusammenarbeit dauerhafte Beziehungen aufnehmen wollen,

IN ANBETRACHT der Bedeutung, welche die Vertragsparteien der Wahrung der Grundsätze der Charta der Vereinten Nationen und insbesondere der Achtung der Menschenrechte und der politischen und wirtschaftlichen Freiheiten beimessen, welche die eigentliche Grundlage der Assoziation bilden,

IN ANBETRACHT der im Laufe der letzten Jahre in Europa und in Marokko verzeichneten politischen und wirtschaftlichen Entwicklungen und der sich daraus ergebenden gemeinsamen Verantwortung für die Stabilität, die Sicherheit und den Wohlstand im gesamten Raum Europa-Mittelmeer,

IN ANBETRACHT der bedeutenden Fortschritte Marokkos und des marokkanischen Volkes bei der Erreichung ihrer Ziele, die marokkanische Wirtschaft voll in die Weltwirtschaft zu integrieren und in der Gemeinschaft der demokratischen Staaten mitzuwirken,

EINGEDENK einerseits der Bedeutung von Beziehungen in einem umfassenden Rahmen Europa-Mittelmeer und andererseits des Ziels der Integration der Maghreb-Länder untereinander,

IN DEM WUNSCH, die Ziele ihrer Assoziation durch Durchführung der Bestimmungen dieses Abkommens voll und ganz zu erreichen, um so zu einer Annäherung des Niveaus der wirtschaftlichen und sozialen Entwicklung in der Gemeinschaft und im Königreich Marokko zu gelangen,

EINGEDENK der auf Gegenseitigkeit der Interessen, beiderseitigen Zugeständnissen, Zusammenarbeit und Dialog beruhenden Bedeutung dieses Abkommens,

IN DEM WUNSCH, eine politische Konzertierung bei bilateralen und internationalen Fragen von gemeinsamem Interesse aufzunehmen und zu vertiefen,

UNTER BERÜCKSICHTIGUNG der Bereitschaft der Gemeinschaft, Marokko umfangreiche Unterstützung bei seinen Anstrengungen um Reform und Anpassung auf wirtschaftlichem Gebiet sowie um soziale Entwicklung zu gewähren,

IN ANBETRACHT des Eintretens der Gemeinschaft und Marokkos für den Freihandel unter Wahrung der Rechte und Einhaltung der Verpflichtungen aus dem Allgemeinen Zoll- und Handelsabkommen (GATT) in der Fassung der Uruguay-Runde,

IN DEM WUNSCH, eine durch einen regelmäßigen Dialog unterstützte Zusammenarbeit in den Bereichen Wirtschaft, Soziales und Kultur aufzunehmen, um zu einem besseren gegenseitigen Verständnis zu gelangen,

IN DER ÜBERZEUGUNG, daß dieses Abkommen einen günstigen Rahmen für die volle Entfaltung einer Partnerschaft darstellt, die nach einer von der Gemeinschaft und dem Königreich Marokko gemeinsam getroffenen historischen Entscheidung auf der Privatinitiative beruht, und daß es ein günstiges Klima für den Ausbau ihrer Wirtschafts- und Handelsbeziehungen und für Investitionen schaffen wird, die ein unerläßlicher Faktor für die Unterstützung der wirtschaftlichen Umgestaltung und der technologischen Modernisierung sind -

SIND WIE FOLGT ÜBEREINGEKOMMEN:

Artikel 1

(1) Zwischen der Gemeinschaft und ihren Mitgliedstaaten einerseits und Marokko andererseits wird eine Assoziation gegründet.

(2) Ziel dieses Abkommens ist es,

- einen geeigneten Rahmen für den politischen Dialog zwischen den Vertragsparteien zu schaffen, der die Stärkung ihrer Beziehungen in allen Bereichen ermöglicht, die sie im Rahmen dieses Dialogs als geeignet ansehen;

- die Bedingungen für eine schrittweise Liberalisierung des Waren, des Dienstleistungs- und des Kapitalverkehrs festzulegen;

- den Handel auszuweiten und die Entwicklung ausgewogener Wirtschafts- und Sozialbeziehungen zwischen den Vertragsparteien insbesondere im Wege des Dialogs und der Zusammenarbeit zu fördern und so die Entwicklung und den Wohlstand Marokkos und des marokkanischen Volkes zu begünstigen;

- die Integration der MaghrebLänder durch Begünstigung des Handels und der Zusammenarbeit zwischen Marokko und den Ländern der Region zu fördern;

- die Zusammenarbeit in den Bereichen Wirtschaft, Soziales, Kultur und Finanzen zu fördern.

Artikel 2

Die Achtung der demokratischen Grundsätze und der Menschenrechte, wie sie in der Allgemeinen Erklärung der Menschenrechte niedergelegt sind, leitet die Innen- und die Außenpolitik der Gemeinschaft und Marokkos und ist ein wesentliches Element dieses Abkommens.

TITEL I

POLITISCHER DIALOG

Artikel 3

(1) Zwischen den Vertragsparteien wird ein regelmäßiger politischer Dialog eingerichtet. Er ermöglicht die Herstellung dauerhafter Solidaritätsbeziehungen zwischen den Partnern, die zum Wohlstand, zur Stabilität und zur Sicherheit im Mittelmeerraum beitragen und zu einem Klima des Verständnisses und der Toleranz zwischen Kulturen führen.

(2) Der Dialog und die Zusammenarbeit sollen insbesondere

a) die Annäherung der Vertragsparteien durch die Entwicklung eines besseren gegenseitigen Verständnisses und durch eine regelmäßige Abstimmung in internationalen Fragen von gemeinsamem Interesse erleichtern;

b) jeder Vertragspartei die Möglichkeit geben, den Standpunkt und die Interessen der anderen Vertragspartei zu berücksichtigen;

c) zur Festigung der Sicherheit und der Stabilität im Mittelmeerraum und insbesondere im Maghreb beitragen;

d) die Durchführung gemeinsamer Aktionen ermöglichen

Artikel 4

Der politische Dialog bezieht sich auf alle Fragen, die für die Vertragsparteien von gemeinsamem Interesse sind, insbesondere auf die Bedingungen, die geeignet sind, den Frieden, die Sicherheit und die Entwicklung in der Region durch Unterstützung der Kooperationsbemühungen, vor allem innerhalb des Maghreb, sicherzustellen.

Artikel 5

Der politische Dialog findet regelmäßig und sooft wie nötig statt, insbesondere

a) auf Ministerebene, vor allem im Assoziationsrat;

b) auf der Ebene hoher Beamter, die Marokko einerseits und die Präsidentschaft des Rates und die Kommission andererseits vertreten;

c) durch volle Nutzung der diplomatischen Kanäle, insbesondere regelmäßige Informationsgespräche, Konsultationen bei internationalen Tagungen und Kontakte zwischen diplomatischen Vertretern in Drittländern;

d) erforderlichenfalls durch alle anderen Mittel, die zur Intensivierung und zur Effizienz dieses Dialogs beitragen können.

TITEL II
FREIER WARENVERKEHR

Artikel 6

In einer Übergangszeit von höchstens 12 Jahren ab Inkrafttreten dieses Abkommens errichten die Gemeinschaft und Marokko gemäß den nachstehenden Modalitäten und im Einklang mit den Bestimmungen des Allgemeinen Zoll- und Handelsabkommens von 1994 und der übrigen multilateralen Übereinkünfte über den Warenverkehr, die dem Übereinkommen zur Errichtung der WTO beigefügt sind (im folgenden "GATT" genannt), schrittweise eine Freihandelszone.

KAPITEL I
GEWERBLICHE WAREN

Artikel 7

Die Bestimmungen dieses Kapitels gelten für die Ursprungswaren der Gemeinschaft und Marokkos, mit Ausnahme der in Anhang II des Vertrags zur Gründung der Europäischen Gemeinschaft aufgeführten Waren.

Artikel 8

Im Handel zwischen der Gemeinschaft und Marokko werden weder neue Einfuhrzölle noch Abgaben gleicher Wirkung eingeführt.

Artikel 9

Die Ursprungswaren Marokkos können frei von Zöllen und Abgaben gleicher Wirkung und ohne mengenmäßige Beschränkungen und Maßnahmen gleicher Wirkung in die Gemeinschaft eingeführt werden.

Artikel 10

(1) Die Bestimmungen dieses Kapitels schließen nicht aus, daß die Gemeinschaft bei der Einfuhr der in Anhang 1 aufgeführten Ursprungswaren Marokkos eine landwirtschaftliche Komponente beibehält.

Diese landwirtschaftliche Komponente entspricht den Unterschieden zwischen den Preisen der als bei der Herstellung dieser Waren verwendet geltenden landwirtschaftlichen Erzeugnisse auf dem Gemeinschaftsmarkt und den Preisen der Einfuhren aus Drittländern, wenn die Gesamtkosten dieser Grunderzeugnisse in der Gemeinschaft höher sind. Die landwirtschaftliche Komponente kann ein fester Betrag oder ein Wertzollsatz sein. Diese Unterschiede werden gegebenenfalls durch spezifische Zollsätze, die sich aus der Tarifikation der landwirtschaftlichen Komponente ergeben, oder durch Wertzollsätze ersetzt.

Die Bestimmungen des Kapitels 2 für landwirtschaftliche Erzeugnisse finden auf die landwirtschaftliche Komponente entsprechende Anwendung.

(2) Die Bestimmungen dieses Kapitels schließen nicht aus, daß Marokko bei den geltenden Einfuhrabgaben auf die in Anhang 2 aufgeführten Ursprungswaren der Gemeinschaft eine landwirtschaftliche Komponente getrennt ausweist. Die landwirtschaftliche Komponente kann ein fester Betrag oder ein Wertzollsatz sein.

Die Bestimmungen des Kapitels 2 für landwirtschaftliche Erzeugnisse finden auf die landwirtschaftliche Komponente entsprechende Anwendung.

(3) Auf die in Anhang 2 Liste 1 aufgeführten Ursprungswaren der Gemeinschaft erhebt Marokko ab Inkrafttreten dieses Abkommens keine höheren als die am 1. Januar 1995 im Rahmen der in dieser Liste aufgeführten Zollkontingente geltenden Einfuhrzölle oder Abgaben gleicher Wirkung.

Während des Abbaus der gewerblichen Komponente der Zölle nach Absatz 4 dürfen auf die Waren, für welche die Zollkontingente beseitigt werden, keine höheren als die am 1. Januar 1995 geltenden Zölle erhoben werden.

(4) Für die in Anhang 2 Liste 2 aufgeführten Ursprungswaren der Gemeinschaft beseitigt Marokko die gewerbliche Komponente der Zölle nach den in Artikel 11 Absatz 2 für die Waren des Anhangs 3 vorgesehenen Bestimmungen.

Für die in Anhang 2 Listen 1 und 3 aufgeführten Ursprungswaren der Gemeinschaft beseitigt Marokko die gewerbliche Komponente der Zölle nach den in Artikel 11 Absatz 3 für die Waren des Anhangs 4 vorgesehenen Bestimmungen.

(5) Die nach den Absätzen 1 und 2 erhobenen landwirtschaftlichen Komponenten können gesenkt werden, wenn die Abgaben auf ein landwirtschaftliches Grunderzeugnis im Handel zwischen der Gemeinschaft und Marokko gesenkt werden oder wenn die Senkung auf gegenseitige Zugeständnisse für landwirtschaftliche Verarbeitungserzeugnisse zurückgeht.

(6) Die in Absatz 5 genannte Senkung, die Liste der Waren und gegebenenfalls die Zollkontingente, in deren Rahmen die Senkung gilt, werden vom Assoziationsrat festgelegt.

Artikel 11

1) Die Einfuhrzölle und die Abgaben gleicher Wirkung Marokkos auf Ursprungswaren der Gemeinschaft, die nicht in den Anhängen 3, 4, 5 und 6 aufgeführt sind, werden bei Inkrafttreten dieses Abkommens beseitigt.

(2) Die Einfuhrzölle und die Abgaben gleicher Wirkung Marokkos auf Ursprungswaren der Gemeinschaft, die in Anhang 3 aufgeführt sind, werden schrittweise nach folgendem Zeitplan abgebaut:

Bei Inkrafttreten dieses Abkommens wird jeder Zoll- oder Abgabensatz auf 75 v.H. des Ausgangssatzes gesenkt;

ein Jahr nach Inkrafttreten dieses Abkommens wird jeder Zoll- oder Abgabensatz auf 50 v.H. des Ausgangssatzes gesenkt;

zwei Jahre nach Inkrafttreten dieses Abkommens wird jeder Zoll- oder Abgabensatz auf 25 v.H. des Ausgangssatzes gesenkt;

drei Jahre nach Inkrafttreten dieses Abkommens werden die verbleibenden Zölle beseitigt.

(3) Die Einfuhrzölle und die Abgaben gleicher Wirkung Marokkos auf die Ursprungswaren der Gemeinschaft, die in Anhang 4 aufgeführt sind, werden schrittweise nach folgendem Zeitplan abgebaut:

Drei Jahre nach Inkrafttreten dieses Abkommens wird jeder Zoll- oder Abgabensatz auf 90 v.H. des Ausgangssatzes gesenkt;

vier Jahre nach Inkrafttreten dieses Abkommens wird jeder Zoll- oder Abgabensatz auf 80 v.H. des Ausgangssatzes gesenkt;

fünf Jahre nach Inkrafttreten dieses Abkommens wird jeder Zoll- oder Abgabensatz auf 70 v.H. des Ausgangssatzes gesenkt;

sechs Jahre nach Inkrafttreten dieses Abkommens wird jeder Zoll- oder Abgabensatz auf 60 v.H. des Ausgangssatzes gesenkt;

sieben Jahre nach Inkrafttreten dieses Abkommens wird jeder Zoll- oder Abgabensatz auf 50 v.H. des Ausgangssatzes gesenkt;

acht Jahre nach Inkrafttreten dieses Abkommens wird jeder Zoll- oder Abgabensatz auf 40 v.H. des Ausgangssatzes gesenkt;

neun Jahre nach Inkrafttreten dieses Abkommens wird jeder Zoll- oder Abgabensatz auf 30 v.H. des Ausgangssatzes gesenkt;

zehn Jahre nach Inkrafttreten dieses Abkommens wird jeder Zoll- oder Abgabensatz auf 20 v.H. des Ausgangssatzes gesenkt;

elf Jahre nach Inkrafttreten dieses Abkommens wird jeder Zoll- oder Abgabensatz auf 10 v.H. des Ausgangssatzes gesenkt;

zwölf Jahre nach Inkrafttreten dieses Abkommens werden die verbleibenden Zölle beseitigt.

(4) Treten bei einer Ware ernste Schwierigkeiten auf, so kann der für Anhang 4 geltende Zeitplan einvernehmlich vom Assoziationsausschuß geändert werden; jedoch kann der Zeitplan, dessen Änderung beantragt wurde, für die betreffende Ware nicht über die höchstens zwölfjährige Übergangszeit hinaus verlängert werden. Hat der Assoziationsausschuß binnen 30 Tagen nach Notifikation des Antrags Marokkos auf Änderung des Zeitplans keinen Beschluß gefaßt, so kann Marokko den Zeitplan für höchstens ein Jahr vorläufig aussetzen.

(5) Für jede Ware gilt als Ausgangssatz, von dem aus die in den Absätzen 2 und 3 vorgesehenen schrittweisen Senkungen vorgenommen werden, der Satz, der am 1. Januar 1995 tatsächlich gegenüber der Gemeinschaft angewandt wird.

(6) Wird nach dem 1. Januar 1995 eine Zollsenkung erga omnes vorgenommen, so tritt der gesenkte Zollsatz ab dem Zeitpunkt des Inkrafttretens dieser Senkung an die Stelle des in Absatz 5 genannten Ausgangssatzes.

(7) Marokko teilt der Gemeinschaft seine Ausgangssätze mit.

Artikel 12

(1) Marokko verpflichtet sich, die am 1. Juli 1995 angewandten Referenzpreise für die in Anhang 5 aufgeführten Waren spätestens drei Jahre nach Inkrafttreten dieses Abkommens zu beseitigen.

Für Textilwaren und Bekleidung, für die Referenzpreise gelten, werden diese schrittweise binnen drei Jahren abgebaut. Während des Abbaus dieser Referenzpreise wird den Ursprungswaren der Gemeinschaft eine Präferenz von mindestens 25 v.H. gegenüber den von Marokko erga omnes angewandten Referenzpreisen gesichert. Kann diese Präferenz nicht aufrechterhalten werden, so senkt Marokko die Zölle auf Ursprungswaren der Gemeinschaft. Diese Senkung darf nicht weniger als 5 v.H. der zum Zeitpunkt der Senkung geltenden Zölle und Abgaben gleicher Wirkung betragen.

Sehen die Verpflichtungen Marokkos im Rahmen des GATT eine kürzere Frist für die Beseitigung der Referenzeinfuhrpreise vor, so gilt diese.

(2) Artikel 11 findet unbeschadet der nachstehenden Bestimmungen keine Anwendung auf die in Anhang 6 Listen 1 und 2 aufgeführten Waren.

a) Auf die Waren der Liste 1 findet Artikel 19 Absatz 2 erst nach Ablauf der Übergangszeit Anwendung. Der Assoziationsrat kann jedoch beschließen, daß sie vor diesem Zeitpunkt anwendbar sind.

b) Die Regelung für die Waren der Listen 1 und 2 wird vom Assoziationsrat drei Jahre nach Inkrafttreten des Abkommens überprüft.

Bei dieser Überprüfung legt der Assoziationsrat den Zeitplan für den Zollabbau für die Waren des Anhangs 6 fest, mit Ausnahme der Waren der Unterposition 630900.

Artikel 13

Die Bestimmungen über den Abbau der Einfuhrzölle gelten auch für die Finanzzölle.

Artikel 14

(1) Befristete Ausnahmeregelungen zu Artikel 11 können von Marokko in Form höherer oder wiedereingeführter Zollsätze getroffen werden.

Diese Regelungen dürfen nur junge Industrien oder bestimmte Wirtschaftszweige betreffen, die sich in der Umstrukturierung befinden oder ernsten Schwierigkeiten gegenüberstehen, die insbesondere bedeutende soziale Probleme hervorrufen.

Die durch diese Regelungen eingeführten Einfuhrzölle Marokkos auf Ursprungswaren der Gemeinschaft dürfen 25 v.H. des Wertes nicht übersteigen und müssen den Ursprungswaren der Gemeinschaft weiterhin eine Präferenz sichern. Der Gesamtwert der Einfuhren der Waren, für die diese Maßnahmen gelten, darf 15 v.H. der Gesamteinfuhren gewerblicher Waren aus der Gemeinschaft während des letzten Jahres, für das Statistiken vorliegen, nicht übersteigen.

Diese Maßnahmen gelten höchstens fünf Jahre, sofern vom Assoziationsausschuß keine Verlängerung genehmigt wird. Sie treten spätestens bei Ablauf der höchstens zwölfjährigen Übergangszeit außer Kraft.

Derartige Maßnahmen dürfen für eine Ware nicht eingeführt werden, wenn seit Beseitigung sämtlicher Zölle und mengenmäßigen Beschränkungen oder Abgaben oder Maßnahmen gleicher Wirkung für diese Ware mehr als drei Jahre vergangen sind.

Marokko unterrichtet den Assoziationsausschuß über etwaige Ausnahmeregelungen, die es einzuführen beabsichtigt; auf Antrag der Gemeinschaft finden vor Anwendung derartiger Regelungen Konsultationen über die Maßnahmen und die betreffenden Wirtschaftszweige statt. Bei Einführung derartiger Regelungen übermittelt Marokko dem Assoziationsausschuß einen Zeitplan für die Beseitigung der gemäß diesem Artikel eingeführten Zölle. Nach diesem Zeitplan muß der schrittweise Abbau dieser Zölle in gleichen Jahresraten spätestens zwei Jahre nach ihrer Einführung beginnen. Der Assoziationsausschuß kann einen anderen Zeitplan beschließen.

(2) Abweichend von Absatz 1 Unterabsatz 4 kann der Assoziationsausschuß Marokko ausnahmsweise gestatten, bereits nach Absatz 1 getroffene Maßnahmen über die höchstens zwölfjährige Übergangszeit hinaus für höchstens drei Jahre aufrechtzuerhalten, um Schwierigkeiten beim Aufbau einer neuen Industrie Rechnung zu tragen.

KAPITEL II

LANDWIRTSCHAFTLICHE ERZEUGNISSE UND FISCHEREIERZEUGNISSE

Artikel 15

Die Bestimmungen dieses Kapitels gelten für die in Anhang II des Vertrags zur Gründung der Europäischen Gemeinschaft aufgeführten Ursprungswaren der Gemeinschaft und Marokkos.

Artikel 16

Die Gemeinschaft und Marokko nehmen schrittweise eine stärkere Liberalisierung ihres Handels mit landwirtschaftlichen Erzeugnissen und Fischereierzeugnissen vor.

Artikel 17

(1) Für landwirtschaftliche Erzeugnisse und Fischereierzeugnisse mit Ursprung in Marokko gelten bei der Einfuhr in die Gemeinschaft die Bestimmungen des Protokolls Nr. 1 beziehungsweise des Protokolls Nr. 2.

(2) Für landwirtschaftliche Erzeugnisse mit Ursprung in der Gemeinschaft gelten bei der Einfuhr nach Marokko die Bestimmungen des Protokolls Nr. 3.

Artikel 18

(1) Ab 1. Januar 2000 prüfen die Gemeinschaft und Marokko die Lage und legen die Liberalisierungsmaßnahmen fest, die von der Gemeinschaft und Marokko im Einklang mit dem in Artikel 16 gesetzten Ziel ab 1. Januar 2001 anzuwenden sind.

(2) Unbeschadet des Absatzes 1 und unter Berücksichtigung des Umfangs ihres Handels mit landwirtschaftlichen Erzeugnissen sowie deren besonderer Empfindlichkeit prüfen die Gemeinschaft und Marokko im Assoziationsrat für jede Ware auf der Grundlage der Gegenseitigkeit die Möglichkeit, einander in geeigneter Weise Zugeständnisse einzuräumen.

KAPITEL III

GEMEINSAME BESTIMMUNGEN

Artikel 19

(1) Im Handel zwischen der Gemeinschaft und Marokko werden weder neue mengenmäßige Einfuhrbeschränkungen noch Maßnahmen gleicher Wirkung eingeführt.

(2) Die mengenmäßigen Einfuhrbeschränkungen und Maßnahmen gleicher Wirkung im Handel zwischen der Gemeinschaft und Marokko werden bei Inkrafttreten dieses Abkommens beseitigt.

(3) Die Gemeinschaft und Marokko wenden in ihrem Handel bei der Ausfuhr weder Zölle und Abgaben gleicher Wirkung noch mengenmäßige Beschränkungen und Maßnahmen gleicher Wirkung an.

Artikel 20

(1) Führen die Gemeinschaft oder Marokko als Folge der Durchführung ihrer Agrarpolitik eine besondere Regelung ein oder ändern sie ihre bestehenden Regelungen oder ändern oder erweitern sie die Bestimmungen über die Durchführung ihrer Agrarpolitik, so können sie für die entsprechenden Waren die in diesem Abkommen vorgesehene Regelung ändern.

Die Vertragspartei, welche die Änderung vornimmt, unterrichtet den Assoziationsausschuß. Auf Antrag der anderen Vertragspartei kommt der Assoziationsausschuß zusammen, um den Interessen dieser Vertragspartei in angemessener Weise Rechnung zu tragen.

(2) Ändern die Gemeinschaft oder Marokko gemäß Absatz 1 die in diesem Abkommen vorgesehene Regelung für landwirtschaftliche Erzeugnisse, so gewähren sie für die Einfuhr von Waren mit Ursprung in der anderen Vertragspartei einen Vorteil, der dem in diesem Abkommen vorgesehenen Vorteil vergleichbar ist.

(3) Auf Antrag der anderen Vertragspartei finden im Assoziationsrat Konsultationen über die Änderung der in diesem Abkommen vorgesehenen Regelung statt.

Artikel 21

Für Ursprungswaren Marokkos gilt bei der Einfuhr in die Gemeinschaft keine günstigere Behandlung, als sie die Mitgliedstaaten einander gewähren.

Die Bestimmungen dieses Abkommens gelten unbeschadet der Verordnung (EWG) Nr. 1911/91 des Rates vom 26. Juni 1991 über die Anwendung der Vorschriften des Gemeinschaftsrechts auf die Kanarischen Inseln.

Artikel 22

(1) Die Vertragsparteien wenden keine Maßnahmen oder Praktiken interner steuerlicher Art an, die unmittelbar oder mittelbar die Waren der einen Vertragspartei gegenüber gleichartigen Ursprungswaren der anderen Vertragspartei benachteiligen.

(2) Für Waren, die nach dem Gebiet einer Vertragspartei ausgeführt werden, darf keine Erstattung für inländische indirekte Abgaben gewährt werden, die höher ist als die auf diese Waren unmittelbar oder mittelbar erhobenen indirekten Abgaben.

Artikel 23

(1) Dieses Abkommen steht der Aufrechterhaltung oder Errichtung von Zollunionen, Freihandelszonen oder Grenzverkehrsregelungen nicht entgegen, sofern diese keine Änderung der in diesem Abkommen vorgesehenen Regelung des Warenverkehrs bewirken.

(2) Im Assoziationsausschuß finden Konsultationen zwischen den Vertragsparteien statt über Abkommen zur Errichtung von Zollunionen oder Freihandelszonen und gegebenenfalls über alle anderen wichtigen Fragen im Zusammenhang mit ihrer jeweiligen Handelspolitik gegenüber Drittländern. Derartige Konsultationen finden insbesondere im Falle des Beitritts eines Drittlands zur Gemeinschaft statt, um sicherzustellen, daß den in diesem Abkommen verankerten beiderseitigen Interessen der Gemeinschaft und Marokkos Rechnung getragen wird.

Artikel 24

Stellt eine Vertragspartei im Handel mit der anderen Vertragspartei Dumping im Sinne von Artikel VI des Allgemeinen Zoll- und Handelsabkommens fest, so kann sie im Einklang mit dem Übereinkommen zur Durchführung von Artikel VI des Allgemeinen Zoll- und Handelsabkommens und ihren einschlägigen innerstaatlichen Rechtsvorschriften und unter den Voraussetzungen und gemäß den Verfahren des Artikels 27 geeignete Maßnahmen gegen diese Praktiken treffen.

Artikel 25

Wird eine Ware in derart erhöhten Mengen und unter solchen Bedingungen eingeführt, daß
- den inländischen Herstellern gleichartiger oder unmittelbar konkurrierender Waren im Gebiet einer der Vertragsparteien ein erheblicher Schaden zugefügt wird oder droht oder
- in einem Wirtschaftszweig schwerwiegende Störungen oder Schwierigkeiten verursacht werden oder drohen, die eine schwerwiegende Verschlechterung der Wirtschaftslage einer Region bewirken könnten, o kann die Gemeinschaft oder Marokko unter den Voraussetzungen und nach den Verfahren des Artikels 27 geeignete Maßnahmen treffen.

Artikel 26

Führt die Befolgung des Artikels 19 Absatz 3

i) zu einer Wiederausfuhr in ein Drittland, dem gegenüber die ausführende Vertragspartei für die betreffende Ware mengenmäßige Ausfuhrbeschränkungen, Ausfuhrzölle oder Maßnahmen oder Abgaben gleicher Wirkung aufrechterhält, oder

ii) zu einer schwerwiegenden Verknappung oder der Gefahr einer schwerwiegenden Verknappung bei einer für die ausführende Vertragspartei wesentlichen Ware und ergeben sich daraus tatsächlich oder voraussichtlich für die ausführende Vertragspartei erhebliche Schwierigkeiten, so kann diese Vertragspartei unter den Voraussetzungen und nach den Verfahren des Artikels 27 geeignete Maßnahmen treffen. Diese Maßnahmen dürfen nicht diskriminierend sein und müssen beseitigt werden, wenn die Umstände ihre Aufrechterhaltung nicht länger rechtfertigen.

Artikel 27

(1) Legt die Gemeinschaft oder Marokko für die Einfuhren von Waren, welche die in Artikel 25 genannten Schwierigkeiten hervorrufen könnten, ein Verwaltungsverfahren fest, um schnell Informationen über die Entwicklung der Handelsströme zu erhalten, so teilen sie dies der anderen Vertragspartei mit.

(2) Die Gemeinschaft oder Marokko stellt dem Assoziationsausschuß in den Fällen der Artikel 24, 25 und 26 vor Einführung der dort vorgesehenen Maßnahmen oder in den Fällen des Absatzes 3 Buchstabe d) so schnell wie möglich alle zweckdienlichen Angaben zur Verfügung, um eine für beide Vertragsparteien annehmbare Lösung zu ermöglichen.

Mit Vorrang sind Maßnahmen zu treffen, die das Funktionieren dieses Abkommens am wenigsten beeinträchtigen.

Die Schutzmaßnahmen werden dem Assoziationsausschuß unverzüglich von der betreffenden Vertragspartei notifiziert und sind insbesondere im Hinblick auf ihre möglichst baldige Beseitigung Gegenstand regelmäßiger Konsultationen.

(3) Für die Durchführung des Absatzes 2 gilt folgendes:

a) Bezüglich des Artikels 24 wird die ausführende Vertragspartei über den Dumpingfall unterrichtet, sobald die Behörden der einführenden Vertragspartei eine Untersuchung eingeleitet haben. Ist innerhalb von dreißig Tagen nach Notifikation des Falls das Dumping im Sinne von Artikel VI des Allgemeinen Zoll- und Handelsabkommens nicht abgestellt oder keine andere zufriedenstellende Lösung erreicht worden, so kann die einführende Vertragspartei geeignete Maßnahmen treffen.

b) Bezüglich des Artikels 25 werden die Schwierigkeiten, die sich aus der dort beschriebenen Lage ergeben, dem Assoziationsausschuß zur Prüfung notifiziert; dieser kann alle zweckdienlichen Beschlüsse zu ihrer Behebung fassen.

Hat der Assoziationsausschuß oder die ausführende Vertragspartei innerhalb von dreißig Tagen nach Notifikation des Falls keinen Beschluß zur Behebung der Schwierigkeiten gefaßt und ist keine andere zufriedenstellende Lösung erreicht worden, so kann die einführende Vertragspartei geeignete Maßnahmen zur Lösung des Problems treffen. Diese Maßnahmen müssen sich auf das zur Behebung der aufgetretenen Schwierigkeiten unbedingt notwendige Maß beschränken.

c) Bezüglich des Artikels 26 werden die Schwierigkeiten, die sich aus der dort beschriebenen Lage ergeben, dem Assoziationsausschuß zur Prüfung notifiziert.

Der Assoziationsausschuß kann alle zweckdienlichen Beschlüsse zu ihrer Behebung fassen. Hat er innerhalb von dreißig Tagen nach Notifikation des Falls keinen Beschluß gefaßt, so kann die ausführende Vertragspartei geeignete Maßnahmen bei der Ausfuhr der betreffenden Ware treffen.

d) Schließen besondere Umstände, die ein sofortiges Eingreifen erfordern, eine vorherige Unterrichtung oder Prüfung aus, so kann die Gemeinschaft oder Marokko, je nachdem, welche Vertragspartei betroffen ist, in den Fällen der Artikel 24, 25 und 26 unverzüglich die zur Abhilfe unbedingt notwendigen Sicherungsmaßnahmen treffen; die andere Vertragspartei wird hiervon unverzüglich unterrichtet.

Artikel 28

Dieses Abkommen steht Einfuhr-, Ausfuhr- und Durchfuhrverboten oder -beschränkungen nicht entgegen, die aus Gründen der öffentlichen Sittlichkeit, Ordnung oder Sicherheit oder zum Schutz der Gesundheit und des Lebens von Menschen, Tieren oder Pflanzen, des nationalen Kulturguts von künstlerischem, geschichtlichem oder archäologischem Wert oder des geistigen, gewerblichen oder kommerziellen Eigentums gerechtfertigt sind; ebensowenig steht es Regelungen betreffend Gold und Silber entgegen. Diese Verbote oder Beschränkungen dürfen jedoch weder ein Mittel der willkürlichen Diskriminierung noch eine verschleierte Beschränkung des Handels zwischen den Vertragsparteien darstellen.

Artikel 29

Die Bestimmung des Begriffs "Erzeugnisse mit Ursprung in" oder "Ursprungserzeugnisse" und die Methoden der Zusammenarbeit der Verwaltungen in diesem Bereich sind in Protokoll Nr. 4 festgelegt.

Artikel 30

Die Kombinierte Nomenklatur gilt für die Einreihung der Waren im Handel zwischen den beiden Vertragsparteien.

TITEL III

NIEDERLASSUNGSRECHT UND DIENSTLEISTUNGSVERKEHR

Artikel 31

(1) Die Vertragsparteien kommen überein, das Recht von Gesellschaften der einen Vertragspartei auf Niederlassung im Gebiet der anderen Vertragspartei und die Liberalisierung der Erbringung von Dienstleistungen durch Gesellschaften der einen Vertragspartei für Leistungsempfänger in der anderen Vertragspartei in den Geltungsbereich dieses Abkommens einzubeziehen.

(2) Der Assoziationsrat spricht die erforderlichen Empfehlungen zur Erreichung des in Absatz 1 genannten Zieles aus.

Bei diesen Empfehlungen berücksichtigt der Assoziationsrat die Erfahrungen bei der gegenseitigen Einräumung der Meistbegünstigung sowie die jeweiligen Verpflichtungen der Vertragsparteien gemäß dem Allgemeinen Übereinkommen über den Handel mit Dienstleistungen (nachstehend "GATS" genannt), insbesondere gemäß dem Artikel V, das dem Übereinkommen zur Errichtung der WTO beigefügt ist.

(3) Die Verwirklichung dieses Ziels wird im Assoziationsrat spätestens fünf Jahre nach Inkrafttreten dieses Abkommens erstmals geprüft.

(4) Unbeschadet des Absatzes 3 prüft der Assoziationsrat ab Inkrafttreten dieses Abkommens den internationalen Seeverkehrssektor mit dem Ziel, die am besten geeigneten Liberalisierungsmaßnahmen zu empfehlen. Der Assoziationsrat berücksichtigt dabei die Ergebnisse der Verhandlungen, die in diesem Bereich im Rahmen des GATS nach Abschluß der Uruguay-Runde geführt werden.

Artikel 32

(1) In einer ersten Phase bekräftigen die Vertragsparteien ihre jeweiligen Verpflichtungen gemäß dem GATS, zu denen insbesondere die gegenseitige Einräumung der Meistbegünstigung in den Dienstleistungssektoren gehört, für die diese Verpflichtung gilt.

(2) Im Einklang mit dem GATS gilt dieser Grundsatz der Meistbegünstigung nicht für

a) die Vorteile, die die eine oder die andere Vertragspartei gemäß einer Übereinkunft im Sinne des Artikels V des GATS gewährt, oder für die aufgrund einer solchen Übereinkunft ergriffenen Maßnahmen;

b) die sonstigen Vorteile, die gemäß der von der einen oder der anderen Vertragspartei als Anlage zum GATS beigefügten Liste der Ausnahmen von der Meistbegünstigungsklausel gewährt werden.

TITEL IV

ZAHLUNGEN, KAPITALVERKEHR, WETTBEWERB UND SONSTIGE WIRTSCHAFTLICHE BESTIMMUNGEN

KAPITEL I

LAUFENDE ZAHLUNGEN UND KAPITALVERKEHR

Artikel 33

Vorbehaltlich des Artikels 35 verpflichten sich die Vertragsparteien, alle laufenden Zahlungen im Zusammenhang mit laufenden Transaktionen in frei konvertierbarer Währung zu genehmigen.

Artikel 34

(1) Hinsichtlich der Kapitalbilanztransaktionen gewährleisten die Gemeinschaft und Marokko ab Inkrafttreten dieses Abkommens den freien Kapitalverkehr im Zusammenhang mit Direktinvestitionen in Gesellschaften in Marokko, die gemäß den geltenden Rechtsvorschriften gegründet wurden, sowie die Liquidation und die Repatriierung dieser Investitionen und etwaiger daraus resultierender Gewinne.

(2) Die Vertragsparteien nehmen Konsultationen auf, um den Kapitalverkehr zwischen der Gemeinschaft und Marokko zu erleichtern und ihn vollständig zu liberalisieren, wenn die erforderlichen Voraussetzungen erfüllt sind.

Artikel 35

Bei bereits eingetretenen oder bei ernstlich drohenden Zahlungsbilanzschwierigkeiten eines oder mehrerer Mitgliedstaaten oder Marokkos kann die Gemeinschaft oder Marokko unter den Voraussetzungen des GATT und gemäß den Artikeln VIII und XIV der Statuten des Internationalen Währungsfonds restriktive Maßnahmen für die laufenden Transaktionen treffen, die von begrenzter Dauer sind und nicht über das zur Behebung der Zahlungsbilanzschwierigkeiten unbedingt notwendige Maß hinausgehen dürfen. Die Gemeinschaft oder Marokko unterrichtet die andere Vertragspartei unverzüglich davon und legt ihr so bald wie möglich einen Zeitplan für die Aufhebung dieser Maßnahmen vor.

KAPITEL II

WETTBEWERB UND SONSTIGE WIRTSCHAFTLICHE BESTIMMUNGEN

Artikel 36

(1) Soweit sie geeignet sind, den Handel zwischen der Gemeinschaft und Marokko zu beeinträchtigen, sind mit dem ordnungsgemäßen Funktionieren dieses Abkommens unvereinbar

a) alle Vereinbarungen zwischen Unternehmen, Beschlüsse von Unternehmensvereinigungen und aufeinander abgestimmte Verhaltensweisen, die eine Verhinderung, Einschränkung oder Verfälschung des Wettbewerbs bezwecken oder bewirken;

b) die mißbräuchliche Ausnutzung einer beherrschenden Stellung im Gebiet der Gemeinschaft oder Marokkos oder auf einem wesentlichen Teil desselben durch ein oder mehrere Unternehmen;

c) staatliche Beihilfen gleich welcher Art, die durch die Begünstigung bestimmter Unternehmen oder Produktionszweige den Wettbewerb verfälschen oder zu verfälschen drohen, vorbehaltlich der Ausnahmen gemäß dem Vertrag über die Gründung der Europäischen Gemeinschaft für Kohle und Stahl.

(2) Alle Verhaltensweisen, die im Gegensatz zu diesem Artikel stehen, werden nach den Kriterien beurteilt, die sich aus den Artikeln 85, 86 und 92 des Vertrags zur Gründung der Europäischen Gemeinschaft(1) beziehungsweise im Falle der EGKS-Erzeugnisse aus den Artikeln 65 und 66 des Vertrags über die Gründung der Europäischen Gemeinschaft für Kohle und Stahl sowie den Regeln über staatliche Beihilfen einschließlich des Sekundärrechts ergeben.

(3) Der Assoziationsrat erläßt binnen fünf Jahren nach Inkrafttreten dieses Abkommens die erforderlichen Durchführungsbestimmungen zu den Absätzen 1 und 2.

Bis zum Erlaß dieser Bestimmungen werden die Bestimmungen des Übereinkommens zur Auslegung und Anwendung der Artikel VI, XVI und XXIII des Allgemeinen Zoll- und Handelsabkommens als Durchführungsbestimmungen zu Absatz 1 Buchstabe c) und den einschlägigen Teilen von Absatz 2 angewandt.

(4) a) Für die Zwecke des Absatzes 1 Buchstabe c) erkennen die Vertragsparteien an, daß während der ersten fünf Jahre nach Inkrafttreten dieses Abkommens alle von Marokko gewährten staatlichen Beihilfen unter Berücksichtigung der Tatsache beurteilt werden, daß Marokko den Gebieten der Gemeinschaft nach Artikel 92 Absatz 3 Buchstabe a) des Vertrags zur Gründung der Europäischen Gemeinschaft gleichgestellt wird.

Während dieses Zeitraums kann Marokko ausnahmsweise für die Stahlerzeugnisse, die unter den Vertrag über die Gründung der Europäischen Gemeinschaft für Kohle und Stahl fallen, staatliche Beihilfen zur Umstrukturierung gewähren, sofern

- diese Beihilfen nach Ablauf des Umstrukturierungszeitraums zur Lebensfähigkeit der begünstigten Firmen zu normalen Marktbedingungen führen,
- Höhe und Intensität dieser Beihilfen auf das zur Erreichung dieses Ziels unbedingt notwendige Maß beschränkt und die Beihilfen schrittweise verringert werden,
- das Umstrukturierungsprogramm global mit Rationalisierung und Kapazitätsabbau in Marokko verbunden ist.

Der Assoziationsrat beschließt unter Berücksichtigung der wirtschaftlichen Lage Marokkos, ob dieser Zeitraum um weitere Fünfjahreszeiträume zu verlängern ist.

b) Die Vertragsparteien sorgen für die Transparenz der staatlichen Beihilfen, indem sie unter anderem der anderen Vertragspartei jährlich Bericht erstatten über den Gesamtbetrag und die

Verteilung der Beihilfen und auf Antrag Auskunft über die Beihilfensysteme erteilen. Auf Antrag einer Vertragspartei erteilt die andere Vertragspartei Auskunft über bestimmte Einzelfälle staatlicher Beihilfen.

(5) Hinsichtlich der in Titel II Kapitel II genannten Waren

- findet Absatz 1 Buchstabe c) keine Anwendung;

- werden alle Verhaltensweisen, die im Gegensatz zu Absatz 1 Buchstabe a) stehen, nach den Kriterien beurteilt, die die Gemeinschaft auf der Grundlage der Artikel 42 und 43 des Vertrags zur Gründung der Europäischen Gemeinschaft aufgestellt hat, insbesondere nach den Kriterien der Verordnung Nr. 26/1962 des Rates.

(6) Wenn die Gemeinschaft oder Marokko der Auffassung ist, daß eine bestimmte Verhaltensweise mit Absatz 1 unvereinbar ist und

- in den in Absatz 3 genannten Durchführungsbestimmungen nicht in angemessener Weise geregelt ist, und

- wenn bei Fehlen derartiger Regeln diese Verhaltensweise den Interessen der anderen Vertragspartei eine bedeutende Schädigung oder einem inländischen Wirtschaftszweig einschließlich des Dienstleistungsgewerbes eine Schädigung verursacht oder zu verursachen droht,

kann die betreffende Vertragspartei nach Konsultationen im Assoziationsausschuß oder dreißig Arbeitstage nach dem Ersuchen um derartige Konsultationen geeignete Maßnahmen treffen.

Sind die Verhaltensweisen mit Absatz 1 Buchstabe c) unvereinbar, so können derartige geeignete Maßnahmen, soweit sie unter das GATT fallen, nur im Einklang mit den Verfahren und unter den Bedingungen des GATT oder aller anderen einschlägigen Instrumente eingeführt werden, die im Rahmen des Allgemeinen Zoll- und Handelsabkommens ausgehandelt wurden und zwischen den Vertragsparteien Anwendung finden.

(7) Unbeschadet aller anderslautenden Bestimmungen, die gemäß Absatz 3 erlassen werden, tauschen die Vertragsparteien Informationen unter Berücksichtigung der erforderlichen Beschränkungen zur Wahrung des Berufs- und Geschäftsgeheimnisses aus.

Artikel 37

Unbeschadet der Verpflichtungen im Rahmen des GATT formen die Mitgliedstaaten und Marokko alle staatlichen Handelsmonopole schrittweise so um, daß am Ende des fünften Jahres nach Inkrafttreten dieses Abkommens jede Diskriminierung in den Versorgungs- und Absatzbedingungen zwischen den Staatsangehörigen der Mitgliedstaaten und Marokkos ausgeschlossen ist. Der Assoziationsausschuß wird über die zur Erreichung dieses Ziels erlassenen Maßnahmen unterrichtet.

Artikel 38

Hinsichtlich der öffentlichen Unternehmen und der Unternehmen, denen besondere oder ausschließliche Rechte übertragen wurden, sorgt der Assoziationsrat dafür, daß ab dem fünften Jahr nach Inkrafttreten dieses Abkommens keine Maßnahmen erlassen oder aufrechterhalten werden, die den Handel zwischen der Gemeinschaft und Marokko beeinträchtigen und den Interessen der Vertragsparteien zuwiderlaufen. Dies steht der Durchführung der diesen Unternehmen zugewiesenen besonderen Aufgaben - de jure oder de facto - nicht entgegen.

Artikel 39

(1) Die Vertragsparteien gewährleisten einen angemessenen und wirksamen Schutz der Rechte an geistigem, gewerblichem und kommerziellem Eigentum gemäß den strengsten internationalen Normen; dazu gehören auch effiziente Mittel zur Durchsetzung dieser Rechte.

(2) Die Durchführung dieses Artikels und des Anhangs 7 wird von den Vertragsparteien regelmäßig geprüft. Treten im Bereich des geistigen, gewerblichen und kommerziellen Eigentums Probleme auf, die die Handelsbeziehungen beeinflussen, so finden auf Antrag einer Vertragspartei unverzüglich Konsultationen statt, um für beide Seiten befriedigende Lösungen zu finden.

Artikel 40

(1) Die Vertragsparteien ergreifen geeignete Maßnahmen, um in Marokko die Übernahme der technischen Vorschriften der Gemeinschaft und der europäischen Normen für die Qualität gewerblicher Waren und landwirtschaftlicher Nahrungsmittelerzeugnisse sowie der Zertifizierungsverfahren zu fördern.

(2) Gemäß dem Grundsatz des Absatzes 1 schließen die Vertragsparteien Vereinbarungen über die gegenseitige Anerkennung der Zertifizierungen, wenn die erforderlichen Voraussetzungen erfüllt sind.

Artikel 41

(1) Die Vertragsparteien setzen sich die gegenseitige und schrittweise Liberalisierung des öffentlichen Auftragswesens zum Ziel.

(2) Der Assoziationsrat ergreift die erforderlichen Maßnahmen zur Durchführung von Absatz 1.

TITEL V

WIRTSCHAFTLICHE ZUSAMMENARBEIT

Artikel 42

Ziele

(1) Die Vertragsparteien verpflichten sich, ihre wirtschaftliche Zusammenarbeit in ihrem beiderseitigen Interesse und im Geiste der Partnerschaft, auf der dieses Abkommen aufbaut, zu verstärken.

(2) Ziel der wirtschaftlichen Zusammenarbeit ist es, das Vorgehen Marokkos im Hinblick auf eine langfristig tragbare wirtschaftliche und soziale Entwicklung dieses Landes zu unterstützen.

Artikel 43

Geltungsbereich

(1) Die Zusammenarbeit konzentriert sich auf die Bereiche, in denen Sachzwänge und interne Schwierigkeiten bestehen oder die durch die Liberalisierung der gesamten marokkanischen Wirtschaft und insbesondere durch die Liberalisierung des Handels zwischen Marokko und der Gemeinschaft betroffen sind.

(2) Die Zusammenarbeit bezieht sich auch vorrangig auf die Bereiche, die die Annäherung der marokkanischen Wirtschaft und der Wirtschaft der Gemeinschaft erleichtern, insbesondere auf die wachstums- und beschäftigungsintensiven Bereiche.

(3) Die Zusammenarbeit begünstigt die wirtschaftliche Integration innerhalb der Maghreb-Länder durch alle Maßnahmen, die zur Entwicklung der Beziehungen zwischen den Maghreb-Ländern beitragen können.

(4) Wesentlicher Bestandteil der Durchführung der wirtschaftlichen Zusammenarbeit in den verschiedenen Bereichen sind der Schutz der Umwelt und die Erhaltung des ökologischen Gleichgewichts.

(5) Bei Bedarf legen die Vertragsparteien einvernehmlich weitere Bereiche der wirtschaftlichen Zusammenarbeit fest.

Artikel 44

Mittel und Modalitäten

Die wirtschaftliche Zusammenarbeit wird insbesondere verwirklicht durch

a) einen regelmäßigen wirtschaftspolitischen Dialog zwischen den beiden Vertragsparteien über alle Bereiche der makroökonomischen Politik;

b) Informationsaustausch und Kommunikation;

c) Beratung, Gutachten und Ausbildungsmaßnahmen;

d) die Durchführung gemeinsamer Aktionen;

e) technische und administrative Hilfe sowie Hilfe bei der Ausarbeitung der Rechtsvorschriften.

Artikel 45

Regionale Zusammenarbeit

Damit dieses Abkommen seine volle Wirkung entfalten kann, bemühen sich die Vertragsparteien um die Förderung aller Maßnahmen, die von regionaler Tragweite sind oder an denen sich andere Drittländer beteiligen, insbesondere in folgenden Bereichen:

a) Regionalhandel zwischen den Maghreb-Ländern;

b) Umweltschutz;

c) Ausbau der Wirtschaftsinfrastrukturen;

d) wissenschaftliche und technologische Forschung;

e) Kultur;

f) Zoll;

g) regionale Einrichtungen und Durchführung gemeinsamer oder aufeinander abgestimmter Programme und Politiken.

Artikel 46

Bildung und Ausbildung

Ziel der Zusammenarbeit ist es,

a) die Mittel zu definieren, mit denen die Situation im Bildungs- und Ausbildungswesen, insbesondere die Berufsausbildung, erheblich verbessert werden kann;

b) insbesondere den Zugang von Frauen zum Bildungswesen zu fördern, einschließlich Fach- und Hochschulausbildung und Berufsausbildung;

c) die Schaffung dauerhafter Beziehungen zwischen Facheinrichtungen der Vertragsparteien zu fördern, um Erfahrungen und Ressourcen gemeinsam zu nutzen und auszutauschen.

Artikel 47

Zusammenarbeit in Wissenschaft, Technik und Technologie

Die Zusammenarbeit hat folgende Ziele:

a) Förderung der Herstellung dauerhafter Beziehungen zwischen den wissenschaftlichen Gemeinschaften der Vertragsparteien, insbesondere durch

- den Zugang Marokkos zu den Gemeinschaftsprogrammen für Forschung und technologische Entwicklung gemäß den Bestimmungen der Gemeinschaft über die Teilnahme von Drittländern an diesen Programmen;
- die Beteiligung Marokkos an den Netzen der dezentralen Kooperation;
- die Förderung von Synergien zwischen Ausbildung und Forschung;

b) Ausbau der Forschungskapazitäten Marokkos;

c) Förderung der technischen Innovation und des Transfers von neuen Technologien und Know-how;

d) Förderung aller Maßnahmen, die auf Synergien mit regionalen Auswirkungen abzielen.

Artikel 48

Umwelt

Ziel der Zusammenarbeit sind die Verhinderung der Umweltzerstörung und die Verbesserung der Umweltqualität, der Schutz der menschlichen Gesundheit sowie die rationelle Nutzung der natürlichen Ressourcen, um eine nachhaltige Entwicklung zu gewährleisten.

Die Vertragsparteien arbeiten insbesondere in folgenden Bereichen zusammen:

a) Qualität der Böden und Gewässer;

b) Auswirkungen der Entwicklung insbesondere des industriellen Sektors (besonders Sicherheit der Anlagen, Abfälle);

c) Überwachung und Verhinderung der Meeresverschmutzung.

Artikel 49

Industrielle Zusammenarbeit

Die Zusammenarbeit hat folgende Ziele:

a) Förderung der Zusammenarbeit zwischen den Wirtschaftsbeteiligten der Vertragsparteien, unter anderem durch Zugang Marokkos zu den Gemeinschaftsnetzen für die Unternehmenskooperation oder zu den Netzen der dezentralen Kooperation;

b) Unterstützung der Bemühungen des öffentlichen und des privaten Sektors Marokkos um Modernisierung und Umstrukturierung der Industrie, einschließlich der Ernährungswirtschaft;

c) Unterstützung der Schaffung günstiger Rahmenbedingungen für Privatinitiativen, um die Produktion für die In- und Auslandsmärkte anzukurbeln und zu diversifizieren;

d) Verbesserung des Arbeitskräfte- und des Industriepotentials Marokkos durch eine effizientere Politik in den Bereichen Innovation, Forschung und technologische Entwicklung;

e) Erleichterung des Zugangs zu Krediten für die Finanzierung von Investitionen.

Artikel 50

Investitionsförderung und Investitionsschutz

Die Zusammenarbeit zielt auf die Schaffung eines günstigen Klimas für Investitionen ab und wird insbesondere durch folgendes verwirklicht:

a) Einführung von einheitlichen und vereinfachten Verfahren, von Mechanismen für Koinvestitionen (insbesondere der kleinen und mittleren Unternehmen) sowie von Strukturen, um Investitionsmöglichkeiten zu ermitteln und darüber zu informieren;

b) Schaffung eines rechtlichen Rahmens zur Förderung von Investitionen, gegebenenfalls durch den Abschluß von Investitionsschutzabkommen und Abkommen zur Vermeidung der Doppelbesteuerung zwischen Marokko und den Mitgliedstaaten.

Artikel 51

Zusammenarbeit im Bereich der Normung und der Konformitätsprüfung

Die Vertragsparteien streben mit ihrer Zusammenarbeit folgendes an:

a) die Anwendung der Vorschriften der Gemeinschaft in den Bereichen Normung, Metrologie, Qualitätssicherung und Konformitätsprüfung;

b) die Anhebung des Niveaus der marokkanischen Laboratorien im Hinblick auf den Abschluß von Vereinbarungen über die gegenseitige Anerkennung im Bereich der Konformitätsprüfung;

c) den Ausbau der marokkanischen Strukturen, die für das geistige, gewerbliche und kommerzielle Eigentum, die Normung und die Qualitätssicherung zuständig sind.

Artikel 52

Rechtsangleichung

Die Zusammenarbeit zielt darauf ab, Marokko bei der Angleichung seiner Rechtsvorschriften an das Gemeinschaftsrecht in den unter dieses Abkommen fallenden Bereichen Unterstützung zu leisten.

Artikel 53

Finanzdienstleistungen

Die Zusammenarbeit betrifft die Ausarbeitung gemeinsamer Regeln und Normen, unter anderem um

a) den Finanzsektor Marokkos zu stärken und umzustrukturieren;

b) die Verfahren für Rechnungslegung und Rechnungsprüfung, die Aufsichts- und Geschäftsregeln für Finanzdienstleistungen sowie die Finanzkontrolle Marokkos zu verbessern.

Artikel 54

Landwirtschaft und Fischerei

Die Zusammenarbeit hat folgende Ziele:

a) Modernisierung und Umstrukturierung der Landwirtschaft und der Fischerei, unter anderem durch Modernisierung der Infrastrukturen und Ausrüstungen, durch Entwicklung von Verpackungs- und Lagerungstechniken sowie durch Verbesserung der privatwirtschaftlichen Vertriebs- und Vermarktungssysteme;

b) Diversifizierung der Erzeugung und der ausländischen Absatzmärkte;

c) Zusammenarbeit in den Bereichen Tiergesundheit, Pflanzenschutz und Anbaumethoden.

Artikel 55

Verkehr

Die Zusammenarbeit hat folgende Ziele:

a) Umstrukturierung und Modernisierung von Straßen-, Eisenbahn-, Hafen- und Flughafeninfrastrukturen von gemeinsamem Interesse im Zusammenhang mit den wichtigen transeuropäischen Verbindungen;

b) Ausarbeitung und Anwendung vergleichbarer Betriebsnormen wie in der Gemeinschaft;

c) Erneuerung der technischen Anlagen entsprechend den Gemeinschaftsnormen, insbesondere in den Bereichen multimodaler Verkehr, Containerisierung und Güterumschlag;

d) schrittweise Verbesserung der Bedingungen für den Transit auf der Straße und auf See und für den multimodalen Transit sowie der Verwaltung der Häfen und Flughäfen, des Seeverkehrs, des Luftverkehrs und der Eisenbahn.

Artikel 56

Telekommunikation und Informationstechnologie

Die Maßnahmen der Zusammenarbeit konzentrieren sich vor allem auf

a) den allgemeinen Rahmen für die Telekommunikation;

b) die Normung, Konformitätsprüfung und Zertifizierung im Bereich der Informations- und Telekommunikationstechnologien;

c) die Verbreitung der neuen Informationstechnologien, insbesondere im Bereich der Netze und ihres Verbundes (diensteintegrierende digitale Netze (ISDN), elektronischer Datenaustausch (EDI));

d) die Förderung der Forschung und der Entwicklung neuer Kommunikationsmittel und Informationstechnologien zwecks Expansion des Marktes für Ausrüstungsgüter, Dienstleistungen und Anwendungen in Verbindung mit den Informationstechnologien, Kommunikationsmitteln, Diensten und Anlagen.

Artikel 57

Energie

Die Maßnahmen der Zusammenarbeit konzentrieren sich insbesondere auf

a) erneuerbare Energien;

b) die Förderung der Energieeinsparung;

c) die angewandte Forschung auf dem Gebiet der Vernetzung von Datenbanken in Wirtschaft und Gesellschaft beider Vertragsparteien;

d) die Unterstützung der Bemühungen um Modernisierung und Ausbau der Energieversorgungsnetze und ihres Verbunds mit den Netzen der Gemeinschaft.

Artikel 58

Fremdenverkehr

Die Zusammenarbeit hat die Entwicklung des Fremdenverkehrs zum Ziel, insbesondere in folgenden Bereichen:

a) Hotelverwaltung und Qualität der Leistungen in den verschiedenen Berufen des Hotelgewerbes;

b) Entwicklung des Marketings;

c) Ankurbelung des Jugendtourismus.

Artikel 59

Zusammenarbeit im Zollwesen

(1) Die Zusammenarbeit soll die Einhaltung der handelspolitischen Bestimmungen und den fairen Handel gewährleisten und betrifft insbesondere

a) die Vereinfachung der Kontrollen und der Zollverfahren;

b) die Verwendung des Einheitspapiers und die Herstellung einer Verbindung zwischen den Versandverfahren der Gemeinschaft und Marokkos.

(2) Unbeschadet anderer Formen der Zusammenarbeit, die in diesem Abkommen und insbesondere in den Artikeln 61 und 62 vorgesehen sind, leisten die Verwaltungsbehörden der Vertragsparteien einander Amtshilfe gemäß Protokoll Nr. 5.

Artikel 60

Zusammenarbeit im Bereich der Statistik

Die Zusammenarbeit dient der Angleichung der von den Vertragsparteien angewandten Methodik und der Auswertung der statistischen Daten über alle unter dieses Abkommen fallenden Bereiche, soweit sie für die Erstellung von Statistiken in Betracht kommen.

Artikel 61

Geldwäsche

(1) Die Vertragsparteien sind sich über die Notwendigkeit einig, Anstrengungen zu unternehmen und zusammenzuarbeiten, um zu verhindern, daß ihre Finanzsysteme zum Waschen von Erlösen aus Straftaten im allgemeinen und aus Drogendelikten im besonderen mißbraucht werden.

(2) Die Zusammenarbeit in diesem Bereich umfaßt Amtshilfe und technische Hilfe mit dem Ziel, geeignete Normen zur Bekämpfung der Geldwäsche festzulegen, die den von der Gemeinschaft und einschlägigen internationalen Gremien, insbesondere der Financial Action Task Force (FATF), festgelegten Normen gleichwertig sind.

Artikel 62

Drogenbekämpfung

(1) Die Zusammenarbeit hat folgende Ziele:

a) Erhöhung der Wirksamkeit von Strategien und Durchführungsmaßnahmen zur Verhinderung und Bekämpfung der widerrechtlichen Erzeugung von Betäubungsmitteln und psychotropen Substanzen sowie der widerrechtlichen Versorgung und des widerrechtlichen Handels damit;

b) Verhinderung jeglichen Mißbrauchs dieser Produkte.

(2) Die Vertragsparteien legen gemeinsam im Einklang mit ihren jeweiligen Rechtsvorschriften die zur Erreichung dieser Ziele geeigneten Strategien und Methoden der Zusammenarbeit fest. Aktionen, die sie nicht gemeinsam durchführen, sind Gegenstand von Konsultationen und enger Koordinierung.

An den Maßnahmen können sich die zuständigen privaten und öffentlichen Einrichtungen, die internationalen Organisationen in Zusammenarbeit mit der Regierung des Königreichs Marokko und die zuständigen Instanzen der Gemeinschaft und ihrer Mitgliedstaaten beteiligen.

(3) Die Zusammenarbeit betrifft insbesondere folgende Bereiche:

a) Schaffung oder Ausbau von Sozial- und Gesundheitseinrichtungen und Informationszentren für die Behandlung und Wiedereingliederung von Drogenabhängigen;

b) Durchführung von Projekten in den Bereichen Prävention, Information, Ausbildung und epidemiologische Forschung;

c) Verhinderung der Abzweigung von Vorprodukten und anderen zur widerrechtlichen Herstellung von Betäubungsmitteln und psychotropen Substanzen verwendeten wesentlichen Stoffen durch Festlegung geeigneter Normen, die den von der Gemeinschaft und den einschlägigen internationalen Gremien, insbesondere der Chemical Action Task Force (CATF), festgelegten Normen gleichwertig sind.

d) Ausarbeitung und Durchführung von alternativen Entwicklungsprogrammen für Gebiete, in denen widerrechtlich narkotische Pflanzen angebaut werden.

Artikel 63

Die Vertragsparteien legen gemeinsam die Modalitäten für die Durchführung der Zusammenarbeit in den unter diesen Titel fallenden Bereichen fest.

TITEL VI

ZUSAMMENARBEIT IM SOZIALEN UND KULTURELLEN BEREICH

KAPITEL I

BESTIMMUNGEN ÜBER DIE ARBEITSKRÄFTE

Artikel 64

(1) Jeder Mitgliedstaat gewährt den Arbeitnehmern marokkanischer Staatsangehörigkeit, die in seinem Hoheitsgebiet beschäftigt sind, eine Behandlung, die hinsichtlich der Arbeits-, Entlohnungs- und Kündigungsbedingungen keine auf der Staatsangehörigkeit beruhende Benachteiligung gegenüber seinen eigenen Staatsangehörigen bewirkt.

(2) Absatz 1 gilt hinsichtlich der Arbeits- und Entlohnungsbedingungen für alle marokkanischen Arbeitnehmer, die dazu berechtigt sind, im Hoheitsgebiet eines Mitgliedstaats eine befristete nichtselbständige Erwerbstätigkeit auszuüben.

(3) Marokko gewährt den in seinem Hoheitsgebiet beschäftigten Arbeitnehmern, die Staatsangehörige der Mitgliedstaaten sind, die gleiche Behandlung.

Artikel 65

(1) Vorbehaltlich der folgenden Absätze wird den Arbeitnehmern marokkanischer Staatsangehörigkeit und den mit ihnen zusammenlebenden Familienangehörigen auf dem Gebiet der sozialen Sicherheit eine Behandlung gewährt, die keine auf der Staatsangehörigkeit beruhende Benachteiligung gegenüber den Staatsangehörigkeiten der Mitgliedstaaten, in denen sie beschäftigt sind, bewirkt.

Der Begriff der sozialen Sicherheit umfaßt die Zweige der Sozialversicherung, die für Leistungen bei Krankheit und Mutterschaft, für Berufs- und Erwerbsunfähigkeitsrenten, Altersruhegeld, Hinterbliebenenrenten, Leistungen bei Arbeitsunfällen und Berufskrankheiten, Sterbegeld, Arbeitslosenunterstützung und Familienbeihilfen zuständig sind.

Jedoch kann diese Bestimmung nicht dazu führen, daß die anderen Koordinierungsregeln, die die Gemeinschaftsregelung gestützt auf Artikel 51 des EG-Vertrags vorsieht, in anderer Weise angewendet werden als unter den Bedingungen des Artikels 67 dieses Abkommens.

(2) Für die betreffenden Arbeitnehmer werden die in den einzelnen Mitgliedstaaten zurückgelegten Versicherungs-, Beschäftigungs- oder Aufenthaltszeiten bei den Alters-, Invaliden- und Hinterbliebenenrenten, den Familienbeihilfen, den Leistungen bei Krankheit und Mutter-

schaft sowie bei der Gesundheitsfürsorge für sie und ihre innerhalb der Gemeinschaft wohnenden Familienangehörigen zusammengerechnet.

(3) Die betreffenden Arbeitnehmer erhalten die Familienbeihilfen für ihre innerhalb der Gemeinschaft wohnenden Familienangehörigen.

(4) Die betreffenden Arbeitnehmer haben die Möglichkeit, Alters- und Hinterbliebenenrenten und Renten bei Arbeitsunfall, Berufskrankheit oder Erwerbsunfähigkeit, wenn diese durch einen Arbeitsunfall oder eine Berufskrankheit verursacht wurde, zu den gemäß den Rechtsvorschriften des Schuldnermitgliedstaats bzw. der Schuldnermitgliedstaaten geltenden Sätzen frei nach Marokko zu transferieren, mit Ausnahme von beitragsunabhängigen Sonderleistungen.

(5) Marokko gewährt den in seinem Hoheitsgebiet beschäftigten Arbeitnehmern, die Staatsangehörige der Mitgliedstaaten sind, und deren Familienangehörigen eine Behandlung, die der in den Absätzen 1, 3 und 4 vorgesehenen entspricht.

Artikel 66

Die Bestimmungen dieses Kapitels gelten nicht für die Staatsangehörigen einer der Vertragsparteien, die im Hoheitsgebiet des Gastlandes illegal wohnen oder arbeiten.

Artikel 67

(1) Vor Ablauf des ersten Jahres nach Inkrafttreten dieses Abkommens erläßt der Assoziationsrat die Bestimmungen zur Gewährleistung der Anwendung der in Artikel 65 genannten Grundsätze.

(2) Der Assoziationsrat legt die Einzelheiten für eine Zusammenarbeit der Verwaltungen fest, die die erforderlichen Verwaltungs- und Kontrollgarantien für die Anwendung der in Absatz 1 genannten Bestimmungen bietet.

Artikel 68

Die vom Assoziationsrat gemäß Artikel 67 erlassenen Bestimmungen lassen die Rechte und Pflichten, die sich aus den bilateralen Abkommen zwischen Marokko und den Mitgliedstaaten ergeben, unberührt, soweit diese eine günstigere Behandlung der marokkanischen Staatsangehörigen oder der Staatsangehörigen der Mitgliedstaaten vorsehen.

KAPITEL II

DIALOG IM SOZIALEN BEREICH

Artikel 69

(1) Zwischen den Vertragsparteien wird ein regelmäßiger Dialog über alle sozialen Fragen geführt, die für sie von Interesse sind.

(2) Im Rahmen dieses Dialogs wird ermittelt, wie und unter welchen Bedingungen Fortschritte bei der Freizügigkeit der Arbeitnehmer, der Gleichbehandlung und der gesellschaftlichen Integration der Staatsangehörigen Marokkos und der Gemeinschaft erzielt werden können, die im Gebiet der Gastländer rechtmäßig ansässig sind.

(3) Der Dialog betrifft insbesondere alle Probleme im Zusammenhang mit

a) den Lebens- und Arbeitsbedingungen der Einwanderer,

b) der Migration,

c) der illegalen Einwanderung und den Bedingungen für die Rückkehr von Personen in ihre Heimat, die gegen das Aufenthalts- und Niederlassungsrecht des jeweiligen Gastlandes verstoßen,

d) Maßnahmen und Programme zur Förderung der Gleichbehandlung von Staatsangehörigen Marokkos und der Gemeinschaft, der gegenseitigen Kenntnis von Kultur und Gesellschaft, der Toleranz und der Beseitigung von Diskriminierungen.

Artikel 70

Der Dialog im sozialen Bereich findet auf allen Ebenen und nach den gleichen Modalitäten statt, wie sie in Titel I vorgesehen sind, der ebenfalls den Rahmen für den Dialog bilden kann.

KAPITEL III

MASSNAHMEN DER ZUSAMMENARBEIT IM SOZIALEN BEREICH

Artikel 71

Zur Konsolidierung der Zusammenarbeit der Vertragsparteien im sozialen Bereich werden Maßnahmen und Programme zu allen Fragen durchgeführt, die für die Vertragsparteien von Interesse sind.

In diesem Zusammenhang sind vorrangig folgende Maßnahmen vorgesehen:

a) Verringerung des Migrationsdrucks insbesondere durch die Verbesserung der Lebensbedingungen, die Schaffung von Arbeitsplätzen und durch die Verbesserung der Ausbildung in den Auswanderungszonen;

b) Wiedereingliederung von Personen, die rückgeführt worden sind, weil sie sich nach den Rechtsvorschriften des betreffenden Landes in einer rechtswidrigen Situation befanden;

c) Förderung der Rolle der Frau im wirtschaftlichen und gesellschaftlichen Entwicklungsprozeß insbesondere durch das Bildungswesen und die Medien im Rahmen der einschlägigen Politik Marokkos;

d) Ausarbeitung und Ausbau der marokkanischen Programme für Familienplanung und den Schutz von Mutter und Kind;

e) Verbesserung des Systems der sozialen Sicherheit;

f) Verbesserung der Gesundheitsversorgung;

g) Durchführung und Finanzierung von Austausch- und Freizeitprogrammen für gemischte Gruppen europäischer und marokkanischer Jugendlicher, die in den Mitgliedstaaten wohnhaft sind, um die Kenntnis der jeweiligen Kulturen und die Toleranz zu fördern.

Artikel 72

Die Maßnahmen der Zusammenarbeit können mit den Mitgliedstaaten und den einschlägigen internationalen Organisationen koordiniert werden.

Artikel 73

Der Assoziationsrat setzt vor Ablauf des ersten Jahres nach Inkrafttreten dieses Abkommens eine Arbeitsgruppe ein. Sie wird mit der ständigen und regelmäßigen Evaluierung der Durchführung der Bestimmungen der Kapitel I bis III beauftragt.

KAPITEL IV

ZUSAMMENARBEIT IM KULTURELLEN BEREICH

Artikel 74

(1) Zur Verbesserung der beiderseitigen Kenntnis und des gegenseitigen Verständnisses und unter Berücksichtigung der bereits eingeleiteten Aktionen verpflichten sich die Vertragsparteien, solidere Voraussetzungen für einen dauerhaften kulturellen Dialog zu schaffen und eine intensive kulturelle Zusammenarbeit zu fördern, wobei sie ihre jeweiligen Kulturen respektieren und keinen Aktionsbereich von vornherein ausschließen.

(2) Bei der Festlegung von Kooperationsmaßnahmen und -programmen sowie von gemeinsamen Aktivitäten widmen die Vertragsparteien der Jugend sowie den schriftlichen und audiovisuellen Ausdrucks- und Kommunikationsmitteln, Fragen im Zusammenhang mit dem Schutz des kulturellen Erbes und der Verbreitung von Kulturgütern besondere Aufmerksamkeit.

(3) Die Vertragsparteien kommen überein, daß die in der Gemeinschaft oder in einem oder mehreren ihrer Mitgliedstaaten laufenden Programme für die kulturelle Zusammenarbeit auf Marokko ausgedehnt werden können.

TITEL VII

FINANZIELLE ZUSAMMENARBEIT

Artikel 75

Um in vollem Umfang zur Verwirklichung der Ziele dieses Abkommens beizutragen, wird eine finanzielle Zusammenarbeit zugunsten Marokkos nach geeigneten Modalitäten und mit entsprechenden Finanzmitteln verwirklicht.

Ab Inkrafttreten dieses Abkommens legen die Vertragsparteien diese Modalitäten mittels der am ehesten geeigneten Instrumente einvernehmlich fest.

Der Anwendungsbereich dieser Zusammenarbeit erstreckt sich neben den in Titel V und VI genannten Bereichen insbesondere auf

- die Erleichterung der Reformen zur Modernisierung der Wirtschaft;
- die Verbesserung der Wirtschaftsinfrastrukturen,
- die Förderung von Privatinvestitionen und beschäftigungswirksamen Tätigkeiten;
- die Berücksichtigung der Auswirkungen der schrittweisen Einführung einer Freihandelszone auf die marokkanische Wirtschaft, insbesondere unter dem Gesichtspunkt der Modernisierung und Umstellung der Industrie;
- flankierende sozialpolitische Maßnahmen.

Artikel 76

Im Rahmen der Gemeinschaftsinstrumente zur Unterstützung der Strukturanpassungsprogramme in den Mittelmeerländern prüft die Gemeinschaft in enger Koordinierung mit der marokkanischen Regierung und den anderen Gebern, insbesondere den internationalen Finanzinstitutionen, welche Mittel zur Unterstützung der Strukturpolitik Marokkos geeignet sind, die die allgemeine Wiederherstellung der großen finanziellen Gleichgewichte, die Schaffung günstiger wirtschaftlicher Rahmenbedingungen für die Beschleunigung des Wachstums und gleichzeitig die Erhöhung des sozialen Wohlergehens der Bevölkerung zum Ziel hat.

Artikel 77

Im Hinblick auf ein koordiniertes Vorgehen bei außerordentlichen makroökonomischen und finanziellen Problemen, die sich möglicherweise bei der schrittweisen Durchführung der Bestimmungen dieses Abkommens ergeben, werden die Vertragsparteien die Entwicklung des Handelsverkehrs und der Finanzbeziehungen zwischen der Gemeinschaft und Marokko im Rahmen des gemäß Titel V eingerichteten regelmäßigen wirtschaftspolitischen Dialogs mit besonderer Aufmerksamkeit verfolgen.

TITEL VIII

BESTIMMUNGEN ÜBER DIE ORGANE, ALLGEMEINE UND SCHLUSSBESTIMMUNGEN

Artikel 78

Es wird ein Assoziationsrat eingesetzt, der auf Veranlassung seines Vorsitzenden nach Maßgabe der Geschäftsordnung einmal jährlich auf Ministerebene sowie jedesmal tagt, wenn die Umstände dies erfordern.

Er prüft alle wichtigen Fragen, die sich aus diesem Abkommen ergeben, sowie alle anderen bilateralen oder internationalen Fragen von gemeinsamem Interesse.

Artikel 79

(1) Der Assoziationsrat besteht aus Mitgliedern des Rates der Europäischen Union und Mitgliedern der Kommission der Europäischen Gemeinschaften einerseits und Mitgliedern der Regierung des Königreichs Marokko andererseits.

(2) Die Mitglieder des Assoziationsrates können sich nach Maßgabe seiner Geschäftsordnung vertreten lassen.

(3) Der Assoziationsrat gibt sich eine Geschäftsordnung.

(4) Den Vorsitz im Assoziationsrat führt abwechselnd ein Mitglied des Rates der Europäischen Union und ein Mitglied der Regierung des Königreichs Marokko nach Maßgabe der Geschäftsordnung.

Artikel 80

Zur Erreichung der Ziele dieses Abkommens und in den darin vorgesehenen Fällen ist der Assoziationsrat befugt, Beschlüsse zu fassen.

Die Beschlüsse sind für die Vertragsparteien verbindlich; diese treffen die erforderlichen Maßnahmen zu ihrer Durchführung. Der Assoziationsrat kann auch zweckdienliche Empfehlungen abgeben.

Die Beschlüsse und Empfehlungen des Assoziationsrates werden von den Vertragsparteien einvernehmlich ausgearbeitet.

Artikel 81

(1) Es wird ein Assoziationsausschuß eingesetzt, der vorbehaltlich der Befugnisse des Assoziationsrates für die Verwaltung des Abkommens zuständig ist.

(2) Der Assoziationsrat kann seine Befugnisse ganz oder teilweise dem Assoziationsausschuß übertragen.

Artikel 82

(1) Der Assoziationsausschuß tagt auf Beamtenebene und besteht aus Vertretern der Mitglieder des Rates der Europäischen Union und der Kommission der Europäischen Gemeinschaften einerseits und Vertretern der Regierung des Königreichs Marokko andererseits.

(2) Der Assoziationsausschuß gibt sich eine Geschäftsordnung.

(3) Den Vorsitz im Assoziationsausschuß führt abwechselnd ein Vertreter des Vorsitzes des Rates der Europäischen Union und ein Vertreter der Regierung des Königreichs Marokko.

Der Assoziationsausschuß tagt grundsätzlich abwechselnd in der Gemeinschaft und in Marokko.

Artikel 83

Der Assoziationsausschuß ist befugt, für die Verwaltung dieses Abkommens sowie in den Bereichen, in denen der Assoziationsrat ihm seine Befugnisse übertragen hat, Beschlüsse zu fassen.

Die Beschlüsse werden von den Vertragsparteien einvernehmlich gefaßt und sind für sie verbindlich; die Vertragsparteien treffen die erforderlichen Maßnahmen zu deren Durchführung.

Artikel 84

Der Assoziationsrat kann die für die Durchführung dieses Abkommens erforderlichen Arbeitsgruppen oder Gremien einsetzen.

Artikel 85

Der Assoziationsrat trifft alle zweckdienlichen Maßnahmen, um die Zusammenarbeit und die Kontakte zwischen dem Europäischen Parlament und den parlamentarischen Einrichtungen des Königreichs Marokko sowie zwischen dem Wirtschafts- und Sozialausschuß der Gemeinschaft und der entsprechenden Einrichtung des Königreichs Marokko zu erleichtern.

Artikel 86

(1) Jede Vertragspartei kann den Assoziationsrat mit jeder Streitigkeit über die Anwendung oder Auslegung dieses Abkommens befassen.

(2) Der Assoziationsrat kann die Streitigkeit durch Beschluß beilegen.

(3) Jede Partei ist verpflichtet, die Maßnahmen zu treffen, die zur Durchführung des in Absatz 2 genannten Beschlusses erforderlich sind.

(4) Kann die Streitigkeit nicht gemäß Absatz 2 beigelegt werden, so kann die eine Partei der anderen Partei mitteilen, daß sie einen Schiedsrichter bestellt hat; die andere Partei ist verpflichtet, binnen zwei Monaten einen zweiten Schiedsrichter zu bestellen. Für die Anwendung dieses Verfahrens gelten die Gemeinschaft und die Mitgliedstaaten zusammen als eine Streitpartei.

Der Assoziationsrat bestellt einen dritten Schiedsrichter.

Die Schiedssprüche ergehen mit Stimmenmehrheit.

Jede Streitpartei ist verpflichtet, die zur Durchführung des Schiedsspruchs erforderlichen Maßnahmen zu treffen.

Artikel 87

Dieses Abkommen hindert eine Vertragspartei nicht daran, alle Maßnahmen zu ergreifen,

a) die sie für notwendig erachtet, um die Weitergabe von Informationen zu verhindern, die ihren wesentlichen Sicherheitsinteressen widerspricht;

b) die die Herstellung von oder den Handel mit Waffen, Munition und Kriegsmaterial oder eine für Verteidigungszwecke unentbehrliche Forschung, Entwicklung oder Produktion betreffen; diese Maßnahmen dürfen die Wettbewerbsbedingungen hinsichtlich der nicht eigens für militärische Zwecke bestimmten Waren nicht beeinträchtigen;

c) die sie zur Wahrung ihrer Sicherheitsinteressen im Falle schwerwiegender innerstaatlicher Störungen der öffentlichen Sicherheit und Ordnung, im Kriegsfall, bei einer ernsten, eine Kriegsgefahr darstellenden internationalen Spannung oder in Erfüllung der von ihr übernommenen Verpflichtungen zur Aufrechterhaltung des Friedens und der internationalen Sicherheit für notwendig erachtet.

Artikel 88

In den unter dieses Abkommen fallenden Bereichen und unbeschadet der darin enthaltenen besonderen Bestimmungen

- bewirken die vom Königreich Marokko gegenüber der Gemeinschaft angewandten Regelungen keinerlei Diskriminierung zwischen den Mitgliedstaaten, deren Staatsangehörigen oder deren Gesellschaften;

- bewirken die von der Gemeinschaft gegenüber dem Königreich Marokko angewandten Regelungen keinerlei Diskriminierung zwischen marokkanischen Staatsangehörigen oder Gesellschaften.

Artikel 89

Dieses Abkommen hat nicht zur Folge, daß

- die Vorteile ausgedehnt werden, die eine Vertragspartei auf steuerlichem Gebiet im Rahmen einer für sie verbindlichen internationalen Übereinkunft gewährt;

- eine Vertragspartei daran gehindert wird, Maßnahmen zu ergreifen oder durchzusetzen, durch die Steuerhinterziehung oder -flucht verhindert werden soll;

- eine Vertragspartei daran gehindert wird, ihre einschlägigen Steuervorschriften auf Steuerpflichtige anzuwenden, die sich hinsichtlich ihres Wohnsitzes nicht in einer gleichartigen Situation befinden.

Artikel 90

(1) Die Vertragsparteien treffen alle allgemeinen oder besonderen Maßnahmen, die zur Erfüllung ihrer Verpflichtungen aus diesem Abkommen erforderlich sind. Sie sorgen dafür, daß die Ziele dieses Abkommens erreicht werden.

(2) Ist eine Vertragspartei der Auffassung, daß die andere Vertragspartei einer Verpflichtung aus diesem Abkommen nicht nachgekommen ist, so kann sie geeignete Maßnahmen treffen. Abgesehen von besonders dringenden Fällen unterbreitet sie vor Ergreifen dieser Maßnahmen dem Assoziationsrat alle zweckdienlichen Informationen für eine gründliche Prüfung der Situation, um eine für die Vertragsparteien annehmbare Lösung zu finden.

Es sind mit Vorrang solche Maßnahmen zu wählen, die das Funktionieren dieses Abkommens am wenigsten stören. Diese Maßnahmen werden dem Assoziationsrat unverzüglich mitgeteilt und sind auf Antrag der anderen Vertragspartei Gegenstand von Konsultationen im Assoziationsrat.

Artikel 91

Die Protokolle Nrn. 1 bis 5 sowie die Anhänge 1 bis 7 sind Bestandteil dieses Abkommens. Die Erklärungen und Briefwechsel sind in der Schlußakte enthalten, die Bestandteil dieses Abkommens ist.

Artikel 92

Im Sinne dieses Abkommens sind "Vertragsparteien" die Gemeinschaft oder die Mitgliedstaaten oder die Gemeinschaft und ihre Mitgliedstaaten gemäß ihren jeweiligen Befugnissen einerseits und Marokko andererseits.

Artikel 93

Dieses Abkommen wird auf unbegrenzte Zeit geschlossen.

Jede Vertragspartei kann dieses Abkommen durch Notifizierung an die andere Vertragspartei kündigen. Dieses Abkommen tritt sechs Monate nach dem Tag dieser Notifizierung außer Kraft.

Artikel 94

Dieses Abkommen gilt für die Gebiete, in denen der Vertrag zur Gründung der Europäischen Gemeinschaft und der Vertrag über die Gründung der Europäischen Gemeinschaft für Kohle und Stahl angewendet werden, und nach Maßgabe jener Verträge einerseits sowie für das Gebiet des Königreichs Marokko andererseits.

Artikel 95

Dieses Abkommen ist in zwei Urschriften in dänischer, deutscher, englischer, finnischer, französischer, griechischer, italienischer, niederländischer, portugiesischer, schwedischer, spanischer und arabischer Sprache abgefaßt, wobei jeder Wortlaut gleichermaßen verbindlich ist.

Artikel 96

(1) Dieses Abkommen wird von den Vertragsparteien nach ihren eigenen Verfahren genehmigt. Dieses Abkommen tritt am ersten Tag des zweiten Monats in Kraft, der auf den Tag folgt, an dem die Vertragsparteien einander den Abschluß der in Unterabsatz 1 genannten Verfahren notifiziert haben.

(2) Dieses Abkommen ersetzt mit seinem Inkrafttreten das Kooperationsabkommen zwischen der Europäischen Gemeinschaft und dem Königreich Marokko sowie das Abkommen zwischen den Mitgliedstaaten der Europäischen Gemeinschaft für Kohle und Stahl und dem Königreich Marokko, die am 25. April 1976 in Rabat unterzeichnet wurden.

ANHANG II

EUROPA-MITTELMEER-ABKOMMEN
zur Gründung einer Assoziation zwischen der Europäischen Gemeinschaft
und ihren Mitgliedstaaten einerseits und der Tunesischen Republik andererseits

DAS KÖNIGREICH BELGIEN,

DAS KÖNIGREICH DÄNEMARK,

DIE BUNDESREPUBLIK DEUTSCHLAND,

DIE GRIECHISCHE REPUBLIK,

DAS KÖNIGREICH SPANIEN,

DIE FRANZÖSISCHE REPUBLIK,

IRLAND,

DIE ITALIENISCHE REPUBLIK,

DAS GROSSHERZOGTUM LUXEMBURG,

DAS KÖNIGREICH DER NIEDERLANDE,

DIE REPUBLIK ÖSTERREICH,

DIE PORTUGIESISCHE REPUBLIK,

DIE REPUBLIK FINNLAND,

DAS KÖNIGREICH SCHWEDEN,

DAS VEREINTE KÖNIGREICH GROSSBRITANNIEN UND NORDIRLAND,

Vertragsparteien des Vertrags zur Gründung der Europäischen Gemeinschaft und des Vertrags über die Gründung der Europäischen Gemeinschaft für Kohle und Stahl, im Folgenden "Mitgliedstaaten" genannt, und

DIE EUROPÄISCHE GEMEINSCHAFT,

DIE EUROPÄISCHE GEMEINSCHAFT FÜR KOHLE UND STAHL,

im folgenden "Gemeinschaft" genannt, einerseits und

DIE TUNESISCHE REPUBLIK,

im folgenden "Tunesien" genannt, andererseits,

IN ANBETRACHT der Bedeutung der traditionellen Bindungen zwischen der Gemeinschaft, ihren Mitgliedstaaten und Tunesien sowie ihrer gemeinsamen Werte,

IN DER ERKENNTNIS, daß die Gemeinschaft, die Mitgliedstaaten und Tunesien diese Bindungen stärken und auf der Grundlage der Gegenseitigkeit, der Partnerschaft und der Entwicklungszusammenarbeit dauerhafte Beziehungen aufnehmen wollen,

IN ANBETRACHT der Bedeutung, welche die Vertragsparteien der Wahrung der Grundsätze der Charta der Vereinten Nationen und insbesondere der Achtung der Menschenrechte und der politischen und wirtschaftlichen Freiheiten beimessen, welche die eigentliche Grundlage der Assoziation bilden,

IN ANBETRACHT der im Laufe der letzten Jahre in Europa und in Tunesien verzeichneten politischen und wirtschaftlichen Entwicklungen,

IN ANBETRACHT der bedeutenden Fortschritte Tunesiens und des tunesischen Volkes bei der Erreichung ihrer Ziele, die tunesische Wirtschaft voll in die Weltwirtschaft zu integrieren und in der Gemeinschaft der demokratischen Staaten mitzuwirken,

EINGEDENK der Bedeutung dieses auf Zusammenarbeit und Dialog beruhenden Abkommens für die dauerhafte Stabilität und die Sicherheit in der Region Europa-Mittelmeer,

EINGEDENK einerseits der Bedeutung von Beziehungen in einem umfassenden Rahmen Europa-Mittelmeer und andererseits des Ziels der Integration der Maghreb-Länder untereinander,

UNTER BERÜCKSICHTIGUNG des wirtschaftlichen und sozialen Gefälles zwischen der Gemeinschaft und Tunesien und in dem Wunsch, die Ziele dieser Assoziation durch geeignete Bestimmungen dieses Abkommens zu erreichen,

IN DEM WUNSCH, einen regelmäßigen politischen Dialog über bilaterale und internationale Fragen von gemeinsamem Interesse aufzunehmen,

UNTER BERÜCKSICHTIGUNG der Bereitschaft der Gemeinschaft, Tunesien umfangreiche Unterstützung bei seinen Anstrengungen um Reform und Anpassung auf wirtschaftlichem Gebiet sowie um soziale Entwicklung zu gewähren,

IN ANBETRACHT des Eintretens der Gemeinschaft und Tunesiens für den Freihandel unter Wahrung der Rechte und Einhaltung der Verpflichtungen aus dem Allgemeinen Zoll- und Handelsabkommen (GATT),

IN DEM WUNSCH, eine durch einen regelmäßigen Dialog unterstützte Zusammenarbeit in den Bereichen Wirtschaft, Soziales und Kultur aufzunehmen, um zu einem besseren gegenseitigen Verständnis zu gelangen,

IN DER ÜBERZEUGUNG, daß dieses Abkommen ein günstiges Klima für den Ausbau ihrer Wirtschaftsbeziehungen und vor allem für Handel und Investitionen schaffen wird, die für die wirtschaftliche Umgestaltung und die technologische Modernisierung unerläßlich sind -

SIND WIE FOLGT ÜBEREINGEKOMMEN:

Artikel 1

(1) Zwischen der Gemeinschaft und ihren Mitgliedstaaten einerseits und Tunesien andererseits wird eine Assoziation gegründet.

(2) Ziel dieses Abkommens ist es,

- einen geeigneten Rahmen für den politischen Dialog zwischen den Vertragsparteien zu schaffen, der die Stärkung ihrer Beziehungen in allen Bereichen ermöglicht, die sie im Rahmen dieses Dialogs als geeignet ansehen;
- die Bedingungen für eine schrittweise Liberalisierung des Waren-, des Dienstleistungs- und des Kapitalverkehrs festzulegen;
- den Handel auszuweiten und die Entwicklung ausgewogener Wirtschafts- und Sozialbeziehungen zwischen den Vertragsparteien insbesondere im Wege des Dialogs und der Zusammenarbeit zu fördern und so die Entwicklung und den Wohlstand Tunesiens und des tunesischen Volkes zu begünstigen;
- die Integration der Maghreb-Länder durch Begünstigung des Handels und der Zusammenarbeit zwischen Tunesien und den Ländern der Region zu fördern;
- die Zusammenarbeit in den Bereichen Wirtschaft, Soziales, Kultur und Finanzen zu fördern.

Artikel 2

Die Beziehungen zwischen den Vertragsparteien ebenso wie alle Bestimmungen dieses Abkommens beruhen auf der Achtung der Grundsätze der Demokratie und der Menschenrechte, von denen die Vertragsparteien sich bei ihrer Innen- und Außenpolitik leiten lassen und die ein wesentliches Element dieses Abkommens sind.

TITEL I

POLITISCHER DIALOG

Artikel 3

(1) Zwischen den Vertragsparteien wird ein regelmäßiger politischer Dialog eingerichtet. Er ermöglicht die Herstellung dauerhafter Solidaritätsbeziehungen zwischen den Partnern, die zum Wohlstand, zur Stabilität und zur Sicherheit im Mittelmeerraum beitragen und zu einem Klima des Verständnisses und der Toleranz zwischen Kulturen führen.

(2) Der Dialog und die Zusammenarbeit sollen insbesondere

a) die Annäherung der Vertragsparteien durch die Entwicklung eines besseren gegenseitigen Verständnisses und durch eine regelmäßige Abstimmung in internationalen Fragen von gemeinsamem Interesse erleichtern;

b) jeder Vertragspartei die Möglichkeit geben, den Standpunkt und die Interessen der anderen Vertragspartei zu berücksichtigen;

c) zur Festigung der Sicherheit und der Stabilität im Mittelmeerraum und insbesondere im Maghreb beitragen;

d) die Durchführung gemeinsamer Aktionen ermöglichen.

Artikel 4

Der politische Dialog bezieht sich auf alle Fragen, die für die Vertragsparteien von gemeinsamem Interesse sind, insbesondere auf die Bedingungen, die geeignet sind, den Frieden, die Sicherheit und die Entwicklung in der Region durch Unterstützung der Kooperationsbemühungen, vor allem innerhalb des Maghreb, sicherzustellen.

Artikel 5

Der politische Dialog findet regelmäßig und sooft wie nötig statt, insbesondere

a) auf Ministerebene, vor allem im Assoziationsrat;

b) auf der Ebene hoher Beamter, die Tunesien einerseits und die Präsidentschaft des Rates und die Kommission andererseits vertreten;

c) durch volle Nutzung der diplomatischen Kanäle, insbesondere regelmäßige Informationsgespräche, Konsultationen bei internationalen Tagungen und Kontakte zwischen diplomatischen Vertretern in Drittländern;

d) erforderlichenfalls durch alle anderen Mittel, die zur Intensivierung und zur Effizienz dieses Dialogs beitragen können.

TITEL II

FREIER WARENVERKEHR

Artikel 6

In einer Übergangszeit von höchstens 12 Jahren ab Inkrafttreten dieses Abkommens errichten die Gemeinschaft und Tunesien gemäß den nachstehenden Modalitäten und im Einklang mit den Bestimmungen des Allgemeinen Zoll- und Handelsabkommens von 1994 und der übrigen multilateralen Übereinkünfte über den Warenverkehr, die dem Übereinkommen zur Errichtung der WTO beigefügt sind (im folgenden GATT genannt), schrittweise eine Freihandelszone.

KAPITEL I

GEWERBLICHE WAREN

Artikel 7

Die Bestimmungen dieses Kapitels gelten für die Ursprungswaren der Gemeinschaft und Tunesiens, mit Ausnahme der in Anhang II des Vertrags zur Gründung der Europäischen Gemeinschaft aufgeführten Waren.

Artikel 8

Im Handel zwischen der Gemeinschaft und Tunesien werden weder neue Einfuhrzölle noch Abgaben gleicher Wirkung eingeführt.

Artikel 9

Die Ursprungswaren Tunesiens können frei von Zöllen und Abgaben gleicher Wirkung und ohne mengenmäßige Beschränkungen und Maßnahmen gleicher Wirkung in die Gemeinschaft eingeführt werden.

Artikel 10

(1) Die Bestimmungen dieses Kapitels schließen nicht aus, daß die Gemeinschaft bei der Einfuhr der in Anhang 1 aufgeführten Ursprungswaren Tunesiens eine landwirtschaftliche Komponente beibehält.

Diese landwirtschaftliche Komponente entspricht den Unterschieden zwischen den Preisen der als bei der Herstellung dieser Waren verwendet geltenden landwirtschaftlichen Erzeugnisse auf dem Gemeinschaftsmarkt und den Preisen der Einfuhren aus Drittländern, wenn die Gesamtkosten dieser Grunderzeugnisse in der Gemeinschaft höher sind. Die landwirtschaftliche Komponente kann ein fester Betrag oder ein Wertzollsatz sein. Diese Unterschiede werden gegebenenfalls durch spezifische Zollsätze, die sich aus der Tarifikation der landwirtschaftlichen Komponente ergeben, oder durch Wertzollsätze ersetzt.

Die Bestimmungen des Kapitels 2 für landwirtschaftliche Erzeugnisse finden auf die landwirtschaftliche Komponente entsprechende Anwendung.

(2) Die Bestimmungen dieses Kapitels schließen nicht aus, daß Tunesien bei den geltenden Einfuhrabgaben auf die in Anhang 2 aufgeführten Ursprungswaren der Gemeinschaft eine landwirtschaftliche Komponente getrennt ausweist. Die landwirtschaftliche Komponente kann ein fester Betrag oder ein Wertzollsatz sein.

Die Bestimmungen des Kapitels 2 für landwirtschaftliche Erzeugnisse finden auf die landwirtschaftliche Komponente entsprechende Anwendung.

(3) Auf die in Anhang 2 Liste 1 aufgeführten Ursprungswaren der Gemeinschaft erhebt Tunesien ab Inkrafttreten des Abkommens keine höheren als die am 1. Januar 1995 im Rahmen der in dieser Liste aufgeführten Zollkontingente geltenden Einfuhrzölle oder Abgaben gleicher Wirkung.

Während des Abbaus der gewerblichen Komponente der Zölle nach Absatz 4 dürfen auf die Waren, für welche die Zollkontingente beseitigt werden, keine höheren als die am 1. Januar 1995 geltenden Zölle erhoben werden.

(4) Für die in Anhang 2 Liste 2 aufgeführten Ursprungswaren der Gemeinschaft beseitigt Tunesien die gewerbliche Komponente der Zölle nach den in Artikel 11 Absatz 3 für die Waren des Anhangs 4 vorgesehenen Bestimmungen.

Für die in Anhang 2 Listen 1 und 3 aufgeführten Ursprungswaren der Gemeinschaft beseitigt Tunesien die gewerbliche Komponente der Zölle nach den in Artikel 11 Absatz 3 für die Waren des Anhangs 5 vorgesehenen Bestimmungen.

(5) Die nach den Absätzen 1 und 2 erhobenen landwirtschaftlichen Komponenten können gesenkt werden, wenn die Abgaben auf ein landwirtschaftliches Grunderzeugnis im Handel zwischen der Gemeinschaft und Tunesien gesenkt werden oder wenn die Senkung auf gegenseitige Zugeständnisse für landwirtschaftliche Verarbeitungserzeugnisse zurückgeht.

(6) Die in Absatz 5 genannte Senkung, die Liste der Waren und gegebenenfalls die Zollkontingente, in deren Rahmen die Senkung gilt, werden vom Assoziationsrat festgelegt.

Artikel 11

(1) Die Einfuhrzölle und die Abgaben gleicher Wirkung Tunesiens auf Ursprungswaren der Gemeinschaft, die nicht in den Anhängen 3 bis 6 aufgeführt sind, werden bei Inkrafttreten dieses Abkommens beseitigt.

(2) Die Einfuhrzölle und die Abgaben gleicher Wirkung Tunesiens auf Ursprungswaren der Gemeinschaft, die in Anhang 3 aufgeführt sind, werden schrittweise nach folgendem Zeitplan abgebaut:

Bei Inkrafttreten dieses Abkommens wird jeder Zoll- oder Abgabensatz auf 85 v. H. des Ausgangssatzes gesenkt;

ein Jahr nach Inkrafttreten dieses Abkommens wird jeder Zoll- oder Abgabensatz auf 70 v. H. des Ausgangssatzes gesenkt;

zwei Jahre nach Inkrafttreten dieses Abkommens wird jeder Zoll- oder Abgabensatz auf 55 v. H. des Ausgangssatzes gesenkt;

drei Jahre nach Inkrafttreten dieses Abkommens wird jeder Zoll- oder Abgabensatz auf 40 v. H. des Ausgangssatzes gesenkt;

vier Jahre nach Inkrafttreten dieses Abkommens wird jeder Zoll- oder Abgabensatz auf 25 v. H. des Ausgangssatzes gesenkt;

fünf Jahre nach Inkrafttreten dieses Abkommens werden die verbleibenden Zölle beseitigt.

(3) Die Einfuhrzölle und die Abgaben gleicher Wirkung Tunesiens auf die Ursprungswaren der Gemeinschaft, die in den Anhängen 4 und 5 aufgeführt sind, werden schrittweise nach folgenden Zeitplänen abgebaut:

Liste in Anhang 4:

Bei Inkrafttreten dieses Abkommens wird jeder Zoll- oder Abgabensatz auf 92 v. H. des Ausgangssatzes gesenkt;

ein Jahr nach Inkrafttreten dieses Abkommens wird jeder Zoll- oder Abgabensatz auf 84 v. H. des Ausgangssatzes gesenkt;

zwei Jahre nach Inkrafttreten dieses Abkommens wird jeder Zoll- oder Abgabensatz auf 76 v. H. des Ausgangssatzes gesenkt;

drei Jahre nach Inkrafttreten dieses Abkommens wird jeder Zoll- oder Abgabensatz auf 68 v. H. des Ausgangssatzes gesenkt;

vier Jahre nach Inkrafttreten dieses Abkommens wird jeder Zoll- oder Abgabensatz auf 60 v. H. des Ausgangssatzes gesenkt;

fünf Jahre nach Inkrafttreten dieses Abkommens wird jeder Zoll- oder Abgabensatz auf 52 v. H. des Ausgangssatzes gesenkt;

sechs Jahre nach Inkrafttreten dieses Abkommens wird jeder Zoll- oder Abgabensatz auf 44 v. H. des Ausgangssatzes gesenkt;

sieben Jahre nach Inkrafttreten dieses Abkommens wird jeder Zoll- oder Abgabensatz auf 36 v. H. des Ausgangssatzes gesenkt;

acht Jahre nach Inkrafttreten dieses Abkommens wird jeder Zoll- oder Abgabensatz auf 28 v. H. des Ausgangssatzes gesenkt;

neun Jahre nach Inkrafttreten dieses Abkommens wird jeder Zoll- oder Abgabensatz auf 20 v. H. des Ausgangssatzes gesenkt;

zehn Jahre nach Inkrafttreten dieses Abkommens wird jeder Zoll- oder Abgabensatz auf 12 v. H. des Ausgangssatzes gesenkt;

elf Jahre nach Inkrafttreten dieses Abkommens wird jeder Zoll- oder Abgabensatz auf 4 v. H. des Ausgangssatzes gesenkt;

zwölf Jahre nach Inkrafttreten dieses Abkommens werden die verbleibenden Zölle beseitigt.

Liste in Anhang 5:

Vier Jahre nach Inkrafttreten dieses Abkommens wird jeder Zoll- oder Abgabensatz auf 88 v. H. des Ausgangssatzes gesenkt;

fünf Jahre nach Inkrafttreten dieses Abkommens wird jeder Zoll- oder Abgabensatz auf 77 v. H. des Ausgangssatzes gesenkt;

sechs Jahre nach Inkrafttreten dieses Abkommens wird jeder Zoll- oder Abgabensatz auf 66 v. H. des Ausgangssatzes gesenkt;

sieben Jahre nach Inkrafttreten dieses Abkommens wird jeder Zoll- oder Abgabensatz auf 55 v. H. des Ausgangssatzes gesenkt;

acht Jahre nach Inkrafttreten dieses Abkommens wird jeder Zoll- oder Abgabensatz auf 44 v. H. des Ausgangssatzes gesenkt;

neun Jahre nach Inkrafttreten dieses Abkommens wird jeder Zoll- oder Abgabensatz auf 33 v. H. des Ausgangssatzes gesenkt;

zehn Jahre nach Inkrafttreten dieses Abkommens wird jeder Zoll- oder Abgabensatz auf 22 v. H. des Ausgangssatzes gesenkt;

elf Jahre nach Inkrafttreten dieses Abkommens wird jeder Zoll- oder Abgabensatz auf 11 v. H. des Ausgangssatzes gesenkt;

zwölf Jahre nach Inkrafttreten dieses Abkommens werden die verbleibenden Zölle beseitigt.

(4) Treten bei einer Ware ernste Schwierigkeiten auf, so können die nach Absatz 3 geltenden Zeitpläne einvernehmlich vom Assoziationsausschuß geändert werden; jedoch kann der Zeitplan, dessen Änderung beantragt wurde, für die betreffende Ware nicht über die höchstens zwölfjährige Übergangszeit hinaus verlängert werden. Hat der Assoziationsausschuß binnen 30 Tagen nach Notifikation des Antrags Tunesiens auf Änderung des Zeitplans keinen Beschluß gefaßt, so kann Tunesien den Zeitplan für höchstens ein Jahr vorläufig aussetzen.

(5) Für jede Ware gilt als Ausgangssatz, von dem aus die in den Absätzen 2 und 3 vorgesehenen schrittweisen Senkungen vorgenommen werden, der Satz, der am 1. Januar 1995 tatsächlich gegenüber der Gemeinschaft angewandt wird.

(6) Wird nach dem 1. Januar 1995 eine Zollsenkung erga omnes vorgenommen, so tritt der gesenkte Zollsatz ab dem Zeitpunkt des Inkrafttretens dieser Senkung an die Stelle des in Absatz 5 genannten Ausgangssatzes.

(7) Tunesien teilt der Gemeinschaft seine Ausgangssätze mit.

Artikel 12

Die Artikel 10 und 11 und Artikel 19 Buchstabe b) gelten nicht für die in Anhang 6 aufgeführten Waren. Die für diese Waren geltende Regelung wird vier Jahre nach Inkrafttreten dieses Abkommens vom Assoziationsrat überprüft.

Artikel 13

Die Bestimmungen über den Abbau der Einfuhrzölle gelten auch für die Finanzzölle.

Artikel 14

(1) Befristete Ausnahmeregelungen zu Artikel 11 können von Tunesien in Form höherer oder wiedereingeführter Zollsätze getroffen werden.

Diese Regelungen dürfen nur junge Industrien oder bestimmte Wirtschaftszweige betreffen, die sich in der Umstrukturierung befinden oder ernsten Schwierigkeiten gegenüberstehen, die insbesondere bedeutende soziale Probleme hervorrufen.

Die durch diese Regelungen eingeführten Einfuhrzölle Tunesiens auf Ursprungswaren der Gemeinschaft dürfen 25 v. H. des Wertes nicht übersteigen und müssen den Ursprungswaren der Gemeinschaft weiterhin eine Präferenz sichern. Der Gesamtwert der Einfuhren der Waren, für die diese Maßnahmen gelten, darf 15 v. H. der Gesamteinfuhren gewerblicher Waren aus der Gemeinschaft während des letzten Jahres, für das Statistiken vorliegen, nicht übersteigen.

Diese Maßnahmen gelten höchstens fünf Jahre, sofern vom Assoziationsausschuß keine Verlängerung genehmigt wird. Sie treten spätestens bei Ablauf der höchstens zwölfjährigen Übergangszeit außer Kraft.

Derartige Maßnahmen dürfen für eine Ware nicht eingeführt werden, wenn seit Beseitigung sämtlicher Zölle und mengenmäßigen Beschränkungen oder Abgaben oder Maßnahmen gleicher Wirkung für diese Ware mehr als drei Jahre vergangen sind.

Tunesien unterrichtet den Assoziationsausschuß über etwaige Ausnahmeregelungen, die es einzuführen beabsichtigt; auf Antrag der Gemeinschaft finden vor Anwendung derartiger Regelungen Konsultationen über die Maßnahmen und die betreffenden Wirtschaftszweige statt. Bei Einführung derartiger Regelungen übermittelt Tunesien dem Assoziationsausschuß einen Zeitplan für die Beseitigung der gemäß diesem Artikel eingeführten Zölle. Nach diesem Zeitplan muß der schrittweise Abbau dieser Zölle in gleichen Jahresraten spätestens zwei Jahre nach ihrer Einführung beginnen. Der Assoziationsausschuß kann einen anderen Zeitplan beschließen.

(2) Abweichend von Absatz 1 Unterabsatz 4 kann der Assoziationsausschuß Tunesien ausnahmsweise gestatten, bereits nach Absatz 1 getroffene Maßnahmen über die höchstens zwölfjährige Übergangszeit hinaus für höchstens drei Jahre aufrechtzuerhalten, um Schwierigkeiten beim Aufbau einer neuen Industrie Rechnung zu tragen.

KAPITEL II

LANDWIRTSCHAFTLICHE ERZEUGNISSE UND FISCHEREIERZEUGNISSE

Artikel 15

Die Bestimmungen dieses Kapitels gelten für die in Anhang II des Vertrags zur Gründung der Europäischen Gemeinschaft aufgeführten Ursprungswaren der Gemeinschaft und Tunesiens.

Artikel 16

Die Gemeinschaft und Tunesien nehmen schrittweise eine stärkere Liberalisierung ihres Handels mit landwirtschaftlichen Erzeugnissen und Fischereierzeugnissen vor.

Artikel 17

(1) Für landwirtschaftliche Erzeugnisse und Fischereierzeugnisse mit Ursprung in Tunesien gelten bei der Einfuhr in die Gemeinschaft die Bestimmungen des Protokolls Nr. 1 beziehungsweise des Protokolls Nr. 2.

(2) Für landwirtschaftliche Erzeugnisse mit Ursprung in der Gemeinschaft gelten bei der Einfuhr nach Tunesien die Bestimmungen des Protokolls Nr. 3.

Artikel 18

(1) Ab 1. Januar 2000 prüfen die Gemeinschaft und Tunesien die Lage und legen die Liberalisierungsmaßnahmen fest, die von der Gemeinschaft und Tunesien im Einklang mit dem in Artikel 16 gesetzten Ziel ab 1. Januar 2001 anzuwenden sind.

(2) Unbeschadet des Absatzes 1 und unter Berücksichtigung des Umfangs ihres Handels mit landwirtschaftlichen Erzeugnissen sowie deren besonderer Empfindlichkeit prüfen die Gemeinschaft und Tunesien im Assoziationsrat für jede Ware auf der Grundlage der Gegenseitigkeit die Möglichkeit, einander in geeigneter Weise Zugeständnisse einzuräumen.

KAPITEL III

GEMEINSAME BESTIMMUNGEN

Artikel 19

Unbeschadet der Bestimmungen des GATT

a) werden im Handel zwischen der Gemeinschaft und Tunesien weder neue mengenmäßige Einfuhrbeschränkungen noch Maßnahmen gleicher Wirkung eingeführt;

b) werden die mengenmäßigen Einfuhrbeschränkungen und Maßnahmen gleicher Wirkung im Handel zwischen der Gemeinschaft und Tunesien bei Inkrafttreten dieses Abkommens beseitigt;

c) wenden die Gemeinschaft und Tunesien in ihrem Handel bei der Ausfuhr weder Zölle und Abgaben gleicher Wirkung noch mengenmäßige Beschränkungen und Maßnahmen gleicher Wirkung an.

Artikel 20

(1) Führen die Gemeinschaft oder Tunesien als Folge der Durchführung ihrer Agrarpolitik eine besondere Regelung ein oder ändern sie ihre bestehenden Regelungen oder ändern oder erweitern sie die Bestimmungen über die Durchführung ihrer Agrarpolitik, so können sie für die entsprechenden Waren die in diesem Abkommen vorgesehene Regelung ändern.

Die Vertragspartei, welche die Änderung vornimmt, unterrichtet den Assoziationsausschuß. Auf Antrag der anderen Vertragspartei kommt der Assoziationsausschuß zusammen, um den Interessen dieser Vertragspartei in angemessener Weise Rechnung zu tragen.

(2) Ändern die Gemeinschaft oder Tunesien gemäß Absatz 1 die in diesem Abkommen vorgesehene Regelung für landwirtschaftliche Erzeugnisse, so gewähren sie für die Einfuhr von Waren mit Ursprung in der anderen Vertragspartei einen Vorteil, der dem in diesem Abkommen vorgesehenen Vorteil vergleichbar ist.

(3) Auf Antrag der anderen Vertragspartei finden im Assoziationsrat Konsultationen über die Änderung der in diesem Abkommen vorgesehenen Regelung statt.

Artikel 21

Für Ursprungswaren Tunesiens gilt bei der Einfuhr in die Gemeinschaft keine günstigere Behandlung, als sie die Mitgliedstaaten einander gewähren.

Die Bestimmungen dieses Abkommens gelten unbeschadet der Verordnung (EWG) Nr. 1911/91 des Rates vom 26. Juni 1991 über die Anwendung der Vorschriften des Gemeinschaftsrechts auf die Kanarischen Inseln.

Artikel 22

(1) Die Vertragsparteien wenden keine Maßnahmen oder Praktiken interner steuerlicher Art an, die unmittelbar oder mittelbar die Waren der einen Vertragspartei gegenüber gleichartigen Ursprungswaren der anderen Vertragspartei benachteiligen.

(2) Für Waren, die nach dem Gebiet einer Vertragspartei ausgeführt werden, darf keine Erstattung für inländische indirekte Abgaben gewährt werden, die höher ist als die auf diese Waren unmittelbar oder mittelbar erhobenen indirekten Abgaben.

Artikel 23

(1) Dieses Abkommen steht der Aufrechterhaltung oder Errichtung von Zollunionen, Freihandelszonen oder Grenzverkehrsregelungen nicht entgegen, sofern diese keine Änderung der in diesem Abkommen vorgesehenen Regelung des Warenverkehrs bewirken.

(2) Im Assoziationsausschuß finden Konsultationen zwischen den Vertragsparteien statt über Abkommen zur Errichtung von Zollunionen oder Freihandelszonen und gegebenenfalls über alle anderen wichtigen Fragen im Zusammenhang mit ihrer jeweiligen Handelspolitik gegenüber Drittländern. Derartige Konsultationen finden insbesondere im Falle des Beitritts eines Drittlands zur Gemeinschaft statt, um sicherzustellen, daß den in diesem Abkommen verankerten beiderseitigen Interessen der Gemeinschaft und Tunesiens Rechnung getragen wird.

Artikel 24

Stellt eine Vertragspartei im Handel mit der anderen Vertragspartei Dumping im Sinne von Artikel VI des Allgemeinen Zoll- und Handelsabkommens fest, so kann sie im Einklang mit dem Übereinkommen zur Durchführung von Artikel VI des Allgemeinen Zoll- und Handelsabkommens und ihren einschlägigen innerstaatlichen Rechtsvorschriften und unter den Voraussetzungen und gemäß den Verfahren des Artikels 27 geeignete Maßnahmen gegen die Praktiken treffen.

Artikel 25

Wird eine Ware in derart erhöhten Mengen und unter solchen Bedingungen eingeführt, daß

- den inländischen Herstellern gleichartiger oder unmittelbar konkurrierender Waren im Gebiet einer der Vertragsparteien ein erheblicher Schaden zugefügt wird oder droht oder

- in einem Wirtschaftszweig schwerwiegende Störungen oder Schwierigkeiten verursacht werden oder drohen, die eine schwerwiegende Verschlechterung der Wirtschaftslage einer Region bewirken könnten,

so kann die Gemeinschaft oder Tunesien unter den Voraussetzungen und nach den Verfahren des Artikels 27 geeignete Maßnahmen treffen.

Artikel 26

Führt die Befolgung des Artikels 19 Buchstabe c)

i) zu einer Wiederausfuhr in ein Drittland, dem gegenüber die ausführende Vertragspartei für die betreffende Ware mengenmäßige Ausfuhrbeschränkungen, Ausfuhrzölle oder Maßnahmen oder Abgaben gleicher Wirkung aufrechterhält, oder

ii) zu einer schwerwiegenden Verknappung oder der Gefahr einer schwerwiegenden Verknappung bei einer für die ausführende Vertragspartei wesentliche Ware

und ergeben sich daraus tatsächlich oder voraussichtlich für die ausführende Vertragspartei erhebliche Schwierigkeiten, so kann diese Vertragspartei unter den Voraussetzungen und nach den Verfahren des Artikels 27 geeignete Maßnahmen treffen. Diese Maßnahmen dürfen nicht diskriminierend sein und müssen beseitigt werden, wenn die Umstände ihre Aufrechterhaltung nicht länger rechtfertigen.

Artikel 27

(1) Legt die Gemeinschaft oder Tunesien für die Einfuhren von Waren, welche die in Artikel 25 genannten Schwierigkeiten hervorrufen könnten, ein Verwaltungsverfahren fest, um schnell Informationen über die Entwicklung der Handelsströme zu erhalten, so teilen sie dies der anderen Vertragspartei mit.

(2) Die Gemeinschaft bzw. Tunesien stellt dem Assoziationsausschuß in den Fällen der Artikel 24, 25 und 26 vor Einführung der dort vorgesehenen Maßnahmen oder in den Fällen des Absatzes 3 Buchstabe d) so schnell wie möglich alle zweckdienlichen Angaben zur Verfügung, um eine für beide Vertragsparteien annehmbare Lösung zu ermöglichen.

Mit Vorrang sind Maßnahmen zu treffen, die das Funktionieren dieses Abkommens am wenigsten beeinträchtigen.

Die Schutzmaßnahmen werden dem Assoziationsausschuß unverzüglich von der betreffenden Vertragspartei notifiziert und sind insbesondere im Hinblick auf ihre möglichst baldige Beseitigung Gegenstand regelmäßiger Konsultationen.

(3) Für die Durchführung des Absatzes 2 gilt folgendes:

a) Bezüglich des Artikels 24 wird die ausführende Vertragspartei über den Dumpingfall unterrichtet, sobald die Behörden der einführenden Vertragspartei eine Untersuchung eingeleitet haben. Ist innerhalb von dreißig Tagen nach Notifikation des Falls das Dumping im Sinne von Artikel VI des GATT nicht abgestellt oder keine andere zufriedenstellende Lösung erreicht worden, so kann die einführende Vertragspartei geeignete Maßnahmen treffen.

b) Bezüglich des Artikels 25 werden die Schwierigkeiten, die sich aus der dort beschriebenen Lage ergeben, dem Assoziationsausschuß zur Prüfung notifiziert; dieser kann alle zweckdienlichen Beschlüsse zu ihrer Behebung fassen.

Hat der Assoziationsausschuß oder die ausführende Vertragspartei innerhalb von dreißig Tagen nach Notifikation des Falls keinen Beschluß zur Behebung der Schwierigkeiten gefaßt und ist keine andere zufriedenstellende Lösung erreicht worden, so kann die einführende Vertragspartei geeignete Maßnahmen zur Lösung des Problems treffen. Diese Maßnahmen müssen sich auf das zur Behebung der aufgetretenen Schwierigkeiten unbedingt notwendige Maß beschränken.

c) Bezüglich des Artikels 26 werden die Schwierigkeiten, die sich aus der dort beschriebenen Lage ergeben, dem Assoziationsausschuß zur Prüfung notifiziert.

Der Assoziationsausschuß kann alle zweckdienlichen Beschlüsse zu ihrer Behebung fassen. Hat er innerhalb von dreißig Tagen nach Notifikation des Falls keinen Beschluß gefaßt, so kann die ausführende Vertragspartei geeignete Maßnahmen bei der Ausfuhr der betreffenden Ware treffen.

d) Schließen besondere Umstände, die ein sofortiges Eingreifen erfordern, eine vorherige Unterrichtung oder Prüfung aus, so kann die Gemeinschaft oder Tunesien, je nachdem, welche Vertragspartei betroffen ist, in den Fällen der Artikel 24, 25 und 26 unverzüglich die zur Abhilfe unbedingt notwendigen Sicherungsmaßnahmen treffen; die andere Vertragspartei wird hiervon unverzüglich unterrichtet.

Artikel 28

Dieses Abkommen steht Einfuhr-, Ausfuhr- und Durchfuhrverboten oder -beschränkungen nicht entgegen, die aus Gründen der öffentlichen Sittlichkeit, Ordnung oder Sicherheit oder zum Schutz der Gesundheit und des Lebens von Menschen, Tieren oder Pflanzen, des nationalen Kulturguts von künstlerischem, geschichtlichem oder archäologischem Wert oder des geistigen, gewerblichen oder kommerziellen Eigentums gerechtfertigt sind; ebensowenig steht es Regelungen betreffend Gold und Silber entgegen. Diese Verbote oder Beschränkungen dürfen jedoch weder ein Mittel der willkürlichen Diskriminierung noch eine verschleierte Beschränkung des Handels zwischen den Vertragsparteien darstellen.

Artikel 29

Die Bestimmungen des Begriffs "Erzeugnisse mit Ursprung in" oder "Ursprungserzeugnisse" und die Methoden der Zusammenarbeit der Verwaltungen in diesem Bereich sind in Protokoll Nr. 4 festgelegt.

Artikel 30

Die Kombinierte Nomenklatur gilt für die Einreihung der Waren im Handel zwischen den beiden Vertragsparteien.

TITEL III

NIEDERLASSUNGSRECHT UND DIENSTLEISTUNGSVERKEHR

Artikel 31

(1) Die Vertragsparteien kommen überein, das Recht von Gesellschaften der einen Vertragspartei auf Niederlassung im Gebiet der anderen Vertragspartei und die Liberalisierung der Erbringung von Dienstleistungen durch Gesellschaften der einen Vertragspartei für Leistungsempfänger in der anderen Vertragspartei in den Geltungsbereichen dieses Abkommens einzubeziehen.

(2) Der Assoziationsrat spricht die erforderlichen Empfehlungen zur Erreichung des in Absatz 1 genannten Zieles aus.

Bei diesen Empfehlungen berücksichtigt der Assoziationsrat die Erfahrungen bei der gegenseitigen Einräumung der Meistbegünstigung sowie die jeweiligen Verpflichtungen der Vertragsparteien gemäß dem Allgemeinen Übereinkommen über den Handel mit Dienstleistungen (nachstehend GATS genannt), insbesondere gemäß dem Artikel V, das dem Übereinkommen zur Errichtung der WTO beigefügt ist.

(3) Die Verwirklichung dieses Ziels wird im Assoziationsrat spätestens fünf Jahre nach Inkrafttreten dieses Abkommens erstmals geprüft.

Artikel 32

(1) In einer ersten Phase bekräftigen die Vertragsparteien ihre jeweiligen Verpflichtungen gemäß dem GATS, zu denen insbesondere die gegenseitige Einräumung der Meistbegünstigung in den Dienstleistungssektoren gehört, für die diese Verpflichtung gilt.

(2) Im Einklang mit dem GATS gilt dieser Grundsatz der Meistbegünstigung nicht für

a) die Vorteile, die die eine oder die andere Vertragspartei gemäß einer Übereinkunft im Sinne des Artikels V des GATS gewährt, oder für die aufgrund einer solchen Übereinkunft ergriffenen Maßnahmen;

b) die sonstigen Vorteile, die gemäß der von der einen oder der anderen Vertragspartei als Anlage zum GATS beigefügten Liste der Ausnahmen von der Meistbegünstigungsklausel gewährt werden.

TITEL IV

ZAHLUNGEN, KAPITALVERKEHR, WETTBEWERB UND SONSTIGE WIRTSCHAFTLICHE BESTIMMUNGEN

KAPITEL I

LAUFENDE ZAHLUNGEN UND KAPITALVERKEHR

Artikel 33

Vorbehaltlich des Artikels 35 verpflichten sich die Vertragsparteien, alle laufenden Zahlungen im Zusammenhang mit laufenden Transaktionen in frei konvertierbarer Währung zu genehmigen.

Artikel 34

(1) Hinsichtlich der Kapitalbilanztransaktionen gewährleisten die Gemeinschaft und Tunesien ab Inkrafttreten dieses Abkommens den freien Kapitalverkehr im Zusammenhang mit Direktinvestitionen in Gesellschaften in Tunesien, die gemäß den geltenden Rechtsvorschriften gegründet wurden, sowie die Liquidation und die Repatriierung dieser Investitionen und etwaiger daraus resultierender Gewinne.

(2) Die Vertragsparteien nehmen Konsultationen auf, um den Kapitalverkehr zwischen der Gemeinschaft und Tunesien zu erleichtern und ihn vollständig zu liberalisieren, wenn die erforderlichen Voraussetzungen erfüllt sind.

Artikel 35

Bei bereits eingetretenen oder bei ernstlich drohenden Zahlungsbilanzschwierigkeiten eines oder mehrerer Mitgliedstaaten oder Tunesiens kann die Gemeinschaft beziehungsweise Tunesien unter den Voraussetzungen des Allgemeinen Zoll- und Handelsabkommens und gemäß den Artikeln VIII und XIV des Übereinkommens über den Internationalen Währungsfonds restriktive Maßnahmen für die laufenden Transaktionen treffen, die von begrenzter Dauer sind und nicht über das zur Behebung der Zahlungsbilanzschwierigkeiten unbedingt notwendige Maß hinausgehen dürfen. Die Gemeinschaft beziehungsweise Tunesien unterrichtet die andere Vertragspartei unverzüglich davon und legt ihr so bald wie möglich einen Zeitplan für die Aufhebung dieser Maßnahmen vor.

KAPITEL II

WETTBEWERB UND SONSTIGE WIRTSCHAFTLICHE BESTIMMUNGEN

Artikel 36

(1) Soweit sie geeignet sind, den Handel zwischen der Gemeinschaft und Tunesien zu beeinträchtigen, sind mit dem ordnungsgemäßen Funktionieren dieses Abkommens unvereinbar

a) alle Vereinbarungen zwischen Unternehmen, Beschlüsse von Unternehmensvereinigungen und aufeinander abgestimmte Verhaltensweisen, die eine Verhinderung, Einschränkung oder Verfälschung des Wettbewerbs bezwecken oder bewirken;

b) die mißbräuchliche Ausnutzung einer beherrschenden Stellung im Gebiet der Gemeinschaft oder Tunesiens oder auf einem wesentlichen Teil desselben durch ein oder mehrere Unternehmen;

c) staatliche Beihilfen gleich welcher Art, die durch die Begünstigung bestimmter Unternehmen oder Produktionszweige den Wettbewerb verfälschen oder zu verfälschen drohen, vorbehaltlich der Ausnahmen gemäß dem Vertrag über die Gründung der Europäischen Gemeinschaft für Kohle und Stahl.

(2) Alle Verhaltensweisen, die im Gegensatz zu diesem Artikel stehen, werden nach den Kriterien beurteilt, die sich aus den Artikeln 85, 86 und 92 des Vertrags zur Gründung der Europäischen Gemeinschaft beziehungsweise im Falle der EGKS-Erzeugnisse aus den Artikeln 65 und 66 des Vertrags über die Gründung der Europäischen Gemeinschaft für Kohle und Stahl sowie den Regeln über staatliche Beihilfen einschließlich des Sekundärrechts ergeben.

(3) Der Assoziationsrat erläßt binnen fünf Jahren nach Inkrafttreten dieses Abkommens die erforderlichen Durchführungsbestimmungen zu den Absätzen 1 und 2.

Bis zum Erlaß dieser Bestimmungen werden die Bestimmungen des Übereinkommens zur Auslegung und Anwendung der Artikel VI, XVI und XXIII des Allgemeinen Zoll- und Handelsabkommens als Durchführungsbestimmungen zu Absatz 1 Buchstabe c) und den einschlägigen Teilen von Absatz 2 angewandt.

(4) a) Für die Zwecke des Absatzes 1 Buchstabe c) erkennen die Vertragsparteien an, daß während der ersten fünf Jahre nach Inkrafttreten dieses Abkommens alle von Tunesien gewährten staatlichen Beihilfen unter Berücksichtigung der Tatsache beurteilt werden, daß Tunesien den Gebieten der Gemeinschaft nach Artikel 92 Absatz 3 Buchstabe a) des Vertrags zur Gründung der Europäischen Gemeinschaft gleichgestellt wird.

Während dieses Zeitraums kann Tunesien ausnahmsweise für die Stahlerzeugnisse, die unter den Vertrag über die Gründung der Europäischen Gemeinschaft für Kohle und Stahl fallen, staatliche Beihilfen zur Umstrukturierung gewähren, sofern

- diese Beihilfen nach Ablauf des Umstrukturierungszeitraums zur Lebensfähigkeit der begünstigten Firmen zu normalen Marktbedingungen führen,
- Höhe und Intensität dieser Beihilfen auf das zur Erreichung dieses Ziels unbedingt notwendige Maß beschränkt und die Beihilfen schrittweise verringert werden,
- das Umstrukturierungsprogramm global mit Rationalisierung und Kapazitätsabbau in Tunesien verbunden ist.

Der Assoziationsrat beschließt unter Berücksichtigung der wirtschaftlichen Lage Tunesiens, ob dieser Zeitraum um weitere Fünfjahreszeiträume zu verlängern ist.

b) Die Vertragsparteien sorgen für die Transparenz der staatlichen Beihilfen, indem sie unter anderem der anderen Vertragspartei jährlich Bericht erstatten über den Gesamtbetrag und die Verteilung der Beihilfen und auf Antrag Auskunft über die Beihilfensysteme erteilen. Auf Antrag einer Vertragspartei erteilt die andere Vertragspartei Auskunft über bestimmte Einzelfälle staatlicher Beihilfen.

(5) Hinsichtlich der in Titel II Kapitel 2 genannten Waren

- findet Absatz 1 Buchstabe c) keine Anwendung;

- werden alle Verhaltensweisen, die im Gegensatz zu Absatz 1 Buchstabe a) stehen, nach den Kriterien beurteilt, die die Gemeinschaft auf der Grundlage der Artikel 42 und 43 des Vertrags zur Gründung der Europäischen Gemeinschaft aufgestellt hat, insbesondere nach den Kriterien der Verordnung Nr. 26/1962 des Rates.

(6) Wenn die Gemeinschaft oder Tunesien der Auffassung ist, daß eine bestimmte Verhaltensweise mit Absatz 1 unvereinbar ist und

- in den in Absatz 3 genannten Durchführungsbestimmungen nicht in angemessener Weise geregelt ist, und

- wenn bei Fehlen derartiger Regeln diese Verhaltensweise den Interessen der anderen Vertragspartei eine bedeutende Schädigung oder einem inländischen Wirtschaftszweig einschließlich des Dienstleistungsgewerbes eine Schädigung verursacht oder zu verursachen droht,

kann die betreffende Vertragspartei nach Konsultationen im Assoziationsausschuß oder dreißig Arbeitstage nach dem Ersuchen um derartige Konsultationen geeignete Maßnahmen treffen.

Sind die Verhaltensweisen mit Absatz 1 Buchstabe c) unvereinbar, so können derartige geeignete Maßnahmen, soweit sie unter das Allgemeine Zoll- und Handelsabkommen fallen, nur im Einklang mit den Verfahren und unter den Bedingungen des Allgemeinen Zoll- und Handelsabkommens oder aller anderen einschlägigen Instrumente eingeführt werden, die im Rahmen des Allgemeinen Zoll- und Handelsabkommens ausgehandelt wurden und inzwischen den Vertragsparteien Anwendung finden.

(7) Unbeschadet aller anderslautenden Bestimmungen, die gemäß Absatz 3 erlassen werden, tauschen die Vertragsparteien Informationen unter Berücksichtigung der erforderlichen Beschränkungen zur Wahrung des Berufs- und Geschäftsgeheimnisses aus.

Artikel 37

Unbeschadet der Verpflichtungen im Rahmen des GATT formen die Mitgliedstaaten und Tunesien alle staatlichen Handelsmonopole schrittweise so um, daß am Ende des fünften Jahres nach Inkrafttreten dieses Abkommens jede Diskriminierung in den Versorgungs- und Absatzbedingungen zwischen den Staatsangehörigen der Mitgliedstaaten und Tunesiens ausgeschlossen ist. Der Assoziationsausschuß wird über die zur Erreichung dieses Ziels erlassenen Maßnahmen unterrichtet.

Artikel 38

Hinsichtlich der öffentlichen Unternehmen und der Unternehmen, denen besondere oder ausschließliche Rechte übertragen wurden, sorgt der Assoziationsrat dafür, daß ab dem fünften Jahr nach Inkrafttreten dieses Abkommens keine Maßnahmen erlassen oder aufrechterhalten werden, die den Handel zwischen der Gemeinschaft und Tunesien beeinträchtigen und den

Interessen der Vertragsparteien zuwiderlaufen. Dies steht der Durchführung der diesen Unternehmen zugewiesenen besonderen Aufgaben - de jure oder de facto - nicht entgegen.

Artikel 39

(1) Die Vertragsparteien gewährleisten einen angemessenen und wirksamen Schutz der Rechte an geistigem, gewerblichem und kommerziellem Eigentum gemäß den strengsten internationalen Normen; dazu gehören auch effiziente Mittel zur Durchsetzung dieser Rechte.

(2) Die Durchführung dieses Artikels und des Anhangs 7 wird von den Vertragsparteien regelmäßig geprüft. Treten im Bereich des geistigen, gewerblichen und kommerziellen Eigentums Probleme auf, die die Handelsbeziehungen beeinflussen, so finden auf Antrag einer Vertragspartei unverzüglich Konsultationen statt, um für beide Seiten befriedigende Lösungen zu finden.

Artikel 40

(1) Die Vertragsparteien ergreifen geeignete Maßnahmen, um in Tunesien die Übernahme der technischen Vorschriften der Gemeinschaft und der europäischen Normen für die Qualität gewerblicher Waren und landwirtschaftlicher Nahrungsmittelerzeugnisse sowie der Zertifizierungsverfahren zu fördern.

(2) Gemäß dem Grundsatz des Absatzes 1 schließen die Vertragsparteien Vereinbarungen über die gegenseitige Anerkennung der Zertifizierungen, wenn die erforderlichen Voraussetzungen erfüllt sind.

Artikel 41

(1) Die Vertragsparteien setzen sich die gegenseitige und schrittweise Liberalisierung des öffentlichen Auftragswesens zum Ziel.

(2) Der Assoziationsrat ergreift die erforderlichen Maßnahmen zur Durchführung von Absatz 1.

TITEL V

WIRTSCHAFTLICHE ZUSAMMENARBEIT

Artikel 42

Ziele

(1) Die Vertragsparteien verpflichten sich, ihre wirtschaftliche Zusammenarbeit in ihrem beiderseitigen Interesse und im Geiste der Partnerschaft, auf der dieses Abkommen aufbaut, zu verstärken.

(2) Ziel der wirtschaftlichen Zusammenarbeit ist es, das Vorgehen Tunesiens im Hinblick auf eine langfristige tragbare wirtschaftliche und soziale Entwicklung dieses Landes zu unterstützen.

Artikel 43

Geltungsbereich

(1) Die Zusammenarbeit konzentriert sich auf die Bereiche, in denen Sachzwänge und interne Schwierigkeiten bestehen oder die durch die Liberalisierung der gesamten tunesischen Wirtschaft und insbesondere durch die Liberalisierung des Handels zwischen Tunesien und der Gemeinschaft betroffen sind.

(2) Die Zusammenarbeit bezieht sich auch vorrangig auf die Bereiche, die die Annäherung der tunesischen Wirtschaft und der Wirtschaft der Gemeinschaft erleichtern, insbesondere auf die wachstums- und beschäftigungsintensiven Bereiche.

(3) Die Zusammenarbeit begünstigt die wirtschaftliche Integration innerhalb der Maghreb-Länder durch alle Maßnahmen, die zur Entwicklung der Beziehungen zwischen den Maghreb-Ländern beitragen können.

(4) Wesentlicher Bestandteil der Durchführung der wirtschaftlichen Zusammenarbeit in den verschiedenen Bereichen sind der Schutz der Umwelt und die Erhaltung des ökologischen Gleichgewichts.

(5) Bei Bedarf legen die Vertragsparteien einvernehmlich weitere Bereiche der wirtschaftlichen Zusammenarbeit fest.

Artikel 44

Mittel und Modalitäten

Die wirtschaftliche Zusammenarbeit wird insbesondere verwirklicht durch

a) einen regelmäßigen wirtschaftspolitischen Dialog zwischen den beiden Vertragsparteien über alle Bereiche der makroökonomischen Politik;

b) Informationsaustausch und Kommunikation;

c) Beratung, Gutachten und Ausbildungsmaßnahmen;

d) die Durchführung gemeinsamer Aktionen;

e) technische und administrative Hilfe sowie Hilfe bei der Ausarbeitung der Rechtsvorschriften.

Artikel 45

Regionale Zusammenarbeit

Damit dieses Abkommen seine volle Wirkung entfalten kann, bemühen sich die Vertragsparteien um die Förderung aller Maßnahmen, die von regionaler Tragweite sind oder an denen sich andere Drittländer beteiligen, insbesondere in folgenden Bereichen:

a) Regionalhandel zwischen den Maghreb-Ländern;

b) Umweltschutz;

c) Ausbau der Wirtschaftsinfrastrukturen;

d) wissenschaftliche und technologische Forschung;

e) Kultur;

f) Zoll;

g) regionale Einrichtungen und Durchführung gemeinsamer bzw. aufeinander abgestimmter Programme und Politiken.

Artikel 46

Bildung und Ausbildung

Ziel der Zusammenarbeit ist es,

a) die Mittel zu definieren, mit denen die Situation im Bildungs- und Ausbildungswesen, insbesondere die Berufsausbildung, erheblich verbessert werden kann;

b) insbesondere den Zugang von Frauen zum Bildungswesen zu fördern, einschließlich Fach- und Hochschulausbildung und Berufsausbildung;

c) die Schaffung dauerhafter Beziehungen zwischen Facheinrichtungen der Vertragsparteien zu fördern, um Erfahrungen und Ressourcen gemeinsam zu nutzen und auszutauschen.

Artikel 47

Zusammenarbeit in Wissenschaft, Technik und Technologie

Die Zusammenarbeit hat folgende Ziele:

a) Förderung der Herstellung dauerhafter Beziehungen zwischen den wissenschaftlichen Gemeinschaften der Vertragsparteien, insbesondere durch

- den Zugang Tunesiens zu den Gemeinschaftsprogrammen für Forschung und technologische Entwicklung gemäß den Bestimmungen der Gemeinschaft über die Teilnahme von Drittländern an diesen Programmen;
- die Beteiligung Tunesiens an den Netzen der dezentralen Kooperation;
- die Förderung von Synergien zwischen Ausbildung und Forschung;

b) Ausbau der Forschungskapazitäten Tunesiens;

c) Förderung der technischen Innovation und des Transfers von neuen Technologien und Know-how;

d) Förderung aller Maßnahmen, die auf Synergien mit regionalen Auswirkungen abzielen.

Artikel 48

Umwelt

Ziel der Zusammenarbeit sind die Verhinderung der Umweltzerstörung und die Verbesserung der Umweltqualität, der Schutz der menschlichen Gesundheit sowie die rationelle Nutzung der natürlichen Ressourcen, um eine nachhaltige Entwicklung zu gewährleisten.

Die Vertragsparteien arbeiten insbesondere in folgenden Bereichen zusammen:

a) Qualität der Böden und Gewässer;

b) Auswirkungen der Entwicklung insbesondere des industriellen Sektors (besonders Sicherheit der Anlagen, Abfälle);

c) Überwachung und Verhinderung der Meeresverschmutzung.

Artikel 49

Industrielle Zusammenarbeit

Die Zusammenarbeit hat folgende Ziele:

a) Förderung der Zusammenarbeit zwischen den Wirtschaftsbeteiligten der Vertragsparteien, unter anderem durch Zugang Tunesiens zu den Gemeinschaftsnetzen für die Unternehmenskooperation oder zu den Netzen der dezentralen Kooperation;

b) Unterstützung der Bemühungen des öffentlichen und des privaten Sektors Tunesiens um Modernisierung und Umstrukturierung der Industrie, einschließlich der Ernährungswirtschaft;

c) Unterstützung der Schaffung günstiger Rahmenbedingungen für Privatinitiativen, um die Produktion für die In- und Auslandsmärkte anzukurbeln und zu diversifizieren;

d) Verbesserung des Arbeitskräfte- und des Industriepotentials Tunesiens durch eine effizientere Politik in den Bereichen Innovation, Forschung und technologische Entwicklung;

e) Erleichterung des Zugangs zu Krediten für die Finanzierung von Investitionen.

Artikel 50

Investitionsförderung und Investitionsschutz

Die Zusammenarbeit zielt auf die Schaffung eines günstigen Klimas für Investitionen ab und wird insbesondere durch folgendes verwirklicht:

a) Einführung von einheitlichen und vereinfachten Verfahren, von Mechanismen für Koinvestitionen (insbesondere der kleinen und mittleren Unternehmen) sowie von Strukturen, um Investitionsmöglichkeiten zu ermitteln und darüber zu informieren;

b) gegebenenfalls Schaffung eines rechtlichen Rahmens zur Förderung von Investitionen, insbesondere durch den Abschluß von Investitionsschutzabkommen und Abkommen zur Vermeidung der Doppelbesteuerung zwischen Tunesien und den Mitgliedstaaten.

Artikel 51

Zusammenarbeit im Bereich der Normung und der Konformitätsprüfung

Die Vertragsparteien streben mit ihrer Zusammenarbeit folgendes an:

a) die Anwendung der Vorschriften der Gemeinschaft in den Bereichen Normung, Metrologie, Qualitätssicherung und Konformitätsprüfung;

b) die Anhebung des Niveaus der tunesischen Laboratorien im Hinblick auf den Abschluß von Vereinbarungen über die gegenseitige Anerkennung im Bereich der Konformitätsprüfung;

c) den Ausbau der tunesischen Strukturen, die für das geistige, gewerbliche und kommerzielle Eigentum, die Normung und die Qualitätssicherung zuständig sind.

Artikel 52

Rechtsangleichung

Die Zusammenarbeit zielt darauf ab, Tunesien bei der Angleichung seiner Rechtsvorschriften an das Gemeinschaftsrecht in den unter dieses Abkommen fallenden Bereichen Unterstützung zu leisten.

Artikel 53

Finanzdienstleistungen

Die Zusammenarbeit betrifft die Ausarbeitung gemeinsamer Regeln und Normen, unter anderem um

a) den Finanzsektor Tunesiens zu stärken und umzustrukturieren;

b) die Verfahren für Rechnungslegung und Rechnungsprüfung, die Aufsichts- und Geschäftsregeln für Finanzdienstleistungen sowie die Finanzkontrolle Tunesiens zu verbessern.

Artikel 54

Landwirtschaft und Fischerei

Die Zusammenarbeit hat folgende Ziele:

a) Modernisierung und Umstrukturierung der Landwirtschaft und der Fischerei, unter anderem durch Modernisierung der Infrastrukturen und Ausrüstungen, durch Entwicklung von Verpackungs- und Lagerungstechniken sowie durch Verbesserung der privatwirtschaftlichen Vertriebs- und Vermarktungssysteme;

b) Diversifizierung der Erzeugung und der ausländischen Absatzmärkte;

c) Zusammenarbeit in den Bereichen Tiergesundheit, Pflanzenschutz und Anbaumethoden.

Artikel 55

Verkehr

Die Zusammenarbeit hat folgende Ziele:

a) Umstrukturierung und Modernisierung von Straßen-, Eisenbahn-, Hafen- und Flughafeninfrastrukturen von gemeinsamem Interesse im Zusammenhang mit den wichtigsten transeuropäischen Verbindungen;

b) Ausarbeitung und Anwendung vergleichbarer Betriebsnormen wie in der Gemeinschaft;

c) Erneuerung der technischen Anlagen entsprechend den Gemeinschaftsnormen, insbesondere in den Bereichen multimodaler Verkehr, Containerisierung und Güterumschlag;

d) schrittweise Verbesserung der Bedingungen für den Transit auf der Straße sowie der Verwaltung der Flughäfen, des Luftverkehrs und der Eisenbahn.

Artikel 56

Telekommunikation und Informationstechnologie

Die Maßnahmen der Zusammenarbeit konzentrieren sich vor allem auf

a) den allgemeinen Rahmen für die Telekommunikation;

b) die Normung, Konformitätsprüfung und Zertifizierung im Bereich der Informations- und Telekommunikationstechnologien;

c) die Verbreitung der neuen Informationstechnologien, insbesondere im Bereich der Netze und ihres Verbundes (diensteintegrierende digitale Netze (ISDN), elektronischer Datenaustausch (EDI));

d) die Förderung der Forschung und der Entwicklung neuer Kommunikationsmittel und Informationstechnologien zwecks Expansion des Marktes für Ausrüstungsgüter, Dienstleistungen und Anwendungen in Verbindung mit den Informationstechnologien, Kommunikationsmitteln, Diensten und Anlagen.

Artikel 57

Energie

Die Maßnahmen der Zusammenarbeit konzentrieren sich insbesondere auf

a) erneuerbare Energien;

b) die Förderung der Energieeinsparung;

c) die angewandte Forschung auf dem Gebiet der Vernetzung von Datenbanken in Wirtschaft und Gesellschaft beider Vertragsparteien;

d) die Unterstützung der Bemühungen um Modernisierung und Ausbau der Energieversorgungsnetze und ihres Verbunds mit den Netzen der Gemeinschaft.

Artikel 58

Fremdenverkehr

Die Zusammenarbeit hat die Entwicklung des Fremdenverkehrs zum Ziel, insbesondere in folgenden Bereichen:

a) Hotelverwaltung und Qualität der Leistungen in den verschiedenen Berufen des Hotelgewerbes;

b) Entwicklung des Marketings;

c) Ankurbelung des Jugendtourismus.

Artikel 59

Zusammenarbeit im Zollwesen

(1) Die Zusammenarbeit soll die Einhaltung der handelspolitischen Bestimmungen und den fairen Handel gewährleisten und betrifft insbesondere

a) die Vereinbarung der Kontrollen und der Zollverfahren;

b) die Verwendung des Einheitspapiers und die Herstellung einer Verbindung zwischen den Versandverfahren der Gemeinschaft und Tunesiens.

(2) Unbeschadet anderer Formen der Zusammenarbeit, die in diesem Abkommen und insbesondere in den Artikeln 61 und 62 vorgesehen sind, leisten die Verwaltungsbehörden der Vertragsparteien einander Amtshilfe gemäß Protokoll Nr. 5.

Artikel 60

Zusammenarbeit im Bereich der Statistik

Die Zusammenarbeit dient der Angleichung der von den Vertragsparteien angewandten Methodik und der Auswertung der statistischen Daten über alle unter dieses Abkommen fallenden Bereiche, soweit sie für die Erstellung von Statistiken in Betracht kommen.

Artikel 61

Geldwäsche

(1) Die Vertragsparteien sind sich über die Notwendigkeit einig, Anstrengungen zu unternehmen und zusammenzuarbeiten, um zu verhindern, daß ihre Finanzsysteme zum Waschen von Erlösen aus Straftaten im allgemeinen und aus Drogendelikten im besonderen mißbraucht werden.

(2) Die Zusammenarbeit in diesem Bereich umfaßt Amtshilfe und technische Hilfe mit dem Ziel, geeignete Normen zur Bekämpfung der Geldwäsche festzulegen, die den von der Gemeinschaft und einschlägigen internationalen Gremien, insbesondere der Financial Action Task Force (FATF), festgelegten Normen gleichwertig sind.

Artikel 62

Drogenbekämpfung

(1) Die Zusammenarbeit hat folgende Ziele:

a) Erhöhung der Wirksamkeit von Strategien und Durchführungsmaßnahmen zur Verhinderung und Bekämpfung der widerrechtlichen Erzeugung von Betäubungsmitteln und psychotropen Substanzen sowie der widerrechtlichen Versorgung und des widerrechtlichen Handels damit;

b) Verhinderung jeglichen Mißbrauchs dieser Produkte.

(2) Die Vertragsparteien legen gemeinsam im Einklang mit ihren jeweiligen Rechtsvorschriften die zur Erreichung dieser Ziele geeigneten Strategien und Methoden der Zusammenarbeit fest. Aktionen, die sie nicht gemeinsam durchführen, sind Gegenstand von Konsultationen und enger Koordinierung.

An den Maßnahmen können sich die zuständigen privaten und öffentlichen Einrichtungen, die internationalen Organisationen in Zusammenarbeit mit der Regierung der Tunesischen Republik und die zuständigen Instanzen der Gemeinschaft und ihrer Mitgliedstaaten beteiligen.

(3) Die Zusammenarbeit betrifft insbesondere folgende Bereiche:

a) Schaffung oder Ausbau von Sozial- und Gesundheitseinrichtungen und Informationszentren für die Behandlung und Wiedereingliederung von Drogenabhängigen;

b) Durchführung von Projekten in den Bereichen Prävention, Information, Ausbildung und epidemiologische Forschung;

c) Verhinderung der Abzweigung von Vorprodukten und anderen zur widerrechtlichen Herstellung von Betäubungsmitteln und psychotropen Substanzen verwendeten wesentlichen Stoffen durch Festlegung geeigneter Normen, die den von der Gemeinschaft und den einschlägigen internationalen Gremien, insbesondere der Chemical Action Task Force (CATF), festgelegten Normen gleichwertig sind.

Artikel 63

Die Vertragsparteien legen gemeinsam die Modalitäten für die Durchführung der Zusammenarbeit in den unter diesen Titel fallenden Bereichen fest.

TITEL VI

ZUSAMMENARBEIT IM SOZIALEN UND KULTURELLEN BEREICH

KAPITEL I

BESTIMMUNGEN ÜBER DIE ARBEITSKRÄFTE

Artikel 64

(1) Jeder Mitgliedstaat gewährt den Arbeitnehmern tunesischer Staatsangehörigkeit, die in seinem Hoheitsgebiet beschäftigt sind, eine Behandlung, die hinsichtlich der Arbeits-, Entlohnungs- und Kündigungsbedingungen keine auf der Staatsangehörigkeit beruhende Benachteiligung gegenüber seinen eigenen Staatsangehörigen bewirkt.

(2) Absatz 1 gilt hinsichtlich der Arbeits- und Entlohnungsbedingungen für alle tunesischen Arbeitnehmer, die dazu berechtigt sind, im Hoheitsgebiet eines Mitgliedstaates eine befristete nichtselbständige Erwerbstätigkeit auszuüben.

(3) Tunesien gewährt den in seinem Hoheitsgebiet beschäftigten Arbeitnehmern, die Staatsangehörige der Mitgliedstaaten sind, die gleiche Behandlung.

Artikel 65

(1) Vorbehaltlich der folgenden Absätze wird den Arbeitnehmern tunesischer Staatsangehörigkeit und den mit ihnen zusammenlebenden Familienangehörigen auf dem Gebiet der sozialen Sicherheit eine Behandlung gewährt, die keine auf der Staatsangehörigkeit beruhende Benachteiligung gegenüber den Staatsangehörigkeiten der Mitgliedstaaten, in denen sie beschäftigt sind, bewirkt.

Der Begriff der sozialen Sicherheit umfaßt die Zweige der Sozialversicherung, die für Leistungen bei Krankheit und Mutterschaft, für Berufs- und Erwerbsunfähigkeitsrenten, Altersruhegeld, Hinterbliebenenrenten, Leistungen bei Arbeitsunfällen und Berufskrankheiten, Sterbegeld, Arbeitslosenunterstützung und Familienbeihilfen zuständig sind.

Jedoch kann diese Bestimmung nicht dazu führen, daß die anderen Koordinierungsregeln, die die Gemeinschaftsregelung gestützt auf Artikel 51 des EG-Vertrages vorsieht, in anderer Weise angewendet werden als unter den Bedingungen des Artikels 67 dieses Abkommens.

(2) Für die betreffenden Arbeitnehmer werden die in den einzelnen Mitgliedstaaten zurückgelegten Versicherungs-, Beschäftigungs- oder Aufenthaltszeiten bei den Alters-, Invaliden- und Hinterbliebenenrenten, den Familienbeihilfen, den Leistungen bei Krankheit und Mutterschaft sowie bei der Gesundheitsfürsorge für sie und ihre innerhalb der Gemeinschaft wohnenden Familienangehörigen zusammengerechnet.

(3) Die betreffenden Arbeitnehmer erhalten die Familienbeihilfen für ihre innerhalb der Gemeinschaft wohnenden Familienangehörigen.

(4) Die betreffenden Arbeitnehmer haben die Möglichkeit, Alters- und Hinterbliebenenrenten und Renten bei Arbeitsunfall, Berufskrankheit oder Erwerbsunfähigkeit, wenn diese durch einen Arbeitsunfall oder eine Berufskrankheit verursacht wurde, zu den gemäß den Rechtsvorschriften des Schuldnermitgliedstaats bzw. der Schuldnermitgliedstaaten geltenden Sätzen frei nach Tunesien zu transferieren, mit Ausnahme von beitragsunabhängigen Sonderleistungen.

(5) Tunesien gewährt den in seinem Hoheitsgebiet beschäftigten Arbeitnehmern, die Staatsangehörige der Mitgliedstaaten sind, und deren Familienangehörigen eine Behandlung, die der in den Absätzen 1, 3 und 4 vorgesehenen entspricht.

Artikel 66

Die Bestimmungen dieses Kapitels gelten nicht für die Staatsangehörigen einer der Vertragsparteien, die im Hoheitsgebiet des Gastlandes illegal wohnen oder arbeiten.

Artikel 67

(1) Vor Ablauf des ersten Jahres nach Inkrafttreten dieses Abkommens erläßt der Assoziationsrat die Bestimmungen zur Gewährleistung der Anwendung der in Artikel 65 genannten Grundsätze.

(2) Der Assoziationsrat legt die Einzelheiten für eine Zusammenarbeit der Verwaltungen fest, die die erforderlichen Verwaltungs- und Kontrollgarantien für die Anwendung der in Absatz 1 genannten Bestimmungen bietet.

Artikel 68

Die vom Assoziationsrat gemäß Artikel 67 erlassenen Bestimmungen lassen die Rechte und Pflichten, die sich aus den bilateralen Abkommen zwischen Tunesien und den Mitgliedstaaten ergeben, unberührt, soweit diese eine günstigere Behandlung der tunesischen Staatsangehörigen oder der Staatsangehörigen der Mitgliedstaaten vorsehen.

KAPITEL II

DIALOG IM SOZIALEN BEREICH

Artikel 69

(1) Zwischen den Vertragsparteien wird ein regelmäßiger Dialog über alle sozialen Fragen geführt, die für sie von Interesse sind.

(2) Im Rahmen dieses Dialogs wird ermittelt, wie und unter welchen Bedingungen Fortschritte bei der Freizügigkeit der Arbeitnehmer, der Gleichbehandlung und der gesellschaftlichen Integration der Staatsangehörigen Tunesiens und der Gemeinschaft erzielt werden können, die im Gebiet der Gastländer rechtmäßig ansässig sind.

(3) Der Dialog betrifft insbesondere alle Probleme im Zusammenhang mit

a) den Lebens- und Arbeitsbedingungen der Einwanderer,

b) der Migration,

c) der illegalen Einwanderung und den Bedingungen für die Rückkehr von Personen in ihre Heimat, die gegen das Aufenthalts- und Niederlassungsrecht des jeweiligen Gastlandes verstoßen,

d) Maßnahmen und Programme zur Förderung der Gleichbehandlung von Staatsangehörigen Tunesiens und der Gemeinschaft, der gegenseitigen Kenntnis von Kultur und Gesellschaft, der Toleranz und der Beseitigung von Diskriminierungen.

Artikel 70

Der Dialog im sozialen Bereich findet auf allen Ebenen und nach den gleichen Modalitäten statt, wie sie in Titel I vorgesehen sind, der ebenfalls den Rahmen für den Dialog bilden kann.

KAPITEL III

MASSNAHMEN DER ZUSAMMENARBEIT IM SOZIALEN BEREICH

Artikel 71

Zur Konsolidierung der Zusammenarbeit der Vertragsparteien im sozialen Bereich werden Maßnahmen und Programme zu allen Fragen durchgeführt, die für die Vertragsparteien von Interesse sind.

In diesem Zusammenhang sind vorrangig folgende Maßnahmen vorgesehen:

a) Verringerung des Migrationsdrucks insbesondere durch die Schaffung von Arbeitsplätzen und durch die Verbesserung der Ausbildung in den Auswanderungszonen;

b) Wiedereingliederung von Personen, die rückgeführt worden sind, weil sie sich nach den Rechtsvorschriften des betreffenden Landes in einer rechtswidrigen Situation befanden;

c) Förderung der Rolle der Frau im wirtschaftlichen und gesellschaftlichen Entwicklungsprozeß insbesondere durch das Bildungswesen und die Medien im Rahmen der einschlägigen Politik Tunesiens;

d) Ausarbeitung und Ausbau der tunesischen Programme für Familienplanung und den Schutz von Mutter und Kind;

e) Verbesserung des Systems der sozialen Sicherheit;

f) Verbesserung der Gesundheitsversorgung;

g) Verbesserung der Lebensbedingungen in den benachteiligten Gebieten mit großer Bevölkerungsdichte;

h) Durchführung und Finanzierung von Austausch- und Freizeitprogrammen für gemischte Gruppen europäischer und tunesischer Jugendlicher, die in den Mitgliedstaaten wohnhaft sind, um die Kenntnis der jeweiligen Kulturen und die Toleranz zu fördern.

Artikel 72

Die Maßnahmen der Zusammenarbeit könnten mit den Mitgliedstaaten und den einschlägigen internationalen Organisationen koordiniert werden.

Artikel 73

Der Assoziationsrat setzt vor Ablauf des ersten Jahres nach Inkrafttreten dieses Abkommens eine Arbeitsgruppe ein. Sie wird mit der ständigen und regelmäßigen Evaluierung der Durchführung der Bestimmungen der Kapitel I bis III beauftragt.

KAPITEL IV

ZUSAMMENARBEIT IM KULTURELLEN BEREICH

Artikel 74

(1) Zur Verbesserung der beiderseitigen Kenntnis und des gegenseitigen Verständnisses und unter Berücksichtigung der bereits eingeleiteten Aktionen verpflichten sich die Vertragsparteien, solidere Voraussetzungen für einen dauerhaften kulturellen Dialog zu schaffen und eine intensive kulturelle Zusammenarbeit zu fördern, wobei sie ihre jeweiligen Kulturen respektieren und keinen Aktionsbereich von vornherein ausschließen.

(2) Bei der Festlegung von Kooperationsmaßnahmen und -programmen sowie von gemeinsamen Aktivitäten widmen die Vertragsparteien der Jugend sowie den schriftlichen und audiovisuellen Ausdrucks- und Kommunikationsmitteln, Fragen im Zusammenhang mit dem Schutz des kulturellen Erbes und der Verbreitung von Kulturgütern besondere Aufmerksamkeit.

(3) Die Vertragsparteien kommen überein, daß die in der Gemeinschaft oder in einem oder mehreren ihrer Mitgliedstaaten laufenden Programme für die kulturelle Zusammenarbeit auf Tunesien ausgedehnt werden können.

TITEL VII

FINANZIELLE ZUSAMMENARBEIT

Artikel 75

Um in vollem Umfang zur Verwirklichung der Ziele dieses Abkommens beizutragen, wird eine finanzielle Zusammenarbeit zugunsten Tunesiens nach geeigneten Modalitäten und mit entsprechenden Finanzmitteln verwirklicht.

Ab Inkrafttreten dieses Abkommens legen die Vertragsparteien diese Modalitäten mittels der am ehesten geeigneten Instrumente einvernehmlich fest.

Der Anwendungsbereich dieser Zusammenarbeit erstreckt sich neben den in Titel V und VI genannten Bereichen insbesondere auf

- die Erleichterung der Reformen zur Modernisierung der Wirtschaft;
- die Verbesserung der Wirtschaftsinfrastrukturen,
- die Förderung von Privatinvestitionen und beschäftigungswirksamen Tätigkeiten;
- die Berücksichtigung der Auswirkungen der schrittweisen Einführung einer Freihandelszone auf die tunesische Wirtschaft, insbesondere unter dem Gesichtspunkt der Modernisierung und Umstellung der Industrie;
- flankierende sozialpolitische Maßnahmen.

Artikel 76

Im Rahmen der Gemeinschaftsinstrumente zur Unterstützung der Strukturanpassungsprogramme in den Mittelmeerländern prüft die Gemeinschaft in enger Koordinierung mit der tunesischen Regierung und den anderen Gebern, insbesondere den internationalen Finanzinstitutionen, welche Mittel zur Unterstützung der Strukturpolitik Tunesiens geeignet sind, die die allgemeine Wiederherstellung der großen finanziellen Gleichgewichte, die Schaffung günstiger wirtschaftlicher Rahmenbedingungen für die Beschleunigung des Wachstums und gleichzeitig die Erhöhung des sozialen Wohlergehens der Bevölkerung zum Ziel hat.

Artikel 77

Im Hinblick auf ein koordiniertes Vorgehen bei außerordentlichen makroökonomischen und finanziellen Problemen, die sich möglicherweise bei der schrittweisen Durchführung der Bestimmungen dieses Abkommens ergeben, werden die Vertragsparteien die Entwicklung des Handelsverkehrs und der Finanzbeziehungen zwischen der Gemeinschaft und Tunesien im Rahmen des gemäß Titel V eingerichteten regelmäßigen wirtschaftspolitischen Dialogs mit besonderer Aufmerksamkeit verfolgen.

TITEL VIII

BESTIMMUNGEN ÜBER DIE ORGANE, ALLGEMEINE UND SCHLUSSBESTIMMUNGEN

Artikel 78

Es wird ein Assoziationsrat eingesetzt, der auf Veranlassung seines Vorsitzenden nach Maßgabe der Geschäftsordnung einmal jährlich auf Ministerebene sowie jedesmal tagt, wenn die Umstände dies erfordern.

Er prüft alle wichtigen Fragen, die sich aus diesem Abkommen ergeben, sowie alle anderen bilateralen oder internationalen Fragen von gemeinsamem Interesse.

Artikel 79

(1) Der Assoziationsrat besteht aus Mitgliedern des Rates der Europäischen Union und Mitgliedern der Kommission der Europäischen Gemeinschaften einerseits und Mitgliedern der Regierung der Tunesischen Republik andererseits.

(2) Die Mitglieder des Assoziationsrates können sich nach Maßgabe seiner Geschäftsordnung vertreten lassen.

(3) Der Assoziationsrat gibt sich eine Geschäftsordnung.

(4) Den Vorsitz im Assoziationsrat führt abwechselnd ein Mitglied des Rates der Europäischen Union und ein Mitglied der Regierung der Tunesischen Republik nach Maßgabe der Geschäftsordnung.

Artikel 80

Zur Erreichung der Ziele dieses Abkommens und in den darin vorgesehenen Fällen ist der Assoziationsrat befugt, Beschlüsse zu fassen.

Die Beschlüsse sind für die Vertragsparteien verbindlich; diese treffen die erforderlichen Maßnahmen zu ihrer Durchführung. Der Assoziationsrat kann auch zweckdienliche Empfehlungen abgeben.

Die Beschlüsse und Empfehlungen des Assoziationsrates werden von den Vertragsparteien einvernehmlich ausgearbeitet.

Artikel 81

(1) Es wird ein Assoziationsausschuß eingesetzt, der vorbehaltlich der Befugnisse des Assoziationsrates für die Verwaltung des Abkommens zuständig ist.

(2) Der Assoziationsrat kann seine Befugnisse ganz oder teilweise dem Assoziationsausschuß übertragen.

Artikel 82

(1) Der Assoziationsausschuß tagt auf Beamtenebene und besteht aus Vertretern der Mitglieder des Rates der Europäischen Union und der Kommission der Europäischen Gemeinschaften einerseits und Vertretern der Regierung der Tunesischen Republik andererseits.

(2) Der Assoziationsausschuß gibt sich eine Geschäftsordnung.

(3) Den Vorsitz im Assoziationsausschuß führt abwechselnd ein Vertreter des Vorsitzes des Rates der Europäischen Union und ein Vertreter der Regierung der Tunesischen Republik.

Der Assoziationsausschuß tagt grundsätzlich abwechselnd in der Gemeinschaft und in Tunesien.

Artikel 83

Der Assoziationsausschuß ist befugt, für die Verwaltung dieses Abkommens sowie in den Bereichen, in denen der Assoziationsrat ihm seine Befugnisse übertragen hat, Beschlüsse zu fassen.

Die Beschlüsse werden von den Vertragsparteien einvernehmlich gefaßt und sind für sie verbindlich; die Vertragsparteien treffen die erforderlichen Maßnahmen zu deren Durchführung.

Artikel 84

Der Assoziationsrat kann die für die Durchführung dieses Abkommens erforderlichen Arbeitsgruppen oder Gremien einsetzen.

Artikel 85

Der Assoziationsrat trifft alle zweckdienlichen Maßnahmen, um die Zusammenarbeit und die Kontakte zwischen dem Europäischen Parlament und der Nationalversammlung der Tunesischen Republik sowie zwischen dem Wirtschafts- und Sozialausschuß der Gemeinschaft und dem Wirtschafts- und Sozialrat der Tunesischen Republik zu erleichtern.

Artikel 86

(1) Jede Vertragspartei kann den Assoziationsrat mit jeder Streitigkeit über die Anwendung oder Auslegung dieses Abkommens befassen.

(2) Der Assoziationsrat kann die Streitigkeit durch Beschluß beilegen.

(3) Jede Partei ist verpflichtet, die Maßnahmen zu treffen, die zur Durchführung des in Absatz 2 genannten Beschlusses erforderlich sind.

(4) Kann die Streitigkeit nicht gemäß Absatz 2 beigelegt werden, so kann die eine Partei der anderen Partei mitteilen, daß sie einen Schiedsrichter bestellt hat; die andere Partei ist verpflichtet, binnen zwei Monaten einen zweiten Schiedsrichter zu bestellen. Für die Anwendung dieses Verfahrens gelten die Gemeinschaft und die Mitgliedstaaten zusammen als eine Streitpartei.

Der Assoziationsrat bestellt einen dritten Schiedsrichter.

Die Schiedssprüche ergehen mit Stimmenmehrheit.

Jede Streitpartei ist verpflichtet, die zur Durchführung des Schiedsspruchs erforderlichen Maßnahmen zu treffen.

Artikel 87

Dieses Abkommen hindert eine Vertragspartei nicht daran, alle Maßnahmen zu ergreifen,

a) die sie für notwendig erachtet, um die Weitergabe von Informationen zu verhindern, die ihren wesentlichen Sicherheitsinteressen widerspricht;

b) die die Herstellung von oder den Handel mit Waffen, Munition und Kriegsmaterial oder eine für Verteidigungszwecke unentbehrliche Forschung, Entwicklung oder Produktion betreffen; diese

Maßnahmen dürfen die Wettbewerbsbedingungen hinsichtlich der nicht eigens für militärische Zwecke bestimmten Waren nicht beeinträchtigen;

c) die sie zur Wahrung ihrer Sicherheitsinteressen im Falle schwerwiegender innerstaatlicher Störungen der öffentlichen Sicherheit und Ordnung, im Kriegsfall, bei einer ernsten, eine Kriegsgefahr darstellenden internationalen Spannung oder in Erfüllung der von ihr übernommenen Verpflichtungen zur Aufrechterhaltung des Friedens und der internationalen Sicherheit für notwendig erachtet.

Artikel 88

In den unter dieses Abkommen fallenden Bereichen und unbeschadet der darin enthaltenen besonderen Bestimmungen

- bewirken die von der Tunesischen Republik gegenüber der Gemeinschaft angewandten Regelungen keinerlei Diskriminierung zwischen den Mitgliedstaaten, deren Staatsangehörigen oder deren Gesellschaften;

- bewirken die von der Gemeinschaft gegenüber der Tunesischen Republik angewandten Regelungen keinerlei Diskriminierung zwischen tunesischen Staatsangehörigen oder Gesellschaften.

Artikel 89

Dieses Abkommen hat nicht zur Folge, daß

- die Vorteile ausgedehnt werden, die eine Vertragspartei auf steuerlichem Gebiet im Rahmen einer für sie verbindlichen internationalen Übereinkunft gewährt;

- eine Vertragspartei daran gehindert wird, Maßnahmen zu ergreifen oder durchzusetzen, durch die Steuerhinterziehung oder -flucht verhindert werden soll;

- eine Vertragspartei daran gehindert wird, ihre einschlägigen Steuervorschriften auf Steuerpflichtige anzuwenden, die sich hinsichtlich ihres Wohnsitzes nicht in einer gleichartigen Situation befinden.

Artikel 90

(1) Die Vertragsparteien treffen alle allgemeinen oder besonderen Maßnahmen, die zur Erfüllung ihrer Verpflichtungen aus diesem Abkommen erforderlich sind. Sie sorgen dafür, daß die Ziele dieses Abkommens erreicht werden.

(2) Ist eine Vertragspartei der Auffassung, daß die andere Vertragspartei einer Verpflichtung aus diesem Abkommen nicht nachgekommen ist, so kann sie geeignete Maßnahmen treffen. Abgesehen von besonders dringenden Fällen unterbreitet sie vor Ergreifen dieser Maßnahmen dem Assoziationsrat alle zweckdienlichen Informationen für eine gründliche Prüfung der Situation, um eine für die Vertragsparteien annehmbare Lösung zu finden.

Es sind mit Vorrang solche Maßnahmen zu wählen, die das Funktionieren dieses Abkommens am wenigsten stören. Diese Maßnahmen werden dem Assoziationsrat unverzüglich mitgeteilt und sind auf Antrag der anderen Vertragspartei Gegenstand von Konsultationen im Assoziationsrat.

Artikel 91

Die Protokolle Nrn. 1 bis 5 und die Anhänge 1 bis 7 sowie die Erklärungen sind Bestandteil dieses Abkommens.

Artikel 92

Im Sinne dieses Abkommens sind "Vertragsparteien" die Gemeinschaft oder die Mitgliedstaaten oder die Gemeinschaft und ihre Mitgliedstaaten gemäß ihren jeweiligen Befugnissen einerseits und Tunesien andererseits.

Artikel 93

Dieses Abkommen wird auf unbegrenzte Zeit geschlossen.

Jede Vertragspartei kann dieses Abkommen durch Notifizierung an die andere Vertragspartei kündigen. Dieses Abkommen tritt sechs Monate nach dem Tag dieser Notifizierung außer Kraft.

Artikel 94

Dieses Abkommen gilt für die Gebiete, in denen der Vertrag zur Gründung der Europäischen Gemeinschaft und der Vertrag über die Gründung der Europäischen Gemeinschaft für Kohle und Stahl angewendet werden, und nach Maßgabe jener Verträge einerseits sowie für das Gebiet der Tunesischen Republik andererseits.

Artikel 95

Dieses Abkommen ist in zwei Urschriften in dänischer, deutscher, englischer, finnischer, französischer, griechischer, italienischer, niederländischer, portugiesischer, schwedischer, spanischer und arabischer Sprache abgefaßt, wobei jeder Wortlaut gleichermaßen verbindlich ist.

Artikel 96

(1) Dieses Abkommen wird von den Vertragsparteien nach ihren eigenen Verfahren genehmigt.

Dieses Abkommen tritt am ersten Tag des zweiten Monats in Kraft, der auf den Tag folgt, an dem die Vertragsparteien einander den Abschluß der in Unterabsatz 1 genannten Verfahren notifiziert haben.

(2) Dieses Abkommen ersetzt mit seinem Inkrafttreten das Kooperationsabkommen zwischen der Europäischen Wirtschaftsgemeinschaft und der Tunesischen Republik sowie das Abkommen zwischen den Mitgliedstaaten der Europäischen Gemeinschaft für Kohle und Stahl und der Tunesischen Republik, die am 25. April 1976 in Tunis unterzeichnet wurden.

Deutsches und Europäisches Wirtschaftsrecht

Herausgegeben von Jürgen F. Baur

Band 1 Matthias Wolter: Das Tatbestandsmerkmal der Lückenlosigkeit qualitativer Selektivvertriebssysteme im Spannungsverhältnis zwischen Wettbewerbs- und Kartellrecht. 2001.

Band 2 Nicole Hagemann: Rechtsschutz gegen Kennzeichenmissbrauch unter Berücksichtigung der Internet-Domain-Name-Problematik. 2001.

Band 3 Bernd Nelißen: Die Abgrenzung "horizontaler" und "vertikaler" Wettbewerbsbeschränkungen nach der 6. GWB-Novelle. 2001.

Band 4 Silke Rütters: Die neue *Schirm*- Gruppenfreistellungsverordnung (EG) Nr. 2790/1999 der Kommission. Zu den Ursachen der weitreichenden Reform der EG-Wettbewerbspolitik gegenüber vertikalen Wettbewerbsbeschränkungen und deren materiellrechtlichen Grenzen. 2002.

Band 5 Dirk Strohe: Demarkationen und Bezugsbindungen in gewerblichen Energielieferverträgen. 2003.

Band 6 Cyrille de Crozals: Die Anwendung der Artikel 81 und 82 EGV durch die französischen Behörden und Gerichte. 2003.

Band 7 Daniela Seeliger: Geltungsbereich der Zusammenschlusskontrolle und Grundsätze für die Beurteilung von Zusammenschlüssen nach der 6. Novelle des Gesetzes gegen Wettbewerbsbeschränkungen. Ausgewählte Anwendungsprobleme aus der Praxis zu §§ 35 und 36 GWB. 2003.

Band 8 Till Schreiber: Das argentinische Gesetz 25.156 zum Schutz des Wettbewerbs. Eine rechtsvergleichende Darstellung unter besonderer Berücksichtigung des Protokolls zum Schutz des Wettbewerbs im MERCOSUR und der Rechtsprechung der Comisión Nacional de Defensa de la Competencia. 2003.

Band 9 Mathias Mantler: Der GMP-Vertrag aus bauvergaberechtlicher Sicht. 2004.

Band 10 Christoph Renard: Das französische Fusionskontrollrecht. 2004.

Band 11 Anika Gerken: Rechtsschutzmöglichkeiten europäischer Wirtschaftsteilnehmer gegen GATT-widrige Wirtschaftshemmnisse. 2004.

Band 12 Markus Röhrig: Schadensersatzansprüche im deutschen Kartellrecht nach der 6. GWB-Novelle. Eine ökonomische Betrachtung privater Wettbewerbsaufsicht am Beispiel des neuen Mißbrauchsverbots gemäß § 19 GWB. 2004.

Band 13 Christopher Quandt: Squeeze-out in Deutschland. Eine Diskussion der §§ 327a-f AktG unter besonderer Berücksichtigung der Barabfindung ausgeschlossener Minderheitsaktionäre. 2004.

Band 14 Thomas Brunn: Die EG-Kartellverfahrensverordnung 1/2003 und ihre Auswirkungen auf die Gruppenfreistellungsverordnungen und die Entzugsverfahren der Vertikal-GVO. 2004.

Band 15 Beatrix Besche: Wasser und Wettbewerb. Möglichkeiten und Grenzen einer Öffnung des Wassermarktes. 2004.

Band 16 Astrid Örtel: Die Oligopolproblematik in Wettbewerbstheorie und europäischer Fusionskontrollpraxis. 2005.

Band 17 Anne Jakob: Die Assoziation zwischen der Europäischen Gemeinschaft und ihren Mitgliedstaaten sowie Tunesien, Marokko und Algerien. Eine Überprüfung der Europa-Mittelmeer-Abkommen anhand Gemeinschafts- und internationalem Wirtschaftsrecht. 2006.

Peter Lang · Europäischer Verlag der Wissenschaften

Katja Koch

Handelspräferenzen der Europäischen Gemeinschaft für Entwicklungsländer

Typologie, Konditionierungen, WTO-Konformität

Frankfurt am Main, Berlin, Bern, Bruxelles, New York, Oxford, Wien, 2004.
275 S., 1 Abb., zahlr. Tab.
Europäische Integration und internationale Wirtschaftsbeziehungen.
Herausgegeben von Peter Behrens. Bd. 10
ISBN 3-631-52003-4 · br. € 51.50*

Einseitige Handelsvergünstigungen für Entwicklungsländer sind derzeit noch ein bedeutendes Mittel der EG-Entwicklungshilfepolitik. Diese einseitigen Handelspräferenzen nur für Entwicklungsländer stehen in einem zunehmenden Spannungsverhältnis zu einer immer weitergehenden Liberalisierung des Welthandels im Rahmen der WTO. In dieser Arbeit werden die entwicklungspolitisch motivierten Handelspräferenzen der EG dargestellt, ihre Wirkungen untersucht sowie ihre Vereinbarkeit mit dem GATT und sonstigem WTO-Recht geprüft. Die Europäische Gemeinschaft macht die Gewährung der Handelspräferenzen mittlerweile in beachtlichem Umfang von der Einhaltung grundlegender sozialer und ökologischer Standards abhängig. Auch diese Konditionierungen werden dargestellt und auf ihre WTO-Konformität untersucht.

Aus dem Inhalt: Problemstellung · Die Handelspräferenzen der Europäischen Gemeinschaft für Entwicklungsländer und ihre GATT-Konformität · Die Konditionierung der Handelspräferenzen der Europäischen Gemeinschaft und ihre GATT-Konformität

Kolibri 360 GmbH
Ferdinand-Jühlke-Straße 7
99095 Erfurt, Deutschland
produktsicherheit@kolibri360.de

Druck:
CPI Druckdienstleistungen GmbH
im Auftrag der
Kolibri 360 GmbH
Ferdinand-Jühlke-Str. 7
99095 Erfurt